능력과 가치를
높이고 싶다면
된다!

하루면 **기초 떼고** 일주일이면 **엑셀보다 잘 쓴다!**
공유, 협업 기능부터 **실무 필수 함수**까지!

된다!

7일
구글
스프레드
시트

엑셀보다 쉬운 데이터 분석 요령 총망라!

이지현 지음

17만 구독자가 감탄한
동영상 강의 수록!

▶ **짤막한 강좌**

이지스 퍼블리싱

능력과 가치를 높이고 싶다면
된다! 시리즈를 만나 보세요.
당신이 성장하도록 돕겠습니다.

된다! **7**일 구글 스프레드시트
Gotcha! 7days Google SpreadSheet

초판 발행 • 2025년 1월 3일

지은이 • 이지현
펴낸이 • 이지연
펴낸곳 • 이지스퍼블리싱(주)
출판사 등록번호 • 제313-2010-123호
주소 • 서울특별시 마포구 잔다리로 109 이지스빌딩 3층(우편번호 04003)
대표전화 • 02-325-1722 | **팩스** • 02-326-1723
홈페이지 • www.easyspub.co.kr | **인스타그램** • instagram.com/easyspub_it
Do it! **스터디룸 카페** • cafe.naver.com/doitstudyroom | **페이스북** • www.facebook.com/easyspub

총괄 • 최윤미 | **기획 및 책임편집** • 임승빈 | **기획편집 1팀** • 임승빈, 이수경, 지수민
교정교열 • 박희정 | **표지 디자인** • 김근혜 | **본문 디자인** • 트인글터, 김근혜 | **인쇄** • 보광문화사
마케팅 • 권정하 | **독자지원** • 박애림, 김수경 | **영업 및 교재 문의** • 이주동, 김요한(support@easyspub.co.kr)

ISBN 979-11-6303-666-1 13000
가격 20,000원

We shape our tools and thereafter our tools shape us.
우리가 도구를 만들지만, 그 후에는 도구가 우리를 만든다.

_ 캐나다 사회학자 마셜 매클루언(Marshall McLuhan)

머리말

이제 곧 구글 스프레드시트를 다루는 능력은 필수가 될 거예요!
엑셀보다 더 유용하게 사용할 수 있는 방법을 알려 드립니다!

2019년 초, 우리는 모두가 예상하지 못한 코로나19 팬데믹에 직면했습니다. 이로 인해 모든 교육이 비대면으로 전환되는 경험을 하게 되었습니다. 고등학생, 대학생, 교원, 공무원 등 다양한 연령과 환경의 교육생들은 개별적인 역량과 관계없이 온라인 환경에서 교육 집중도가 급격히 떨어지는 것을 느꼈습니다. 저 또한 20년간 교육생들과 얼굴을 맞대며 소통하던 방식에서 '에듀테크'를 활용한 온라인 교육으로 전환하며 혼란을 직접 경험하고 이해하는 시간을 가졌습니다. 이러한 경험이 이 책을 집필하는 데 가장 중요한 계기가 되었습니다.

온라인의 핵심 도구였던 구글 스프레드시트, 엔데믹에도 변함없이 강력한 도구!

비대면 온라인 교육 당시, 구글 드라이브를 이용해 수업 과제 문서를 내려받아 같은 파일의 다른 시트에서 각자 작업해 함께 완성하는 수업을 진행한 적이 있습니다. 또한 화상 회의 도구도 구글 미트(Google Meet)를 활용해 문서를 실시간으로 공유하고 문제를 파악한 후 '공동 작업'으로 결과를 도출해서 해결하는 수업도 했죠. 이 수업은 모두 제가 강의했던 기업에서 먼저 요청한 교육 내용입니다. 여러 기업에서 '구글 스프레드시트'의 '협업 기능'을 눈여겨보고 있다는 점을 다시금 느꼈죠.

그 후 엔데믹으로 전환해 대면 활동이 증가했는데도 구글 스프레드시트는 직관적이고 강력한 기능 덕분에 개인과 기업 모두에게 필수 도구로 자리 잡았습니다. 그래서 저도 구글 스프레드시트에 관련한 강의 의뢰를 많이 받았고, 강의하면서 쌓은 경험과 노하우를 이 책에 담았습니다.

실무 중심의 스프레드시트 활용법!
교육생들의 질문을 기반으로 현장에서 진짜 쓰는 알짜 내용을 담았습니다!

이 책은 구글 스프레드시트의 기본 사용법부터 시작해 실제 수업에서 받은 질문을 기반으로 재구성한 실무 예제를 다양하게 다룹니다. 예를 들어 **스프레드시트에서 함께 작업하는 협업 노하우**는 물론, 사람들이 가장 궁금해 하는 'IMPORT 함수'의 사용법, 진짜 전문가만 쓴다는 '쿼리 함수'의 원리와 **사용 방법**까지도 알려 드립니다.

쿼리 함수는 실무자들이 관심을 많이 갖지만 너무 어려워서 도전을 꺼린다는 이야기를 왕왕 들었습니다. 그래서 **초보자도 바로 따라 할 수 있도록 정말 쉽고 상세하게 설명**했습니다. 또한 챗GPT를 활용해 쿼리 함수를 짜는 방법도 소개하고 있으니, 이 부분이 궁금하다면 이참에 꼭 공부해 보세요!

하루면 기초 떼고 7일이면 대시보드 작성하고 파일 배포까지!
동영상 강의와 함께 배우면 아무 걱정 없다!

이 책은 초보자부터 중급 사용자까지 쉽게 따라 할 수 있도록 실습 단계별로 자세히 설명합니다. 실습 파일을 내려받아 13쪽의 '3일 학습법'이나 '7일 학습법'을 활용한다면, 내 학습 수준에 맞게 구글 스프레드시트를 익혀 나갈 수 있을 거예요.

또한, 이 책은 '짤막한 강좌' 동영상 강의와 함께 학습할 수 있습니다. 책을 중심으로 공부하며 강의를 시청하면 학습 효과가 확실히 높아질 것입니다.

이 책이 여러분의 학습과 업무에 많은 도움이 되길 바랍니다.

이 책에 맞게 구글 스프레드시트 강의 유튜브 영상 강좌를 제작해 주신 인생의 멘토, '짤막한 강좌'의 한정희 강사님과 이충욱 강사님, 출간 기회를 주신 이지연 대표님, 원고 집필을 묵묵히 기다리고 더 좋은 책이 될 수 있도록 애써 주신 임승빈 팀장님께 감사의 인사를 드립니다. 이와 더불어 많은 질문으로 예제 파일의 아이디어를 주신 교육생분들께 고마운 마음을 보냅니다.

이지현 드림

컴퓨터를 활용한 실무 팁이 가득한
저자의 블로그를 소개합니다!

구글 스프레드시트뿐만 아니라 컴퓨터 활용 관련 다양한 팁이 궁금하다면 블로그에 방문해 보세요! 실무에서 바로 쓸 수 있는 다양한 노하우를 확인할 수 있습니다.

▶ 블로그 주소: san51k.tistory.com

TIP&TECH

Google_스프레드시트   # 한글Tip   # 엑셀Tip

[엑셀Tip] 여러 도형, 텍스트상자 글자 찾아바꾸기

차례

메뉴 ↶ ↷ 🖶 ⛶ 100% ▼ ₩ % .0 .00 123 IBM Pl... ▼ − 10 + B *I*

2장

데이터 입력과 관리

4장
구글 스프레드시트의 수식과 함수

5장
엑셀에서는
못 쓰는
구글 스프레드
시트만의 함수

알아 두면 좋은 핵심 기능 5가지

구글 스프레드시트를 사용할 때 알아 두면 편리한 대표 기능을 소개합니다.

본격적으로 학습하기 전에 실습 파일을 준비해야 합니다. 실습 파일은 이지스퍼블리싱 홈페이지의 [자료실]에서 내려받을 수 있습니다.

1. 먼저 크롬, 엣지 등 웹 브라우저를 이용해 이지스퍼블리싱 홈페이지(www.easyspub.co.kr)에 접속한 후 [자료실]을 누릅니다.

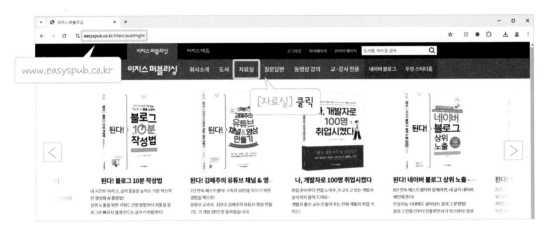

2. 자료실에서 오른쪽 위 검색 상자에 스프레드시트를 입력한 후 [Enter]를 누릅니다. 바로 아래에 《된다! 7일 구글 스프레드시트》 실습 파일 안내 화면이 뜹니다.

3. 화면 아래에서 [된다!7일구글스프레드시트_실습파일.zip] 버튼을 눌러 실습 파일을 내려받습니다. 웹 브라우저 오른쪽 상단의 [다운로드]에서 진행 상황을 확인할 수 있습니다.

4. 보통 내려받은 실습 파일은 컴퓨터의 [다운로드] 폴더에 저장됩니다. 실습 파일의 압축을 풀고 실행해서 책에 나온 실습을 따라 해주세요!

책의 실습을 따라 하려면 엑셀 파일을 구글 스프레드시트 전용 파일로 변환하는 작업을 해야 합니다. 책의 42쪽에서 이 과정을 다루지만, 혹시 따라하기 어렵다면 오른쪽 QR코드를 스캔해 동영상 강의를 참고해 보세요!

동영상 강의

7일 진도표

기초부터 활용까지! 엑셀도, 구글 스프레드시트도 익숙하지 않은
초보자에게 추천하는 학습 진도표!

날짜	학습 목표	범위	쪽수
___월 ___일	구글 스프레드시트를 만들고 기본적인 사용 방법을 배우며 공유 기능과 댓글로 소통하는 방법을 익힙니다.	1장	18~58쪽
___월 ___일	스프레드시트에서 데이터를 입력하고 자동 채우기, 표시 형식 변경, 변경된 내용의 추적 기능 등을 학습합니다.	2장	59~100쪽
___월 ___일	스프레드시트를 데이터베이스처럼 활용하는 방법과 데이터를 필터링하고 정렬하는 방법을 배웁니다.	3장	101~162쪽
___월 ___일	수식과 함수의 기본 개념을 익히고 텍스트 함수와 날짜 함수를 사용하는 방법을 학습합니다.	04-1~04-3절	163~206쪽
___월 ___일	논리 함수와 참조 함수를 배우며, 배열 함수를 활용하는 방법을 익힙니다.	04-4~04-6절	207~236쪽
___월 ___일	스프레드시트에서만 사용할 수 있는 IMPORT 함수, QUERY 함수의 활용법을 학습합니다.	5장	237~282쪽
___월 ___일	피봇 테이블을 만드는 방법, 데이터를 시각화하는 방법과 구글 설문지를 만들어 대시보드로 현황판을 구성하는 방법을 배웁니다.	6장	284~329쪽

3일 진도표

엑셀을 다뤄 본 분께 추천! 구글 스프레드시트의 핵심만 쏙쏙!

날짜	학습 목표	범위	쪽수
___월 ___일	구글 스프레드시트를 만들고 기본적인 사용 방법을 배우며, 스프레드시트를 공유하고 댓글로 소통하는 방법을 익힙니다.	01-4, 02-1, 03-5절	51~67쪽, 142~162쪽
___월 ___일	구글 스프레드시트에서만 활용할 수 있는 열린 참조와 배열 기능을 배우고, IMPORT 함수와 QUERY 함수의 활용법을 학습합니다.	04-1, 04-6절, 5장	164~170쪽, 226~236쪽, 238~282쪽
___월 ___일	데이터를 시각화하는 방법을 배우며, 구글 설문지를 만들고 대시보드를 활용해 현황판을 구성하는 방법을 배웁니다.	6장	284~329쪽

17만 직장인들의 구원자, '짤막한 강좌'의 무료 강의 수록!

책에 있는 QR코드를 스캔해서 실습 전체 과정을 다룬 영상 강의를 확인해 보세요!

▶ 짤막한 강좌 강의 주소: bit.ly/easys_gs

'Do it! 스터디룸'을 소개합니다!

'Do it! 스터디룸'에서 이 책으로 공부하는 독자들을 만나 보세요. 혼자 시작해도 함께 끝낼 수 있어요. '두잇 공부단'에 참여해 이 책을 완독하고 인증하면 이지스퍼블리싱에서 발간한 책을 선물로 받을 수 있답니다!

▶ Do it! 스터디룸
  cafe.naver.com/doitstudyroom

이지스퍼블리싱 블로그에서 정보를 얻어 가세요!

이지스퍼블리싱 블로그에서 책과 관련된 다양한 이야기를 만나 보세요! 실무에 도움되는 내용은 물론 실생활에 필요한 정보까지 모두 얻어 갈 수 있습니다.

▶ 이지스퍼블리싱 블로그
  blog.naver.com/easyspub_it

공식 인스타그램을 팔로우하고 다양한 이벤트에 참여하세요!

신간 정보와 책 관련 이벤트 소식은 이지스퍼블리싱 공식 인스타그램에서 빠르게 확인할 수 있습니다. 다양한 이벤트에 참여하고 선물도 받아 가세요!

▶ 이지스퍼블리싱 인스타그램
  instagram.com/easyspub_it

온라인 독자 설문
이 책이 도움이 되었으면 저희에게 의견을 들려주세요!

의견도 보내고
선물도 받고!

오른쪽 QR코드를 스캔하여 이 책에 대한 의견을 보내 주세요. 독자 여러분의 칭찬과 격려는 큰 힘이 됩니다. 더 좋은 책을 만들도록 노력하겠습니다.

의견을 남겨 주신 분께 드리는 혜택 6가지!

❶ 추첨을 통해 소정의 선물 증정
❷ 이 책의 업데이트 정보 및 개정 안내
❸ 저자가 보내는 새로운 소식

❹ 출간될 도서의 베타테스트 참여 기회
❺ 출판사 이벤트 소식
❻ 이지스 소식지 구독 기회

일러두기

▶ 이 책에서 사용한 용어와 화면 이미지는 2024년 11월 구글 스프레드시트를 기준으로 합니다. 추후 업데이트로 화면이 바뀔 수 있습니다.

▶ 이 책에 포함된 인공지능(AI) 관련 정보의 정확성을 확보하려고 노력했지만 인공지능의 빠른 변화로 바뀔 수 있으므로 구매한 후 바로 읽고 실습하기를 권장합니다.

1장

구글 스프레드시트,
1시간 만에 입문하기

구글 스프레드시트를 써야 하는 이유

동영상 강의

구글 스프레드시트란?

구글 스프레드시트(Google Spreadsheet)는 표 형식으로 데이터를 조직·분석·저장해서 상호 작용할 수 있는 애플리케이션입니다. 쉽게 말해 엑셀 기능을 온라인에서 여러 사람과 실시간으로 동시에 작업할 수 있도록 구현한 표 계산 프로그램입니다.

스프레드시트를 포함하여 '문서', '프레젠테이션', '드라이브' 등 구글의 생산성 앱은 구글 계정만 있다면 누구나 무료로 사용할 수 있습니다. 각각의 프로그램을 따로 설치하지 않아도 인터넷 브라우저만 있으면 즉시 파일이 열리므로 어떤 환경에서도 자유자재로 작업할 수 있다는 것이 강력한 장점입니다. 모바일 앱도 안정적이어서 태블릿 PC나 스마트폰으로도 인터넷만 연결되어 있다면 언제든지 접속할 수 있습니다.

▶ 스프레드시트 문서(워드), 프레젠테이션 등 기본 오피스 도구는 기능 면에서 볼 때 무료 버전과 유료 버전의 차이가 없습니다. 다만 기업에서 조직별로 관리해야 하고 보안, 도메인이 필요하다면 유료 버전(Google Workspace)을 권장합니다.

구글의 다양한 서비스

구글 스프레드시트 화면

구글 스프레드시트의 4가지 특징

국내 수많은 스타트업과 중소기업에서는 구글의 생산성 앱을 적극 사용하고 있습니다. 특히 코로나19 이후 여러 기업에서 재택근무를 시행하는 등 일하는 방식에 큰 변화가 생긴 점도 한 이유가 될 것입니다. 엑셀과 비슷하면서도 다른 구글 스프레드시트의 특장점 4가지를 알아보겠습니다.

첫째, 동시에 한 문서에 접속해서 실시간으로 협업할 수 있다

파일이나 서면으로 전달하여 순서대로 검토할 때보다 시간을 크게 단축할 수 있습니다. 구글 스프레드시트는 [공유] 기능으로 다른 작업자와 실시간으로 협업할 수 있기 때문입니다. 댓글이나 메모, 채팅 등의 기능을 활용해 자신의 의견을 빠르고 정확하게 표현할 수 있죠.

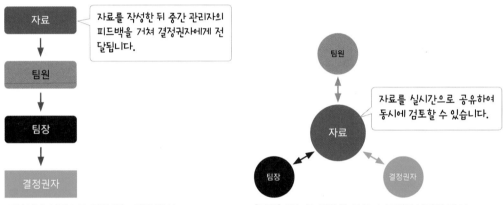

파일이나 서면으로 전달하는 예전 방식   [공유] 기능을 이용한 구글 스프레드시트의 방식

둘째, 버전 관리를 따로 할 필요가 없다

만약 수정하기 전 파일이 필요하다면 [버전 기록]에서 언제든 불러올 수 있으므로 파일을 버전별로 저장할 필요가 없습니다. 게다가 파일을 수정한 사람 이름도 기록된다는 사실! 자료를 수정한 사람을 찾고 싶다면 이것도 [버전 기록]에서 확인할 수 있습니다.

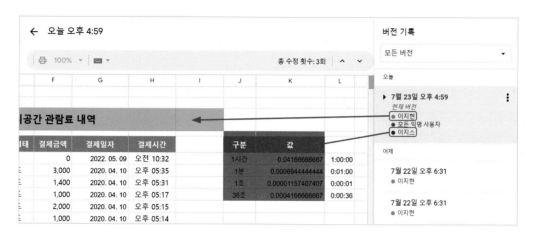

셋째, 매번 [저장] 버튼을 누르지 않아도 자동으로 저장된다

[저장]을 누르지 않았다가 낭패를 본 적 있나요? 이제 구글 스프레드시트를 사용하면 [저장] 버튼 또는 단축키 Ctrl + S 를 누를 필요가 없습니다. 파일 내용이 변경되면 프로그램에서 자동 감지하여 구글 드라이브에 즉시 저장하기 때문입니다.

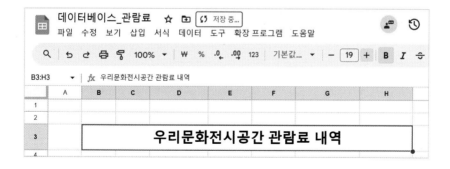

💡 **알아 두면 좋아요** **구글 앱은 저장하지 않아도 되나요?**

네! 그렇습니다. 구글 앱의 [자동 저장]은 엑셀, 워드 등의 프로그램에서 다루는 ASV와 같은 [임시 저장]이 아닌 완전한 파일의 형태로 저장됨을 의미합니다. 자주 사용하던 방식과 달라서 생소하겠지만 걱정할 필요 없습니다. 알아서 저장해 주니까요!

넷째, 다른 구글 서비스와 연동해서 사용할 수 있습니다

구글 스프레드시트는 구글의 다른 서비스와 연동해서 함께 사용할 때 업무 효율이 극대화됩니다.

먼저 구글 드라이브에 **공유 폴더**를 만들고 작업자들과 파일을 공동으로 관리할 수 있습니다.

둘째, 구글 스프레드시트에 정리한 데이터를 **구글 데이터 스튜디오**(Looker Studio)를 활용해 대시보드를 운영하고 실시간으로 분석하여 시각화할 수 있습니다. 현황을 파악하기 쉬워 합리적이고 효율적인 의사 결정에 도움을 줍니다.

셋째, 구글의 설문 서비스인 폼(Forms)에서 온라인으로 설문 조사한 결과를, 버튼 한 번만 누르면 구글 스프레드시트로 옮겨서 곧바로 데이터를 분석할 수 있습니다.

▶ 그 외에도 스프레드시트로 작업할 때 구글의 인공지능(AI)인 '제미나이'를 활용하면 업무 효율을 훨씬 높일 수 있습니다. 다만 제미나이를 사용하려면 스프레드시트에 내장된 '앱스 스크립트'를 이용해야 합니다. 이 내용은 따로 공부해야할 정도로 방대하므로, 이 책에서는 다루지 않습니다.

이처럼 구글의 다양한 서비스는 서로 연계되어 있어서 함께 사용하면 팀 협업과 데이터 관리를 한층 더 효율적으로 할 수 있도록 도와줍니다.

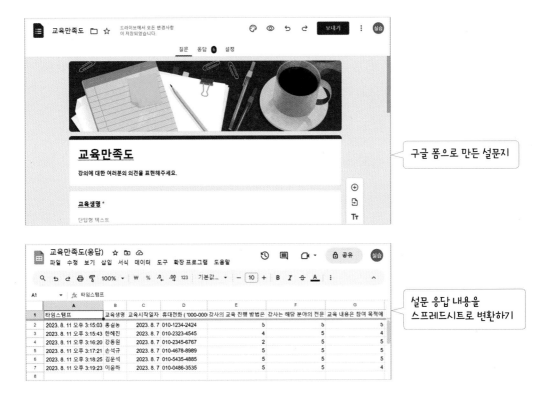

구글 폼으로 만든 설문지

설문 응답 내용을 스프레드시트로 변환하기

구글 스프레드시트, 엑셀과 다른 점

엑셀과 스프레드시트는 표를 만들고 계산하는 프로그램이라는 점은 같지만 각각 장단점이 있으므로 상황과 필요에 따라 적절히 선택해서 사용하는 것이 좋습니다.

구분	엑셀 (Microsoft Excel)	구글 스프레드시트 (Google Spreadsheet)
장점	• 방대한 자료와 복잡한 수식, 차트를 다룰 수 있습니다. • 보고서 작성, 데이터 시각화를 할 수 있는 기능이 많습니다. • PC에 프로그램이 설치되어 있다면 인터넷이 연결되어 있지 않아도 작업할 수 있습니다. • 공공 기관, 대기업에서 표준으로 사용하므로 파일을 공유하기 쉽습니다.	• 이메일이나 온라인 링크로 파일을 간단하게 공유한 뒤, 여러 사람이 동시에 수정하고 실시간으로 변경한 내용을 확인할 수 있습니다. • 매번 저장 버튼을 누르지 않아도 구글 드라이브에 자동 저장됩니다. • 무료로 사용할 수 있으며 별도로 프로그램을 설치하지 않아도 됩니다. 인터넷 환경이라면 어디서든 PC, 태블릿 PC, 스마트폰 등에서 작업할 수 있습니다.
단점	• 프로그램을 구매하거나 정기 구독을 해야 사용할 수 있습니다. • 여러 사람이 동시에 작업하기 어려우며, 수정 파일 역시 신경 써서 관리해야 합니다. • 스마트폰, 태블릿 PC, 맥(Mac)에서는 아직 사용하기 불편합니다.	• 온라인 기반이어서 데이터를 대량 업로드할 경우 속도가 느려질 수 있습니다. • 인터넷이 연결되지 않은 곳에서는 실시간으로 동시에 작업하기 어렵습니다. 오프라인 상태에서 수정한 내용은 인터넷이 연결되는 즉시 업데이트되어 반영됩니다. • 대부분의 기능은 무료 버전으로도 사용할 수 있지만, 조직별로 관리해야 하거나 도메인이 필요하다면 유료 버전을 사용해야 합니다. • 데이터 시각화나 고급 설정 기능이 엑셀에 비해 부족한 편입니다.
특징 요약	복잡한 데이터 작업, 오프라인 작업	여러 사람과 협업, 클라우드 기반 작업

스프레드시트 파일이 저장될 구글 드라이브 먼저 익히기

동영상 강의

구글 드라이브

구글 스프레드시트를 제대로 사용하려면 먼저 클라우드 기반 공간인 '구글 드라이브'의 개념을 이해하고 익숙해져야 합니다. 클라우드 기반이란 인터넷이 연결된 곳이라면 어디서든 가상의 온라인 공간에 자료를 저장하고 내려받을 수 있는 기술을 말합니다.

즉, 구글 드라이브(Google Drive)는 구글에서 무료로 제공하는 인터넷 공간입니다. 지메일(Gmail)로 주고받는 이메일 내용, 사진, 작성한 문서, 스프레드시트 파일 등 모든 자료가 이곳에 저장됩니다. 구글 계정을 생성하면 기본적으로 구글 드라이브 15GB를 무료로 사용할 수 있습니다.

▶ 이후 2TB, 5TB, 10TB 등 더 많은 저장 공간이 필요하다면 유료 요금제를 사용해야 합니다.

구글 느라이브 화년

드라이브에 올릴 수 있는 다양한 파일 형식

구글 드라이브 사용법을 익히려면 먼저 PC에 구글의 웹 브라우저인 크롬을 설치하고 구글 계정으로 로그인한 후 실습을 따라해 주세요.

▶ 구글 크롬 설치 방법과 구글 계정 생성 방법은 이 책에서 소개하지 않습니다. bit.ly/easys_gss_sign을 참고해 주세요.

> 💡 **알아 두면 좋아요** **클라우드 서비스란?**
>
> 클라우드 서비스는 사용자가 자료를 서비스 제공 업체의 서버에 업로드하면 인터넷이 연결된 기기로 언제 어디서나 로그인하여 열람하고 관리할 수 있도록 해줍니다. 용량 부족 문제로 고성능 컴퓨터를 사용하지 않아도 되고 데이터를 백업하거나 공유하기도 편리합니다. 대표적으로 구글의 구글 드라이브, 마이크로소프트의 원드라이브, 네이버의 마이박스 등이 있습니다.

하면 된다! } 구글 드라이브에 새로운 폴더와 스프레드시트 파일 만들기

√ 실습 파일 새 시트

본격적인 실습 전, 구글 드라이브 사용법을 익히고 앞으로 실습에서 사용할 폴더와 새로운 스프레드시트 파일을 만드는 방법을 배워 보겠습니다.

새 폴더 만들기

1. 구글 드라이브에 접속하기 위해 크롬을 실행하여 ❶ [구글 앱 런처] → ❷ [드라이브]를 선택하세요.

2. 실습에 사용할 폴더를 만들기 위해 ❶ [신규] → ❷ [새 폴더]를 선택합니다.

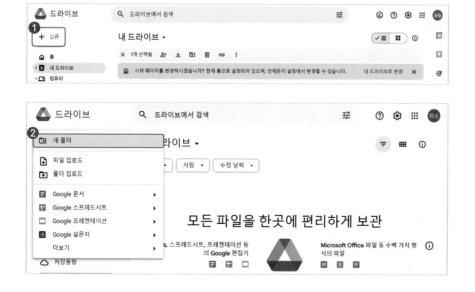

3. ❶ 폴더명을 실습 데이터로 입력한 뒤 ❷ [만들기]를 누릅니다. 폴더를 만들면 ❸ [내 드라이브]에 자동으로 저장됩니다.

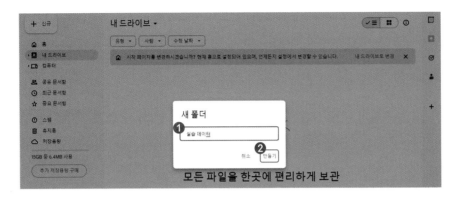

새 스프레드시트 파일 만들기

4. 폴더를 만들었으니, 이제 새 스프레드시트 파일을 만들겠습니다. ❶ [신규] → ❷ [Google 스프레드시트]를 선택하세요.

[추가 작업] 아이콘을 누르면 폴더나 파일을 삭제할 수 있습니다.

5. 새로운 탭([시트1])이 나타나며 생성한 스프레드시트 파일 화면이 보입니다.

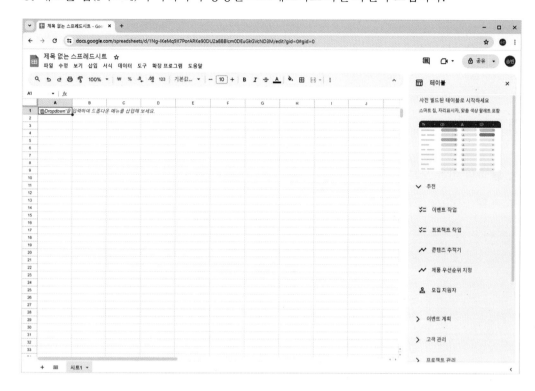

6. 스프레드시트의 파일명을 변경해 보겠습니다. ❶ 화면 왼쪽 위에서 [제목 없는 스프레드시트]를 클릭하면 이름을 변경할 수 있는 상태가 됩니다. ❷ 파일 이름을 실습 파일로 바꾸고 Enter를 누릅니다.

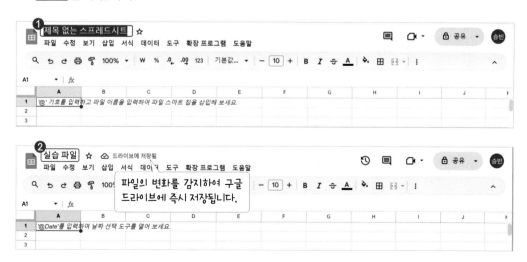

하면 된다!〉 스프레드시트 파일의 저장 위치 변경하기

✓ 실습 파일   앞의 시트에 이어서 실습

'구글 드라이브에 새로운 폴더와 스프레드시트 파일 만들기' 실습에서는 저장 위치를 따로 지정하지 않고 파일만 생성했습니다. 파일의 저장 위치를 명확히 지정하지 않으면 이후에 파일을 찾기도 어렵고 업무 효율성이 떨어지겠죠? 이번엔 스프레드시트 파일을 앞에서 미리 생성해 둔 [실습 데이터] 폴더로 옮겨 보겠습니다.

1. ❶ 파일 이름 오른쪽에서 [이동 🗀]을 클릭한 뒤 ❷ 이동할 위치인 [실습 데이터]를 선택하고 ❸ [이동]을 누릅니다.

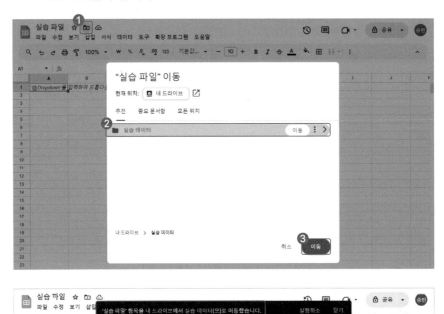

2. 구글 드라이브에서 [실습 데이터] 폴더를 더블클릭해서 들어갑니다. 앞에서 만든 [실습 파일]이 [내 드라이브] → [실습 데이터] 폴더에 저장된 것을 확인할 수 있습니다.

💡 **알아 두면 좋아요** 드라이브에서도 폴더에 바로 파일을 만들어 저장할 수 있어요!

드라이브에서 [신규]를 누르면 곧바로 스프레드시트 파일을 생성해서 저장할 수 있습니다.

이 밖에 구글 앱 런처 ▦와 URL로도 스프레드시트 파일을 만들 수 있습니다. 이 내용은 01-3절에서 자세히 다룹니다.

하면 된다! ⟩ 스프레드시트 파일 공유하고 사용자 권한 지정하기

✓ 실습 파일 앞의 시트에 이어서 실습

스프레드시트의 장점으로 '협업'을 소개했죠. 다른 사람과 실시간으로 협업하려면 먼저 스프레드시트 파일을 공유해야 합니다. 파일을 공유하는 방법은 간단한데, 이때 중요한 것은 파일의 '권한'을 설정해야 한다는 점입니다.

파일을 공유하는 과정을 직접 확인하려면 2개의 구글 계정이 필요합니다. 만약 구글 계정이 하나뿐이어도 사용자 권한 내용은 꼭 읽고 넘어가세요.

1. 구글 드라이브의 [내 드라이브]에서 ❶ [실습 데이터] 폴더를 더블클릭해 들어간 후 ❷ [실습 파일]을 마우스 오른쪽 버튼으로 눌러 ❸ [공유] → ❹ [공유]를 선택하세요.

2. 파일 공유 창이 나타나면 ❶ 파일을 공유할 사람의 구글 계정인 [이메일 주소]를 입력하고
❷ [이메일 박스]를 클릭해 사용하는 이메일 주소를 선택합니다.

3. 공유받을 사람이 편집할 수 있는 권한을
선택하고 알림 이메일을 보냅니다.
❶ [권한]을 클릭해 ❷ [편집자]를 선택하고
❸ [이메일 알림 보내기]에 체크합니다.
❹ 추가로 전달할 사항이 있다면 메시지를
작성하고 ❺ [전송]을 누릅니다.

4. 공유받은 이메일로 접속해 보세요. 파일 공유 이메일이 도착했나요? 이렇듯 [이메일 알림 보내기]에 체크하면 따로 확인 이메일을 보낼 필요 없이 자동으로 이메일을 보내줍니다.

5. 이번엔 공유 권한을 편집자에서 뷰어로 수정해 보겠습니다. 스프레드시트 파일을 만든 계정으로 접속해야 파일을 공유할 수 있습니다.

실습 계정으로 돌아와 ❶ 스프레드시트 화면 오른쪽 위에서 [공유]를 선택하고 ❷ 해당하는 사용자의 [권한]을 클릭해 ❸ [뷰어]로 선택한 뒤 ❹ [저장]을 눌러 권한을 수정합니다.

공유 권한에 관한 자세한 설명은 다음 표를 참고하세요.

작업 권한	파일과 폴더 보기	댓글 작성	파일 수정	파일 공유, 공유 취소	파일과 폴더 추가, 삭제
뷰어	○	X	X	X	X
댓글 작성자	○	○	X	X	X
편집자	○	○	○	○	○
작성자(소유자)	○	○	○	○	○

🔆 알아 두면 좋아요 공유할 때 설정도 살펴보세요!

파일 공유 창의 [설정]에서는 [편집자]와 [뷰어] 권한의 기능을 제한할 수 있습니다. [편집자]의 기본 권한은 그대로 유지하되 공유와 권한 수정 설정을 제약하거나, [뷰어]의 권한 가운데 다운로드, 인쇄, 복사 기능을 사용하지 못하도록 하고 싶다면 오른쪽처럼 체크박스를 해제하면 됩니다.

하면 된다! } 스프레드시트 파일 삭제·복구하기

✓ 실습 파일 앞의 시트에 이어서 실습

스프레드시트의 삭제와 복구는 파일 관리에서 빼놓을 수 없는 중요한 작업입니다. 불필요한 데이터를 제거하여 저장 공간을 확보하고, 실수로 삭제한 파일도 되살려 데이터 손실로 인한 업무 차질을 최소화할 수 있습니다.

스프레드시트 파일 삭제하기

1. 스프레드시트 화면 왼쪽 위에서 ▦을 눌러 [스프레드시트 홈]으로 들어갑니다.

> 만약 웹 브라우저를 처음 열었다면 [구글 앱 런처]
→ [Google 스프레드시트]를 선택하세요.

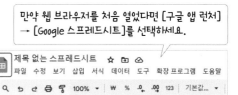

2. 앞서 생성한 스프레드시트 파일에서 ❶ [더보기] → ❷ [삭제]를 누른 후 ❸ [휴지통으로 이동]을 선택하면 파일이 삭제됩니다.

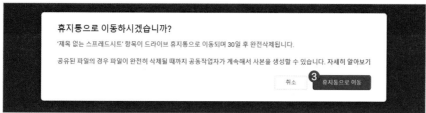

스프레드시트 파일 복구하기

3. 삭제한 파일은 휴지통으로 이동하여 보관하다가 30일 후에 완전히 삭제됩니다. 즉, 파일을 삭제했어도 30일 이내에는 복구할 수 있다는 것입니다. 삭제한 파일을 복구해 보겠습니다. ❶ [구글 앱 런처] → ❷ [드라이브]에 접속합니다.

4. ❶ [휴지통] → ❷ [복원할 파일] → ❸ [휴지통에서 복원]을 선택합니다.

▶ 복원할 파일을 마우스 오른쪽 버튼으로 눌러 메뉴를 호출하거나 [더보기]를 클릭해도 복원할 수 있습니다.

5. 다시 [드라이브] → [실습 데이터] 폴더에 들어가 보세요. 삭제한 파일이 복원되었습니다.

#스프레드시트 #행추가 #행삭제 #시트추가

구글 스프레드시트 빠르게 입문하기

동영상 강의

01-2절에서는 구글 드라이브에서 새 파일을 만들고 관리하는 방법을 배웠습니다. 이어지는 이번 실습에서는 새 스프레드시트를 만드는 다른 방법을 소개하고, 본격적으로 구글 스프레드시트의 사용 방법을 배워 보겠습니다. 앞으로 '스프레드시트 파일'은 간단히 줄여서 '파일'이라고 하겠습니다.

하면 된다! } 새 파일을 만드는 2가지 방법

√ 실습 파일 새 시트

구글 앱 런처에서 새 파일 만들기

1. 새 파일을 만들기 위해 ❶ [구글 앱 런처] → ❷ [Sheets]를 선택합니다.

2. 스프레드시트 탐색 창에서 새 파일을 만드는 [빈 스프레드시트 ➕]를 클릭하면 새 파일이 곧바로 열립니다.

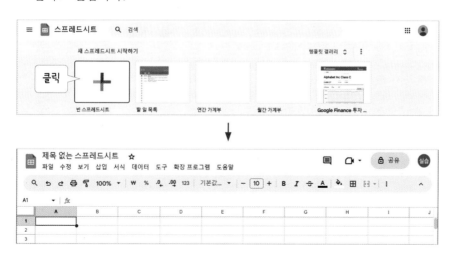

URL로 새 파일 만들기

3. 크롬을 실행하여 주소 표시줄에 sheet.new를 입력한 후 Enter 를 누릅니다.

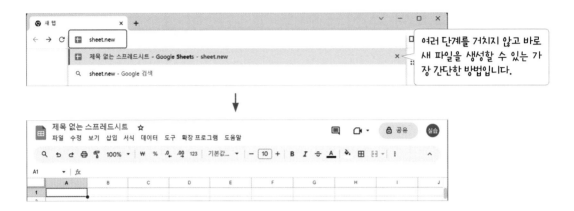

> 여러 단계를 거치지 않고 바로 새 파일을 생성할 수 있는 가장 간단한 방법입니다.

💡 **알아 두면 좋아요   구글 스프레드시트는 자동으로 저장돼요!**

구글 스프레드시트는 데이터 입력, 서식 지정 등 시트에서 변화가 감지되면 제목을 입력하지 않아도 [제목 없는 스프레드시트]라는 이름으로 자동 저장됩니다. 단, 스프레드시트를 생성한 뒤 아무 작업도 하지 않으면 파일은 저장되지 않고 사라집니다.

구글 스프레드시트 화면과 친해지기

엑셀과 비슷하면서도 다른 스프레드시트 화면을 살펴보겠습니다. 아이콘 위에 마우스 포인터를 올리면 메뉴 이름이 나타나므로 어떤 기능을 하는지 직관적으로 알 수 있습니다. 화면 위쪽 메뉴부터 살펴볼까요?

❶ **[스프레드시트 홈]**: 클릭하면 스프레드시트 첫 화면으로 돌아갑니다.
❷ **[파일 이름]**: 마우스 포인터를 가져가 [이름 바꾸기]가 나타나면 파일 이름을 바꿀 수 있습니다.
❸ **[별표]**: 즐겨찾기에 추가할 수 있습니다.
❹ **[모든 댓글 기록 보기]**: 해당 파일에 작성한 댓글을 모두 볼 수 있어서 협업할 때 유용합니다.
❺ **[회의 시작 또는 참여]**: 구글 밋(Google Meet)으로 화상 회의를 진행할 수 있습니다.
❻ **[사용자 및 그룹과 공유함]**: 공유할 해당 파일의 URL 링크를 복사하거나 사용자, 그룹, 캘린더 일정을 추가할 수 있습니다.

스프레드시트는 '시트'의 모음이며, 시트는 '셀'의 모음으로 이루어진 작업지입니다. [셀]은 [열]과 [행]이 교차하여 만들어 내는 칸을 말합니다. [열]은 알파벳 머리글을 기준으로 한 세로 영역을, [행]은 숫자 머리글을 기준으로 한 가로 영역을 말합니다.

[셀]을 클릭했을 때 화면에 표현되는 색상 테두리를 [셀 포인터]라고 합니다. 예시 화면에서 [셀 포인터]의 위치는 [A1] 셀입니다. 우리는 이것을 'A열 1행' 또는 'A1 셀'이라고 합니다.

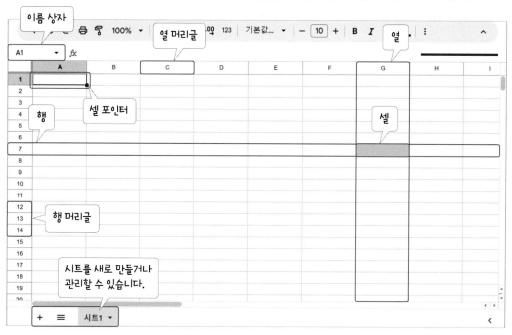

혹시 구글 스프레드시트 화면에서 엑셀과 다른 점을 찾았나요? 구글 스프레드시트에서 Ctrl + End 를 눌러 보세요. 엑셀과 달리 셀 포인터가 가장 마지막 위치로 이동합니다.

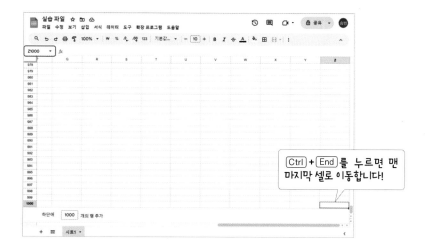

[이름 상자]를 확인해 보니 가장 마지막 셀은 [Z1000] 셀임을 알 수 있죠? 구글 스프레드시트에서는 26개의 열과 1,000개의 행(총 26,000셀)을 기본으로 제공하지만, 최대 1,000만 개의 셀 또는 18,278개의 열(ZZZ열)까지 추가할 수 있습니다. 엑셀에서 데이터를 가져온 경우에도 18,278개의 열(ZZZ열)까지 사용할 수 있습니다. 단, 엑셀 문서를 구글 스프레드시트로 변환할 때 50,000자(영문 기준)를 초과해서 입력한 셀은 자동으로 삭제되니 주의하세요!

하면 된다! } 행과 열 추가·삭제하기

√ 실습 파일 | 새 시트

구글 스프레드시트는 셀을 최대 1,000만 개 제공하지만, 초깃값은 [Z1000] 셀까지 설정되어 있습니다. 행과 열을 추가·삭제하려면 어떻게 해야 하는지 실습으로 알아보겠습니다. 이번 실습은 새 스프레드시트를 만든 후 진행해 주세요.

대량으로 행 추가하기

1. ❶ 행을 5000개 추가해 보겠습니다. Ctrl+End를 눌러 가장 끝 셀로 이동한 뒤 ❷ 숨어 있는 메뉴가 나타나도록 아래로 스크롤합니다. ❸ 상자에 추가할 행의 개수로 5000을 입력한 후 ❹ [하단에]를 클릭합니다.

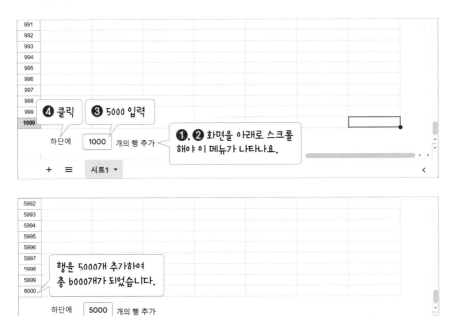

행과 열 하나씩 추가·삭제하기 — 행(열) 선택하기

3. 추가할 위치의 셀을 클릭한 뒤 마우스 오른쪽 버튼을 눌러 메뉴에서 [위에 행 1개 삽입] 또는 [왼쪽에 열 1개 삽입]을 선택합니다.

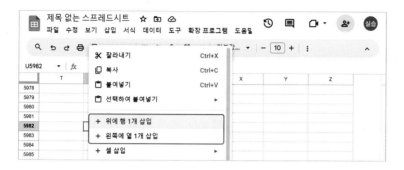

4. 열이나 행을 삭제할 때도 마찬가지로 해당 열이나 행을 클릭한 뒤 마우스 오른쪽 버튼을 눌러 [행 삭제] 또는 [열 삭제]를 선택하면 됩니다.

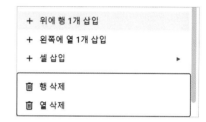

행과 열 한꺼번에 추가·삭제하기 — 행(열) 머리글 선택하기

5. ❶ 행과 열을 추가할 개수만큼 행 머리글이나 열 머리글을 드래그해 범위를 지정한 후 ❷ 마우스 오른쪽 버튼을 누르고 ❸ [위(아래)에 행 *n*개 삽입] 또는 [왼쪽(오른쪽)에 열 *n*개 삽입]을 선택합니다.

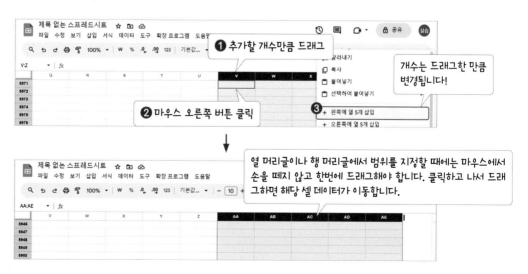

6. 행과 열을 여러 개 삭제할 때도 행 머리글과 열 머리
   글의 범위를 드래그한 후 마우스 오른쪽 버튼을 눌
   러 [행 삭제] 또는 [열 삭제]를 선택하면 됩니다.

＋ 왼쪽에 열 5개 삽입	
＋ 오른쪽에 열 5개 삽입	
🗑 V - Z열 삭제	
✕ V - Z열 데이터 삭제	

💡 **알아 두면 좋아요** **엑셀과 스프레드시트에서 셀 이동, 행 추가 관련 단축키**

엑셀과 구글 스프레드시트는 비슷해 보이지만 차이점이 분명히 있습니다. 단축키도 마찬가지입니다. 엑
셀의 단축키는 대부분 구글 스프레드시트에서 사용할 수 있지만, 일부는 다르게 작동합니다. 두 프로그
램의 차이를 잘 이해하고 단축키를 활용해서 업무 효율을 높여 보세요.

엑셀에서도 쓸 수 있는 단축키	스프레드시트에서만 쓸 수 있는 단축키
[A1] 셀로 이동: Ctrl + Home	행 추가: Ctrl + Alt + =
행/열의 처음과 끝으로 셀 포인터 이동: Ctrl + ◀ ▲ ▼ ▶	행 삭제: Ctrl + Alt + −
	마지막 셀로 이동: Ctrl + End

하면 된다! ⟩ 시트 추가, 이동, 삭제, 복사, 이름 변경하기

✓ 실습 파일 앞의 시트에 이어서 실습

1. 새로운 시트를 추가할 때는 화면 하단의 [시트 추가]를 클릭하거나 단축키 Shift + F11을
   누릅니다.

2. 시트의 개수가 많아 이동이 불편하다면 [모든 시트]를 클릭하여 원하는 시트를 선택해 빠
   르게 이동하면 됩니다.

3. 시트 이름에서 마우스 오른쪽 버튼 또는 [시트 메뉴]를 이용하여 시트를 삭제하거나 다른 스프레드시트로 이동, 복사할 수 있습니다.

4. 시트 이름을 변경할 때는 ❶ 시트명인 [시트1]을 더블클릭하여 ❷ 원하는 이름으로 수정한 뒤 Enter 를 눌러 적용하면 됩니다.

🔅 **알아 두면 좋아요** 스프레드시트에서는 시트를 복구할 수 있어요!

엑셀에서는 시트를 삭제하면 영구히 되돌릴 수 없습니다. 하지만 스프레드시트에서는 브라우저를 종료하지 않은 경우와 종료한 경우에 따라 방법만 다를 뿐 삭제한 시트를 복구할 수 있습니다.

브라우저를 종료하지 않은 경우: [실행 취소] (Ctrl+Z)를 누르면 삭제된 시트를 되돌릴 수 있습니다.
브라우저를 종료한 경우: [파일] → [버전 기록] → [버전 기록 보기]를 누르고 이전 버전으로 되돌리면 삭제된 시트를 복구할 수 있습니다. 21쪽을 참고하여 화면 오른쪽에 있는 [버전 기록]에서 되돌릴 시점을 선택하면 됩니다.

엑셀 파일과 스프레드시트 파일 호환하기

스프레드시트와 엑셀은 서로 다른 프로그램이지만, 엑셀 파일을 스프레드시트에서 열 수 있고, 반대로 스프레드시트 파일도 엑셀에서 실행할 수 있습니다. 이처럼 두 프로그램은 호환성이 뛰어나 데이터를 손쉽게 공유하고 활용할 수 있다는 장점이 큽니다. 따라서 두 프로그램의 차이점을 이해하고 데이터를 효과적으로 연동하여 사용하는 연습을 해야겠죠?

엑셀 파일을 스프레드시트로 불러오는 방법은 [구글 드라이브에 업로드], [스프레드시트에서 가져오기] 2가지입니다. 파일 개수가 많거나 폴더로 묶여 있다면 [구글 드라이브에 업로드]로 새로운 시트를 추가하거나 기존 데이터와 치환하는 것이 좋고, 파일 1개만 업로드한다면 [스프레드시트에서 가져오기]를 사용하는 것이 좋습니다.

하면 된다! } 스프레드시트에 엑셀 파일 업로드하여 사용하기

√ 실습 파일 [01 - 데이터가져오기]

먼저 이지스퍼블리싱 홈페이지에서 실습에 사용할 자료를 내려받아 주세요.

▶ 책의 앞부속(12쪽)에서 실습 파일을 내려받는 방법을 다룹니다.

1. PC에서 내려받은 자료를 구글 스프레드시트에 업로드하기 위해 ❶ [구글 드라이브]에 접속한 뒤 ❷ [실습 데이터] 폴더를 더블클릭합니다. 이어서 ❸ [신규]를 클릭한 뒤 ❹ [폴더 업로드]를 선택합니다.

2. ❶ 업로드할 폴더 선택 창이 뜨면 [1장_데이터] 폴더를 선택한 뒤 **❷** [업로드]를 누르고 **❸** 다시 팝업 창의 [업로드]를 누릅니다.

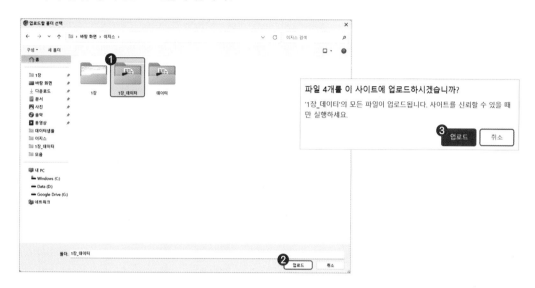

3. 폴더 안의 자료가 모두 구글 드라이브에 업로드되었습니다.

화면 오른쪽 아래에서 진행 상황을 확인할 수 있습니다.

하면 된다! ⟩ 엑셀 파일을 스프레드시트 파일로 변환하기

✓ 실습 파일 [01 - 데이터가져오기]

구글 드라이브에 업로드한 자료는 엑셀 파일의 속성을 그대로 유지합니다. 함수가 없는 데이터 파일은 변환하지 않아도 사용할 수 있지만, 구글의 부가 기능, 구글 앱을 유기적으로 활용할 수 있는 앱스 스크립트(Apps Script), 보호된 범위, 번역 옵션 등을 활용하려면 스프레드시트 파일로 변환해야 합니다.

1. 변환할 엑셀 파일을 불러오겠습니다. ❶ [1장_데이터] 폴더를 더블클릭한 뒤 ❷ [01-데이터 가져오기] 파일을 더블클릭해 실행하세요.

2. 스프레드시트 파일 제목란 오른쪽에 엑셀 .XLSX 확장자 버튼이 보이죠? 스프레드시트에
업로드되었지만 엑셀 속성을 유지한다는 의미입니다. 스프레드시트 파일로 변환하기 위해
❶ [파일] → ❷ [Google Sheets로 저장]을 선택합니다.

3. 스프레드시트로 변환된 파일에서 .XLSX 확장자 버튼이 사라진 것을 확인할 수 있습니다.

4. 엑셀 원본 파일이 저장된 [1장_데이터] 폴더를 확인해 보세요. 스프레드시트 파일과 엑셀
파일을 아이콘과 확장자로 구분할 수 있습니다.

💡 **알아 두면 좋아요** **스프레드시트에서 지원하는 확장자**

엑셀(XLS, XLSX, XLTM, XLTX)뿐만 아니라 CSV, TXT, TSV, TSB, HTM, HTML, ODS와 같은 확
장자 파일도 스프레드시트 파일로 변환할 수 있습니다.

한 걸음 더 2~6장 실습 파일도 드라이브에 업로드하고 스프레드시트로 변환해 보세요!

이후 실습은 실습 파일의 시트를 통해서 진행됩니다. 앞서 설명했듯 XLSX 파일을 그대로 사용할 경우 스프레드시트 파일과 호환 문제가 생길 수 있으므로 본격적으로 실습하기 전에 스프레드시트 파일로 변환해 주세요!

이렇게 되었다면 성공입니다!

하면 된다! } 스프레드시트로 엑셀 시트 가져오기

✓ 실습 파일 [01 - 데이터가져오기]

[01-데이터가져오기] 파일을 살펴보면 사업자 번호와 담당자 데이터가 생략되어 있습니다. 해당 데이터는 [01-사업자번호.xlsx] 파일에 포함되어 있습니다. 이번 실습에서는 현재 스프레드시트에 엑셀 파일을 추가하는 방법을 배워 보겠습니다.

1. [구글 드라이브]에서 [실습 데이터 → 1장_데이터] 폴더의 [01-데이터가져오기] 파일을 실행해 주세요.

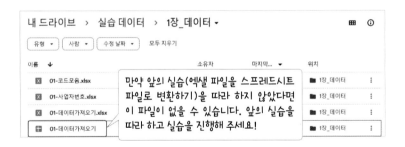

만약 앞의 실습(엑셀 파일을 스프레드시트 파일로 변환하기)을 따라 하지 않았다면 이 파일이 없을 수 있습니다. 앞의 실습을 따라 하고 실습을 진행해 주세요!

2. 추가할 시트를 불러오기 위해 ❶ [파일] → ❷ [가져오기]를 선택합니다. ❸ [실습 데이터] → ❹ [1장_데이터]를 차례로 더블클릭해 파일이 저장된 위치로 이동합니다.

3. 업로드된 파일 가운데 ❶ [01-사업자번호.xlsx] 파일을 선택하고 ❷ [삽입]을 누릅니다.

4. ❶ 가져오기 위치에서 [새 스프레드시트 만들기]를 클릭해 ❷ [새 시트 삽입]으로 선택한 뒤 ❸ [데이터 가져오기]를 눌러 시트 가져오기를 마무리합니다. [사업자번호] 시트가 추가되었습니다.

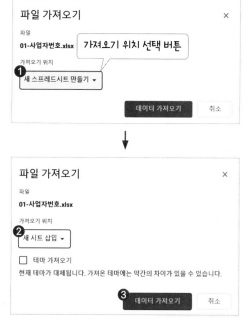

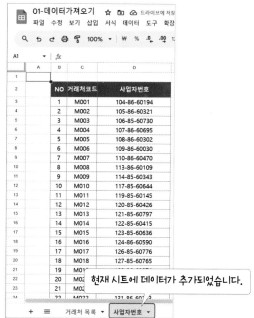

🔅 알아 두면 좋아요   파일 가져오기의 6가지 설정 옵션

파일을 가져올 때 여러 설정 옵션을 알고 있으면 도움이 됩니다. 미리 알아
두고 상황에 맞게 활용해 보세요.

새 스프레드시트 만들기
새 시트 삽입
스프레드시트 바꾸기
현재 시트 바꾸기
현재 시트에 추가
선택한 셀에서 데이터 바꾸기

옵션	의미
새 스프레드시트 만들기	선택한 파일을 새로운 스프레드시트로 생성합니다.
새 시트 삽입	현재 스프레드시트를 유지하면서 선택한 파일의 모든 시트를 추가합니다.
스프레드시트 바꾸기	현재 스프레드시트를 선택한 파일로 변경합니다.
현재 시트 바꾸기	현재 시트의 데이터를 선택한 파일의 데이터로 변경합니다.
현재 시트에 추가	현재 시트 데이터의 마지막 행에 선택한 파일의 데이터가 추가됩니다.
선택한 셀에서 데이터 바꾸기	현재 시트의 셀 포인터 위치에 선택한 파일의 데이터가 추가됩니다.

🏃 한 걸음 더   [01-담당자.xlsx] 파일도 현재 시트로 추가해 보세요!

현재 스프레드시트에 [파일] → [가져오기] 메뉴를 이용하여 [01-담
당자.xlsx] 파일을 추가해 보세요.

이렇게 되었다면 성공입니다!

스프레드시트에서 엑셀 파일을 불러오는 방법, 변환하는 방법까지 배웠습니다. 그럼 반대로 스프레드시트 파일을 엑셀로 실행하는 방법을 알아보겠습니다.

하면 된다! } 스프레드시트 파일을 엑셀 파일로 내려받기

✓ 실습 파일 [01 - 데이터가져오기]

1. 스프레드시트의 데이터를 엑셀 파일로 내려받기 위해 ❶ [파일] → ❷ [다운로드] → ❸ [Microsoft Excel(.xlsx)]을 선택합니다.

2. 파일을 내려받으면 스프레드시트 화면 위쪽에 팝업 창이 나타납니다. 크롬 브라우저의 경우 파일을 저장할 경로를 지정하지 않았다면 [C:₩Users₩Downloads] 폴더에 자동으로 저장됩니다.

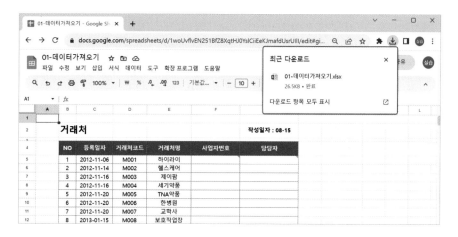

3. 내려받은 파일은 스프레드시트에서도 같은 이름으로 지정된 것을 확인할 수 있습니다. 파일을 실행해 보면 행, 열 크기를 제외하고는 누락된 내용 없이 제대로 내려받은 것을 확인할 수 있습니다.

> 엑셀에서도 문제 없이 실행할 수 있어요!

💡 **알아 두면 좋아요 스프레드시트 파일과 엑셀 파일로 변환할 때 주의하세요!**

스프레드시트는 엑셀 형식(.xlsx)뿐만 아니라 PDF, OpenDocument(.ods), HTML 등으로도 저장할 수 있습니다. 정말 유용한 기능이지만 유의 할 점이 있습니다. 스프레드시트에서만 사용할 수 있는 함수를 이용하여 복잡한 수식을 작성했을 경우 엑셀 파일로 내보냈을 때 값이 올바르게 반영되지 않을 수 있습니다. 이것은 엑셀 파일을 스프레드시트로 업로드할 때도 마찬가지입니다.

> IMPORTRANGE 함수를 이용한 단순한 데이터 범위 불러오기

B2   ƒx =IMPORTRANGE("https://docs.google.com/spreadsheets/d/1bGohNVaRf303BLBSnAzJ910Rw44Da8xKxfooB2BItvo/edit#gid=951482649","코드모

스프레드시트에 입력된 함수

B2   ƒx =IFERROR(__xludf.DUMMYFUNCTION("IMPORTRANGE(""https://docs.google.com/spreadsheets/d/

A	B	C	D
1			
2	지역	세무서명	사업구분
3		211 강남	86
4		212 강동	86

> 엑셀에는 없는 기능이라 임의로 함수가 수정되었습니다. 그러므로 내려받은 파일이 잘 변환되었는지 반드시 확인해 봐야 합니다.

엑셀로 변환했을 때 입력된 함수

다른 사람과 구글 스프레드시트로 협업하는 4가지 방법

동영상 강의

구글 스프레드시트는 협업 도구로 사용하기 좋은 프로그램입니다. 이제 공동 작업을 하는 팀원과 댓글로 의견을 나누고, 적합한 작업자에게 업무를 할당하며, 상황에 따라 채팅 또는 화상 채팅으로 서로 의사를 전달하는 다양한 방법을 배워 보겠습니다.

하면 된다! 〉 다른 사람과 댓글로 소통하기

✓ 실습 파일 [01 - 데이터가져오기] - [거래처 목록] 시트

댓글은 공유한 파일에 접속할 수 있는 권한이 있는 사용자라면 모두 확인할 수 있습니다. 댓글을 잘 활용한다면 공유한 자료가 언제 작성됐는지, 지금 어떤 업무를 누가 진행하고 있는지, 시간 흐름에 따른 진행 정도까지도 파악할 수 있죠.

일단 댓글을 다는 연습을 하려면 소유자 외에 다른 사람이 필요합니다. 이번 실습에서 사용할 두 번째 계정을 준비해야 합니다. 두 번째 계정을 여기에서는 '보조 계정'이라고 하겠습니다.

▶ 구글 가입 방법은 이 책에서 따로 다루지 않습니다. 만약 가입 방법을 알고 싶다면 bit.ly/easys_gss_sign에 접속해서 관련 내용을 확인해 보세요!

1. 댓글은 '편집자 권한'이 있어야 합니다. 보조 계정에게 편집자 권한을 지정해야 하므로 ❶ 화면 왼쪽 위에서 [공유]를 선택한 후 ❷ [사용자 및 그룹 추가]란을 클릭합니다.

2. 주소록에 등록한 이메일이 나타나면 ❶ [보조 계정 이메일]을 클릭해 추가하고 ❷ [전송]을 누릅니다.

3. 댓글을 추가하기 위해 ❶ [F5] 셀을 클릭한 뒤 마우스 오른쪽 버튼을 눌러 ❷ [댓글]을 선택합니다.

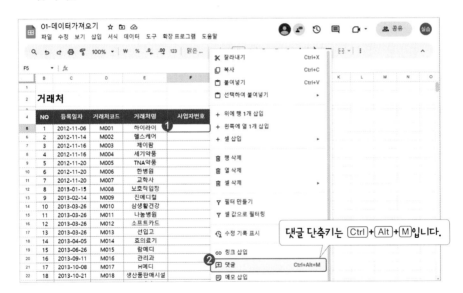

4. 이어지는 실습을 위해 대상을 지정하여 댓글을 작성하겠습니다.

❶ 먼저 @를 입력하고 ❷ 팝업 창에서 [이메일]을 선택합니다. ❸ [메시지]를 작성한 뒤 ❹ [댓글]을 눌러주세요. 특정할 대상이 없다면 이메일을 추가하지 않고 메시지만 작성합니다. 접속한 사람은 모든 댓글을 볼 수 있으니까요.

5. ❶ 댓글을 삽입한 셀 오른쪽 위 모서리에는 주황색 삼각형 표식이 나타납니다. ❷ 해당 셀에 마우스 포인터를 가져가 댓글 내용을 볼 수 있고, ❸ 셀을 클릭하면 ❹ 답글을 [추가]할 수 있습니다. ❺ [추가 옵션]을 클릭하면 ❻ [수정], [삭제]할 수 있는 편집 상태가 됩니다. ❼ ☑를 클릭하면 완료 업무로 처리하여 댓글이 사라집니다.

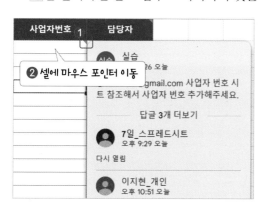

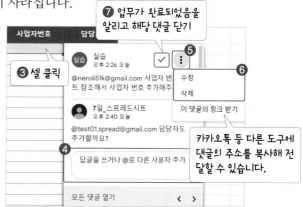

다음 화면은 댓글 실습에서 사용한 보조 계정에서 받은 편지함입니다. 댓글에 답변을 할 경우 이메일에서 [답장] 기능을 이용해 곧바로 답변할 수 있고, [해결]을 선택하여 업무 완료를 표현할 수도 있습니다. 댓글을 작성한 스프레드시트로 바로 접속한다면 [열기]를 클릭하면 됩니다.

첫 댓글을 작성한 시간에 알림을 이메일로 보냈고, 도착 시간은 오후 2:36입니다. 마지막 댓글 시간은 오후 12:29임을 확인할 수 있습니다. 그런데 오후 2:36에 받은 이메일에 오후 12:29의 내용이 어째서 추가되었을까요? [동적 이메일] 기능 때문입니다. 이메일 내용이 처음 발송한 그대로 고정되지 않고 내용을 추가하면 자동으로 업데이트하는 기능입니다. 구글 스프레드시트의 기능, 너무 멋지지요?

하면 된다! ▶ 팀원(보조 계정)에게 업무 할당하기

✓ 실습 파일 [01 - 데이터가져오기] - [거래처 목록] 시트

특정 작업자에게 업무를 할당하여 지시하면 작업자는 업무를 마치고 [완료] 버튼을 눌러 알릴 수 있습니다. 지속적으로 관리해야 하는 업무라면 댓글을 작성할 때 [업무 할당] 버튼을 이용하면 편리합니다.

1. ❶ [G5] 셀에서 마우스 오른쪽 버튼을 눌러 [댓글]을 클릭합니다. ❷ 메시지란에 @를 입력하여 업무를 할당할 보조 계정을 선택합니다. ❸ [보조 계정(이메일 주소)에게 할당]에 체크 표시한 뒤 ❹ [할당]을 누르세요.

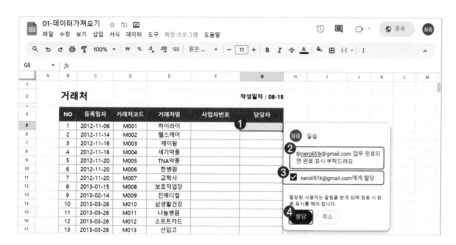

2. 업무를 할당받은 계정에서 댓글을 확인해 보세요. 위쪽 색상으로 할당 여부를 구분할 수 있습니다.

할당 여부를 구분할 수 있습니다.

하면 된다! ┊ 스프레드시트에 메모 삽입하기

✓ 실습 파일 [01-데이터가져오기] - [사업자번호] 시트

시간의 흐름과 관계없이 셀에 보조 설명이 필요하다면 [메모] 기능을 사용해 보세요.

1. 메모를 삽입할 ❶ [D2] 셀에서 마우스 오른쪽 버튼을 눌러 ❷ [메모 삽입]을 선택합니다.

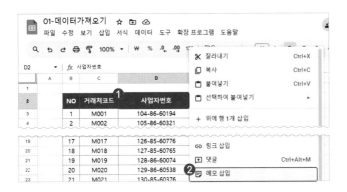

2. ❶ 메모 내용을 입력한 뒤 ❷ 아무 셀이나 클릭하여 메모 작성을 완료합니다.

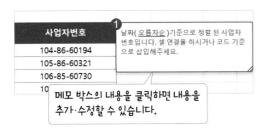

메모 박스의 내용을 클릭하면 내용을
추가·수정할 수 있습니다.

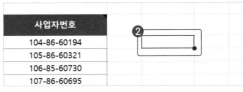

3. 삽입한 메모를 삭제하려면 ❶ 메모를 삽입한 셀에서 마우스 오른쪽 버튼을 눌러 ❷ [메모 삭제]를 선택하면 됩니다.

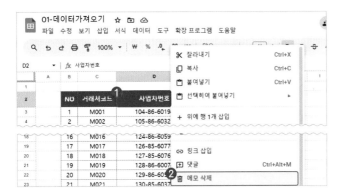

하면 된다! } 채팅으로 실시간 소통하기

✓ 실습 파일 [01 - 데이터가져오기] - [사업자번호] 시트

파일을 보며 실시간으로 피드백하거나 대화하고 싶다면 [채팅] 기능을 사용해 보세요. 화면 오른쪽에 대화 창을 열어 소통할 수 있습니다. 단, 채팅한 내용은 댓글이나 메모처럼 기록이 남지 않습니다.

1. 본 계정과 보조 계정으로 [01-데이터가져오기] 파일에 접속한 뒤 화면 위 가운데에서 [채팅] 아이콘을 클릭합니다.

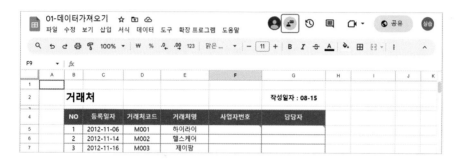

2. 오른쪽에 채팅 창이 뜨면 [메시지 입력 상자]에 메시지를 입력한 뒤 Enter 를 누르면 됩니다.

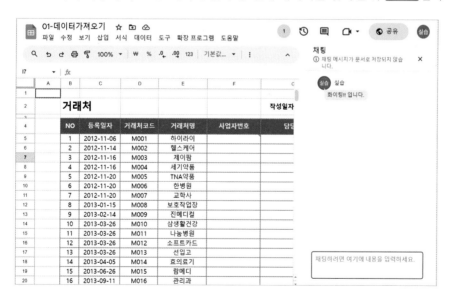

3. 보조 계정 화면으로 전환해 보세요. 채팅 참여 메시지 상자가 활성화되어 있습니다. [채팅 참여]를 클릭한 뒤 메시지를 입력해 보세요.

이모지를 사용하고 싶다면 [윈도우]+ : 을 눌러 보세요.

채팅 참가자가 창을 닫아 스프레드시트 접속을 종료하면 퇴장 메시지가 나타납니다. 채팅에 새로운 참가자가 있다면 입장 메시지도 나타납니다.

💡 **알아 두면 좋아요** **실시간으로 접속한 다른 사람은 이렇게 표시돼요!**

접속자 가운데 '익명의 기러기'와 같이 동물 이름으로 표현되는 경우가 있습니다.

스프레드시트 파일을 공유했을 때 구글 계정이 아닌 이메일로 초대했거나 링크 공유로 접속한 경우에는 '알 수 없는 사용자', '익명의 동물'로 표현됩니다. 구글 이메일로 공유하거나 스프레드시트 파일 소유자의 주소록에 등록된 이메일을 사용하면 해당 사용자의 이름이 정확히 나타납니다.

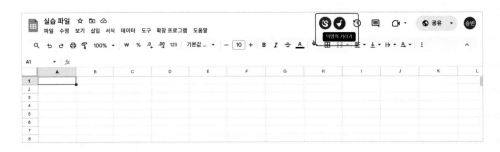

2장
데이터 입력과 관리

구글 스프레드시트에서 데이터 자동 채우기

동영상 강의

데이터를 자동으로 채우는 3가지 방법

엑셀의 [채우기]는 대부분 [채우기 핸들]과 범위를 지정한 뒤 Ctrl+Enter를 누르는 방법을 이용합니다. 구글 스프레드시트에서는 이 2가지 방법 이외에도 [스마트 입력]이라는 기능을 제공하는데, 하나씩 실습해 보면서 3가지 방법 모두 익혀 보겠습니다.

> 🔅 **알아 두면 좋아요** **실습 전 엑셀 파일을 스프레드시트 파일로 변환해 주세요!**
>
> 구글 드라이브에서 실습 파일(.XLSX)을 실행하면 스프레드시트로 연결됩니다. 하지만 스프레드시트 기능을 제대로 활용하려면 엑셀 파일을 스프레드시트 파일로 변환해야 합니다. 엑셀 파일을 구글 드라이브에 올려 실행한 후 ❶ [파일] → ❷ [Google Sheets로 저장]을 선택해 스프레드시트 파일로 변환하고 실습을 진행해 주세요!

엑셀 파일   스프레드시트 파일

하면 된다! ⟩ 채우기 핸들로 데이터 자동으로 채우기

✓ **실습 파일** [02-1 데이터 입력] 시트

스프레드시트에서 사용하는 [채우기 핸들]은 셀에 입력한 값이 기본적으로 문자, 숫자, 수식과 같이 단일한 값 형태이면 [복사] 기능을 수행합니다. 하지만 숫자와 문자를 조합한 형태이면 문자는 복사되지만 숫자는 1씩 증가합니다. 또한 2개의 셀에 각각 숫자를 입력한 뒤 [채우기 핸들]을 사용하면 [증가] 또는 [감소] 기능을 수행하는 등 입력한 데이터의 형태에 따라 결과물은 조금씩 달라집니다. [채우기 핸들]의 기능은 대부분 엑셀과 비슷하지만 사용법에 차이가 있으니 실습하면서 자세히 익혀 보겠습니다.

문자 자동 채우기

1. ❶ [C3] 셀에 **구글**을 입력한 뒤 (Enter)를 누릅니다. ❷ 값을 입력한 [C3] 셀을 클릭해 파란색 점이 보이면 마우스 포인터를 가까이 가져갑니다. ❸ + 표시가 나타나면 파란색 점을 클릭한 채 [C14] 셀까지 드래그합니다. ❹ 첫 셀에 입력한 내용이 14행까지 복사된 것을 확인할 수 있습니다. 바로 + 표시가 [채우기 핸들] 기능입니다.

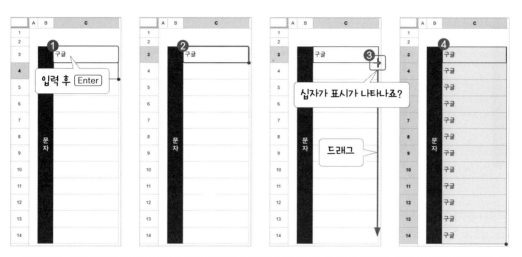

▶ 엑셀에서는 값을 입력한 뒤 (Enter)를 누르지 않고 바로 [채우기 핸들] 기능을 쓸 수 있지만, 구글 스프레드시트에서는 값을 입력한 뒤 (Enter)를 누른 뒤 입력된 그 값을 다시 선택해야 하는 번거로움이 있습니다.

숫자 자동 채우기

2. ❶ [F4] 셀에 숫자 **2023**을 입력한 뒤 (Enter)를 누릅니다. ❷ [F4] 셀을 클릭한 채 같은 방법으로 ❸ [채우기 핸들]을 [F14] 셀까지 드래그하세요. ❹ 문자와 마찬가지로 내용이 복사됩니다.

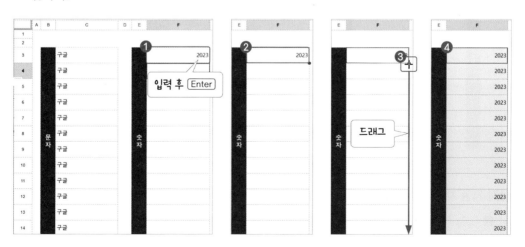

3. 이때 숫자가 1씩 늘어나도록 채우고 싶다면 따로 값을 지울 필요가 없습니다. ❶ [F4] 셀을 클릭하고 ❷ [Ctrl]을 누른 채 [채우기 핸들]을 드래그하면 ❸ 숫자가 1씩 증가합니다.

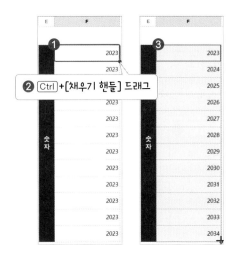

문자+숫자 자동 채우기

4. 문자와 함께 입력한 숫자에도 [채우기 핸들]을 사용할 수 있습니다. ❶ [I3] 셀에 회원-001을 입력한 뒤 [Enter]를 누릅니다. 이어서 ❷ [I3] 셀을 클릭하고 ❸ [I14] 셀까지 [Ctrl]을 누른 채 [채우기 핸들]을 드래그해 보세요. 문자는 복사, 숫자는 1씩 증가하는 것을 확인할 수 있습니다.

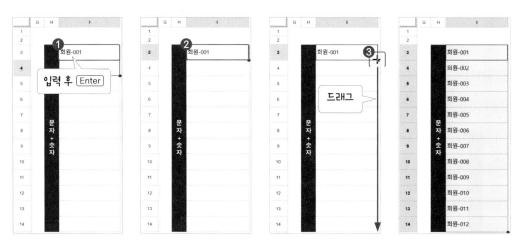

날짜 자동 채우기

5. ❶ [L3] 셀을 클릭하고 [Ctrl]+[;]을 눌러 오늘 날짜를 입력하세요. ❷ [L14] 셀까지 [채우기 핸들]을 드래그하면 날짜가 1씩 증가하는 것을 확인할 수 있습니다.

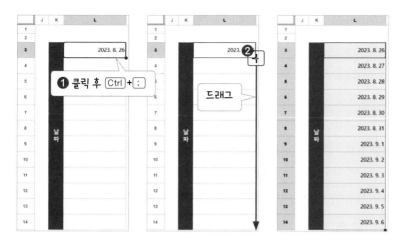

▶ [Ctrl]+[;]는 현재 날짜를
입력하는 단축키입니다.

6. 날짜가 1씩 증가하지 않고 모두 똑같이 채워 볼까요? 선택 범위를
유지한 상태로 [Ctrl]+[Enter]를 누릅니다. 첫 셀의 값이 복사되어
모두 같은 날짜로 바뀌었습니다.

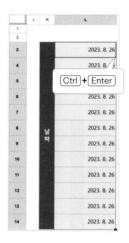

🏃 **한 걸음 더** **모두 같은 시간으로 채워 보세요!**

[O3] 셀에 [Ctrl]+[Shift]+[;]을 누르면 현재 시간이 입력됩니다. 현재 시간을 입력
한 뒤 [Ctrl]+[Enter]를 이용하여 [O14] 셀까지 같은 값을 채워 보세요.

▶ [Ctrl]+[Shift]+[;]은 현재 시간을 입력하는 단축키입니다.

하면 된다! ╳ 범위 먼저 선택하고 데이터 자동으로 채우기

✓ 실습 파일 [02-1 범위 입력] 시트

앞의 [02-1 데이터 입력] 실습에서 값을 먼저 입력한 뒤 [채우기 핸들]을 이용했다면, 이번 실습에서는 범위를 먼저 지정한 뒤 값을 입력합니다. 여기에서는 특수 문자를 사용해 보겠습니다. 이때 단축키 [Ctrl]+[Enter]를 사용할 때 주의해야 합니다. 엑셀에서 [채우기 핸들] 기능을 사용할 때와 어떻게 다른지도 자세히 살펴보겠습니다.

1. ❶ 먼저 값을 입력할 영역인 [C3:C14] 셀 범위를 지정합니다. ❷ [ㅁ] 키를 입력한 채 ❸ [한자] 키를 눌러 특수 문자를 호출합니다. 특수 문자 목록에서 ❹ ★를 선택한 뒤 ❺ [Enter]를 눌러 셀 포인터가 다음 셀로 이동하고 ❻ [Ctrl] +[Enter]를 누르면 범위 영역에 같은 값이 입력됩니다.

▶ 범위 지정은 순방향으로 해주세요. 역방향으로 지정하여 [Ctrl]+[Enter]를 누르면 입력한 값이 복사되지 않고 입력한 내용이 모두 지워집니다.

▶ 엑셀에서 범위를 지정한 뒤 값을 입력한 경우에는 [Enter]를 누르지 않고 [Ctrl]+[Enter]를 사용해야 복사가 됩니다.

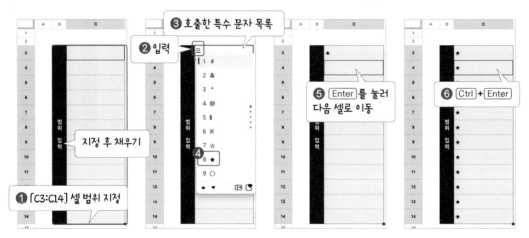

❸ 호출한 특수 문자 목록

❷ 입력

❺ [Enter]를 눌러 다음 셀로 이동

❻ [Ctrl]+[Enter]

지정 후 채우기

❹

❶ [C3:C14] 셀 범위 지정

💡 **알아 두면 좋아요 특수 문자와 이모지 호출하는 방법**

- 한글 자음 [ㄱ]~[ㅎ] + [한자] 로 특수 문자 호출하기

- [⊞] + [;] 또는 [⊞] + [.] 로 이모지 호출하기

하면 된다! } 스마트 입력으로 손쉽게 값 채우기

[스마트 입력] 기능은 추출할 단어의 소스를 제공하면 패턴
을 감지하여 적합한 수식을 자동으로 생성해 줍니다.

▶ 엑셀에서는 [스마트 입력]과 비슷한 기능으로 [빠른 채우기]를 사용할 수 있습니다. [빠른 채우기] 단축키는 Ctrl + E 입니다.

1. 실습 파일의 [C] 열에 입력한 주소에서 '구' 단위를 추출하려고 합니다. 이때 [스마트 입력] 기능을 사용하려면 구글 스프레드시트가 패턴을 인식할 수 있게 데이터를 몇 번 입력해야 합니다. ❶ [F3] 셀에 남구, [F4] 셀에 서초구, [F5] 셀에 포천시를 입력한 후 ❷ [F6] 셀에 상을 입력하면 [수식 관련 제안사항] 메시지 창이 나타납니다. ❸ ☑를 클릭하여 수식을 적용해 보세요.

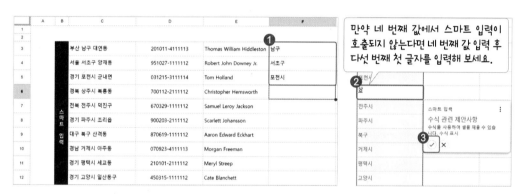

2. ❶ [F4] 셀을 클릭하고 ❷ 수식 입력줄을 확인해 보세요. =MID(C4, FIND(" ", C4) + 1, FIND(CHAR(160), SUBSTITUTE(C4, " ", CHAR(160), 2)) - 1 - (FIND(" ", C4)))와 같이 복잡한 수식이 자동으로 생성되어 [F] 열에 값이 채워진 것을 알 수 있습니다.

F4		❷ fx	=MID(C4,FIND(" ",C4) + 1,FIND(CHAR(160),SUBSTITUTE(C4," ",CHAR(160),2)) - 1 - (FIND(" ",C4)))		
	A	B	C	D	E	F
1						
2						
3			부산 남구 대연동	201011-4111113	Thomas William Hiddleston	남구
4			서울 서초구 양재동	951027-1111112	Robert John Downey Jr.	서초구
5			경기 포천시 군내면	031215-3111114	Tom Holland	포천시
6			경북 상주시 복룡동	700112-2111112	Christopher Hemsworth	상주시
7		스	전북 전주시 덕진구	670329-1111112	Samuel Leroy Jackson	전주시
8		마 트	경기 파주시 조리읍	900203-2111112	Scarlett Johansson	파주시
9		입	대구 북구 산격동	870619-1111112	Aaron Edward Eckhart	북구

3. 이번에는 주민등록번호의 생년월일과 성별을 제외한 나머지 정보를 가리는 작업을 해 보겠습니다. ❶ [G3] 셀에 201011-4******, [G4] 셀에 951027-1******, [G5] 셀에 031215-3******를 입력하여 패턴을 인식시킵니다. ❷ [G6] 셀에서 7을 입력하면 [수식 관련 제안사항] 메시지 창이 나타납니다. ❸ ☑를 클릭하여 수식을 적용해 보세요.

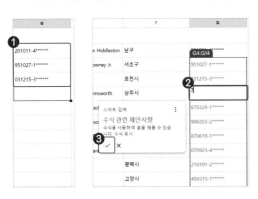

4. ❶ [G4] 셀을 클릭하여 ❷ 수식 입력줄을 확인해 보세요. =CONCATENATE(LEFT(D4, FIND("-", D4) + 1), " ****** ")와 같은 수식이 자동 생성된 것을 확인할 수 있습니다.

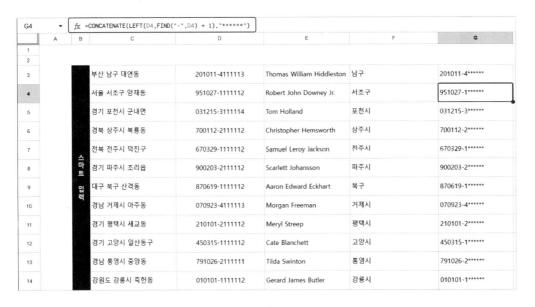

생성해 준 수식보다 더 효율적인 방법도 있지만, 이러나 저러나 결괏값의 차이는 없습니다. 무엇보다 자동으로 수식을 생성해 주는 것 자체가 흥미롭지 않나요?

지금까지 [스마트 입력] 기능으로 값을 채우는 방법을 살펴봤습니다. [스마트 입력] 기능은 엑셀의 [빠른 채우기]와 비슷하다고 앞에서 간단하게 언급했는데 구체적으로 어떤 차이점이 있는지 다음 표로 정리했습니다.

구분	엑셀의 [자동 채우기]	구글 스프레드시트의 [스마트 입력]
사용법	추출할 값 1개 입력 → Enter → Ctrl + E	추출할 값 여러 개 입력 → [수식 관련 제안사항] 체크
결과	문잣값으로 추출됨	수식으로 추출됨
장점	원본이나 추출된 값을 이동하더라도 결괏값은 고윳값으로 유지됨	원본값이 변경될 경우 업데이트됨
단점	• 원본값이 변경되었을 경우 업데이트되지 않음 • 인접한 열의 값만 추출할 수 있음	• 원본이나 추출된 값을 이동할 경우 결괏값에 영향을 끼침 • 패턴을 인식하지 못하는 경우가 있음

🏃 한 걸음 더   Hi, Thomas와 같이 이름과 인사말을 함께 추출해 보세요!

앞서 배운 내용을 활용해 [H] 열에 간단한 인사말을 만들어 보세요!

구글 스프레드시트의 표시 형식

동영상 강의

먼저 알고 넘어가야 할 데이터 입력 규칙

엑셀에서는 데이터를 입력할 때 몇 가지 규칙이 있습니다. 계산을 하려면 숫자만 입력해야 한다든지, 숫자를 입력할 때 0으로 시작하는 데이터 앞에는 작은따옴표(')를 넣어야 하죠.

구글 스프레드시트에서도 지켜야 할 규칙이 있습니다. 문잣값을 입력할 때는 큰 차이점이 없지만, 숫잣값을 입력할 때 약간 다른 점이 있답니다. 다음 표로 엑셀과 구글 스프레드시트의 공통점과 차이점을 정리했습니다.

엑셀과 구글 스프레드시트에서 숫잣값을 입력할 때 공통점과 차이점

	엑셀	구글 스프레드시트
연산 목적	1천 원, 1,000원과 같이 숫자 + 문자를 혼용하면 안 됨 반드시 사용해야 한다면 [맞춤 서식]을 바꿔야 함	
날짜	하이픈(-). 슬래시(/)로 구분하여 입력	하이픈(-), 슬래시(/), 온점(.)으로 구분하여 입력
시간	콜론(:)으로 구분	
분수	슬래시(/)로 표현	소수점으로 변환해 입력한 후 맞춤 서식으로 표현
문자 형태의 숫자	작은따옴표(') 입력 후 숫자로 표기 가능	
0과 빈 셀	0과 빈 셀 모두 0 반환	0이 입력된 셀만 0 반환

▶ 구글 스프레드시트의 [맞춤 서식] 기능은 엑셀의 [표시 형식]과 비슷합니다.

1,000원과 같이 숫자와 문자를 같이 쓰고 싶어요!

구글 스프레드시트와 엑셀에서는 '1,000원'과 같이 숫자와 문자를 혼합하여 작성하면 연산이 불가능합니다. 그러나 상황에 따라 숫자와 문자를 혼합하여 표시해야 할 경우도 있습니다. 그럴 때 화면에 표시되는 방식을 결정하는 [맞춤 서식] 기능을 활용하면 됩니다. 숫잣값을 표현하는 방식을 살펴보며 [맞춤 서식]을 배워 볼게요.

하면 된다! ▸ 맞춤 숫자 형식으로 금액에 천 단위 구분하기

✓ 실습 파일 [02-2 맞춤 서식1] 시트

다음 자료는 천 단위에 구분 기호가 없어서 금액을 정확하게 확인하기가 힘듭니다. 앞에서 소개한 맞춤 숫자 형식을 활용해 금액에 천 단위 구분 기호를 삽입해 보겠습니다.

1. 맞춤 서식을 적용하기 위해 ❶ [I5:L20] 셀 범위를 지정한 다음 ❷ [서식] → ❸ [숫자] → ❹ [맞춤 숫자 형식]을 선택합니다.

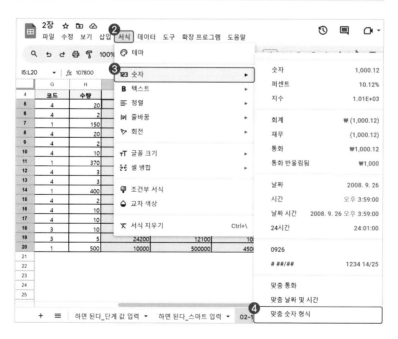

2. [맞춤 숫자 형식] 창이 나타나면 ❶ #,##0 → ❷ [적용]을 누르세요. 지장한 셀 범위에 천 단위 구분 기호(,)가 적용됩니다.

▶ 구글 스프레드시트는 엑셀처럼 '쉼표 스타일'이 따로 마련되어 있지 않습니다. 제공되는 기본 서식 중 '재무'([Ctrl]+[Shift]+[1])가 '쉼표 스타일'과 비슷하지만, 기본값이 소수 둘째 자리를 포함하므로 천 단위 구분 기호만 사용하려면 추가로 [소수점 자리 감소] 기능을 사용해야 합니다.

3. 이번엔 '원' 단위도 붙여 보겠습니다. ❶ [I5:L20] 셀 범위를 지정하고 ❷ [서식] → ❸ [숫자] → ❹ [맞춤 숫자 형식]을 선택합니다.

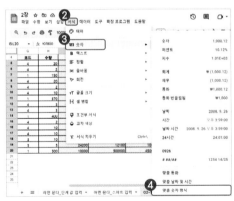

4. [맞춤 숫자 형식] 창의 형식 입력란에 ❶ #,##0"원"을 입력하고 ❷ [적용]을 누릅니다.

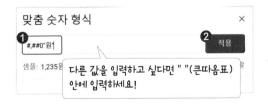

[맞춤 숫자 형식]에서 #과 0은 무엇을 의미하는지 알아보겠습니다.

구분	#	0
의미	숫자 한 자리	숫자 한 자리
기능	자리에 숫자가 없을 경우 공백으로 표시	자리에 숫자가 없을 경우 0으로 표시
예시 기호	#,###	0,000
셀값이 200인 경우 결과	200	0,200
#,##0의 의미	숫자 3자리마다 쉼표를 표시하되, 천·백·십의 단위까지는 숫자가 없을 경우 공백으로 표시하고, 일의 자리에 숫자가 없을 경우 0으로 표시	
0.00의 의미	입력된 값이 소수점 값을 가지고 있으면 둘째 자리까지 반올림하여 표시하고, 소수점 값이 없다면 소수점 아래 둘째 자리를 0으로 표시	

하면 된다! } 맞춤 숫자 형식으로 날짜에 요일까지 표시하기

✔ 실습 파일 [02-2 맞춤 서식1] 시트

이번엔 날짜 입력 방법을 배워 보겠습니다. 3월 1일을 '03월 01일(월)'과 같이 요일과 함께 표시하고 싶다면 어떻게 해야 할까요?

1. 우선 실습 파일을 살펴보겠습니다. [D5] 셀의 값을 확인해 주세요. 날짜 입력 규칙에 맞춰 온점(.)을 이용해 작성했지만 띄어쓰기를 하지 않아 문잣값으로 입력되었습니다. 이런 경우에는 [맞춤 숫자 형식]을 적용하더라도 원하는 결과를 얻을 수 없습니다.

2. 올바른 날짜 형식으로 변경하기 위해 ❶ [D6] 셀을 클릭하고 ❷ Ctrl 을 누른 상태로 위로 [드래그] 합니다. 이때 [채우기 핸들]이 적용된다는 표시가 따로 없으므로 마우스 포인터가 [D5] 셀 안에 위치했을 때 놓아 주면 됩니다.

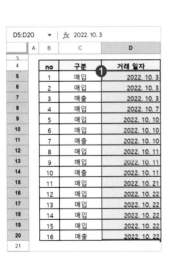

3. 요일을 표현하는 날짜 표시 방식을 변경해 보겠습니다. 날짜값 영역인 ❶ [D5:D20] 셀 범위를 지정한 뒤 ❷ [서식] → ❸ [숫자] → ❹ [맞춤 날짜 및 시간]을 선택합니다.

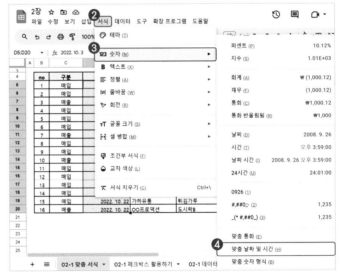

▶ 날짜 데이터에서 '2022. 10. 3'처럼 한 칸씩 직접 띄어 써도 됩니다.

4. [맞춤 날짜 및 시간 형식] 창이 나타나면 바로 아래 형식 입력란에서 [연도], [월], [일] 블록을 모두 삭제하겠습니다. 마지막 [일(5)] 블록 뒤의 빈 공간을 클릭하고 Backspace 를 눌러 모두 지웁니다.

5. 날짜 블록을 삽입하기 위해 ❶ ✓를 눌러 ❷ [월] 블록을 선택합니다.

6. ❶ 삽입된 [월(8월)] 블록을 클릭하고 ❷ [앞자리에 0이 있는 월(08)]을 선택합니다.

 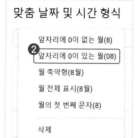

7. ❶ [월(08)] 블록의 뒤쪽 공백을 클릭하여 커서를 활성화한 뒤 ❷ 하이픈(-)을 입력합니다.
❸ ✓를 클릭하고 [일] 블록을 삽입합니다. ❹ [일(5)] 블록을 클릭하고 ❺ [앞자리에 0이 있
는 일(05)]을 선택합니다.

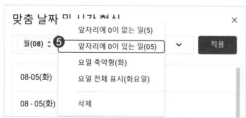

8. 요일도 표시해 볼게요. ❶ [일(5)] 블록 바로 뒤에 (를 입력한 뒤 ❷ ▾를 누르고 [일(5)] 블록을 삽입합니다. ❸ 삽입한 [일(5)] 블록을 클릭해 ❹ [요일 축약형(화)]를 선택한 후 ❺)를 입력해 괄호를 닫습니다. 입력을 마쳤다면 ❻ [적용]을 누릅니다.

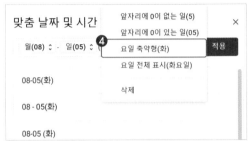

9. 오른쪽과 같이 적용되었는지 확인해 보세요.

no	구분	거래 일자	업체명
1	매입	10-03(월)	가하유통
2	매입	10-03(월)	맛있는소스
3	매출	10-03(월)	○○대학 산학협력관
4	매입	10-07(금)	가하유통
5	매입	10-10(월)	가하유통
6	매입	10-10(월)	가하유통
7	매출	10-10(월)	○○회사
8	매입	10-11(화)	맛있는소스
9	매입	10-11(화)	맛있는소스

하면 된다! ⎬ 엑셀처럼 날짜 형식 입력하기

✔ 실습 파일 [02-1 맞춤 서식1] 시트

블록형 입력 방식이 엑셀과 달라서 어색하다면 [맞춤 숫자 형식]에서 날짜 기호를 이용해도 됩니다. 단, 날짜 기호를 입력하기 전에 요일을 표현하는 언어가 한국어로 설정됐는지 미리 확인하세요.

1. ❶ [파일] → ❷ [설정]을 클릭한 뒤 [스프레드시트 설정]의 언어를 ❸ 대한민국으로 선택합니다. 이후 시간과 관련된 작업을 정확히 하려면 시간대를 ❹ (GMT+09:00) Seoul로 변경한 뒤 ❺ [저장 및 새로고침]을 누릅니다.

2. 서식을 적용할 ❶ [D5:D20] 셀 범위를 선택한 뒤 ❷ [서식] → ❸ [숫자] → ❹ [맞춤 숫자 형식]을 선택하여 대화상자를 호출해 주세요.

▶ [맞춤 날짜 및 시간]이 아닌 [맞춤 숫자 형식]으로 들어가야 합니다!

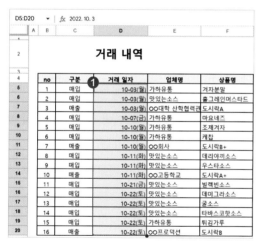

3. ❶ 형식 입력란에서 이전 실습할 때 입력한 블록을 모두 지운 뒤 ❷ mm월 dd일(ddd)를 입력하고 ❸ [적용]을 누릅니다.

하면 된다! ▶ 맞춤 숫자 형식으로 시간 표현하기

✅ 실습 파일 [02-2 맞춤 서식2] 시트

이번에 사용할 실습 파일은 출퇴근 시간을 기록한 근무 일지입니다. 화면에 표현되는 방식은 시간이지만 실제 값은 날짜를 포함한 시간값입니다. 값을 살펴볼까요? [C7] 셀과 [D7] 셀을 클릭한 뒤 수식 입력줄을 확인해 보세요. 9월 2일 오전 8시에 출근해서 하루가 지난 9월 3일 오전 9시에 퇴근했습니다. 그렇다면 근무 시간을 계산했을 때 25시간이 나타나야겠죠? 실제로 근무 시간을 계산하고 결괏값이 25시간으로 나오는지 확인해 보겠습니다.

1. ❶ 계산 결괏값을 입력할 [E5] 셀을 클릭합니다. 수식을 사용할 것이므로 =을 입력하고 퇴근 시간인 [D5] 셀을 클릭한 뒤 -를 입력하고 출근 시간인 [C5] 셀을 클릭한 다음 Enter 를 눌러 수식을 마무리합니다. ❷ [자동 완성 제안사항]에서 ✓를 클릭하여 나머지 셀에 값을 채웁니다.

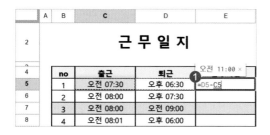

2. 오전/오후 형식의 시간을 계산했더니 결괏값이 '오전 11:00'로 표시됩니다. [E7] 셀의 값도 확인해 보세요. 하루가 지난 시간은 반영하지 않고 숫잣값의 차이만 표시합니다. [맞춤 날짜 및 시간]과 [맞춤 숫자 형식]을 이용해 표시 방식을 원하는 형태로 수정해 보겠습니다.

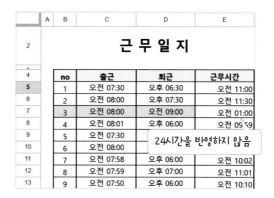

3. ❶ [E5:E20] 셀 범위를 지정하고 [서식] → [숫자] → [맞춤 날짜 및 시간]을 선택합니다.
   ❷ 형식 입력란의 마지막 블록 뒤 빈 공간을 클릭한 뒤 블록을 모두 삭제해 주세요.

4. 누적 시간 블록을 삽입하기 위해 ❶ ⌄ 단추를 클릭해 ❷ [경과 시간 - 시간] 블록을 선택합니다.

5. ❶ 삽입된 [경과 시간 - 시간(1)] 블록을 클릭하고 ❷ [앞자리에 0이 있는 경과 시간 - 시간(01)]을 선택합니다.

6. ❶ 시간 블록 뒤 빈 공간을 클릭한 뒤 ❷ : 을 입력합니다. ❸ ⌄ 단추를 클릭하여 ❹ [분] 블록을 선택해서 삽입하세요.

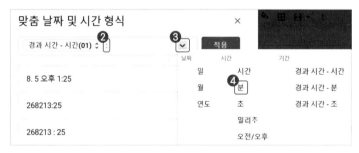

▶ [경과 시간-분]은 모든 시간을 분으로 환산합니다. 그러므로 경과한 시간을 제외한 '분'을 표시하려면 '분' 블록을 선택해야 합니다.

7. ❶ 삽입된 [분(1)] 블록을 클릭해 ❷ [앞자리에 0이 있는 분(01)] 형식을 선택한 뒤 ❸ [적용]을 누릅니다.

8. 오른쪽과 같이 적용되었는지 확인해 보세요!

근 무 일 지

no	출근	퇴근	근무시간
1	오전 07:30	오후 06:30	11 : 00
2	오전 08:00	오후 07:30	11 : 30
3	오전 08:00	오전 09:00	25 : 00
4	오전 08:01	오후 06:00	09 : 59
5	오전 07:30	오후 06:00	10 : 30
6	오전 08:00	오후 06:00	10 : 00
7	오전 07:58	오후 06:00	10 : 02
8	오전 07:59	오후 07:00	11 : 01

💡 **알아 두면 좋아요** 스프레드시트에서 쓰는 기호와 의미

[맞춤 숫자 형식]란의 형식 입력란에서 h는 시간, m은 분을 의미합니다. 시간, 분, 초에 해당하는 코드는 대괄호와 함께 작성하면 일반 시간이 아닌 누적 시간 형식으로 표시됩니다. 그리고 쌍점(:)은 시간을 나타낼 때 사용합니다.

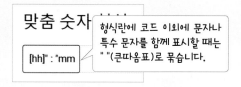

형식란에 코드 이외에 문자나 특수 문자를 함께 표시할 때는 " "(큰따옴표)로 묶습니다.

그럼 [h]가 아니라 [hh]를 사용한 까닭은 무엇일까요? [맞춤 숫자 형식]에서는 시간을 두 자리 숫자로 표현하는 블록을 사용하기 때문입니다. 구글 스프레드시트의 [맞춤 숫자 형식]에서 사용하는 다양한 기호와 의미를 다음 표로 정리했습니다

숫자 형식을 나타낼 때 사용하는 시간 기호

구분	기호	의미
시간	• h • hh • [h] • [hh]	• 시간을 한 자리 숫자로 표시합니다. → 7 • 시간을 두 자리 숫자로 표시합니다. → 07 • 누적 시간을 한 자리 숫자로 표시합니다. → 7 • 누적 시간을 두 자리 숫자로 표시합니다. → 07
분	• m • mm • [m] • [mm]	• 분을 한 자리 숫자로 표시합니다. → 8 • 분을 두 자리 숫자로 표시합니다. → 08 • 누적 분을 한 자리 숫자로 표시합니다. → 8 • 누적 분을 두 자리 숫자로 표시합니다. → 08
초	• s • ss • [s] • [ss]	• 초를 한 자리 숫자로 표시합니다. → 5 • 초를 두 자리 숫자로 표시합니다. → 05 • 누적 초를 한 자리 숫자로 표시합니다. → 5 • 누적 초를 두 자리 숫자로 표시합니다. → 05

그 외 기호

기호	의미

쉼표(,)	• 천 단위 구분 기호를 표시합니다.
	• 코드 뒤에 사용할 경우 세 자리씩 생략하고 표시합니다.
	  #, → 1,200,000 → 1,200
	  #,, → 1,200,000 → 1

앳(@)	• 셀에 입력되어 있는 문잣값을 의미합니다. @ "귀하" · 셀 값: 홍길동 · 홍길동 귀하

세미콜론(;)	• 항목 구분자
	• 양수;음수;0;text처럼 각 항목을 구분할 때 사용합니다. 양수, 음수, 0, text가 있는 셀 데이터에 서식을 한꺼번에 적용할 때 사용하면 편리합니다.
	• 양수, 음수, 0, text를 꼭 함께 사용할 필요는 없습니다. '양수 ; ; 0'처럼 상황에 따라 필요하지 않는 부분은 생략할 수 있습니다.
	  #,##0;(-#,##0);0;〈@〉
	  양수 → 1,200 / 음수 → (-1,200) / 0 → 0 / 텍스트 → 〈텍스트〉

기호	의미
[색상]	• 결괏값을 지정한 색상으로 변경해 표시합니다. • 색상은 영어로 [Black], [White], [Red], [Blue], [Green], [Magenta], [Yellow], [Cyan]로 표시합니다. • 이외의 색상은 1~56번까지 제공되며 [color32]와 같이 사용합니다. • [Red]#,##0 → 숫자에 쉼표 스타일을 적용한 뒤 빨강으로 표시합니다. • 화면에 표현되는 색상의 우선순위는 '조건부 서식 색상 > 숫자 서식 색상 > 사용자 정의 색상'입니다. 사용자가 파란색으로 적용해 두었다고 해도 숫자 서식으로 빨강을 적용했을 경우 빨강이 우선적으로 보입니다.
[조건]	• 셀값에 조건을 작성할 때 사용합니다. [>=1000][빨강]#,##0;#,##0 → 1000 이상인 값은 빨강으로 천 단위 구분 기호와 함께 표시하고, 그렇지 않은 경우 천 단위 구분 기호만 적용합니다.
언더 바(_)	• 언더 바(_) 다음에 오는 문자의 크기만큼 사이를 띄웁니다. _! → 느낌표(!) 문자 너비만큼 사이를 띄워 줍니다.
별표(*)	• 별표(*) 다음에 오는 문자를 반복합니다. *-#,##0 → 숫자를 오른쪽 정렬하고 나머지 공백을 하이픈(-)으로 채웁니다. #,##0* (* 뒤 한 칸 사이 띄움) → 숫자를 왼쪽 정렬하고 나머지 칸을 공백으로 처리합니다.

집계표 만들며 셀 서식 설정 익히기

동영상 강의

이번에는 글자 모양, 정렬, 테두리, 셀 병합 등을 이용하여 집계표를 완성해 보겠습니다. 오른쪽과 같이 잘 정리된 표로 만들어 볼게요!

하면 된다! } 셀 병합하고 보기 좋게 정렬하기

✔ 실습 파일 [하면 된다_집계표] 시트

1. 먼저 제목을 한 셀에 두 줄로 입력해 보겠습니다. ❶ [B2] 셀에 2023년 8월을 입력한 뒤 Alt + Enter 를 눌러 두 번째 줄로 커서를 이동합니다. ❷ 일일 수입 지출 현황을 입력한 뒤 Enter 를 눌러 제목 입력을 마무리합니다.

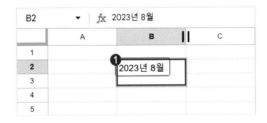

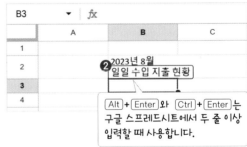

Alt + Enter 와 Ctrl + Enter 는 구글 스프레드시트에서 두 줄 이상 입력할 때 사용합니다.

2. [B4] 셀엔 담당자, [B5] 셀엔 작성일자, [B7] 셀엔 수입, [F7] 셀엔 지출, [B8:G8] 셀엔 순서대로 NO, 내용, 수량, 금액, 내용, 금액을 각각 입력하고 [B30] 셀엔 합계를 입력합니다.

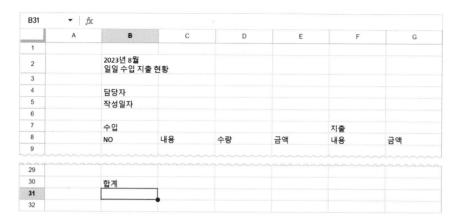

3. ❶ [B2:G2] 셀 범위를 지정한 뒤 ❷ [셀 병합] 아이콘을 클릭합니다.

4. ❶ [2] 행을 마우스 오른쪽 버튼으로 눌러 ❷ [행 크기 조절]을 선택하고 ❸ [행 높이 지정]을 60픽셀로 한 뒤 ❹ [확인]을 누르세요.

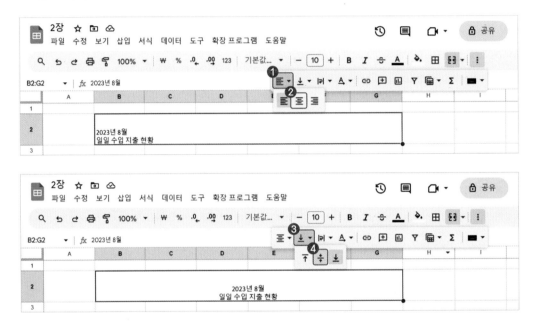

셀에 입력되는 값의 정렬 기본값은
왼쪽 아래입니다.

5. 정렬해서 보기 좋게 수정하겠습니다. 병합한 셀을 선택한 뒤 ❶ [가로 맞춤] → ❷ [가운데]
를 선택하고 ❸ [세로 맞춤] → ❹ [가운데]를 선택해 제목을 정중앙에 배치합니다.

6. ❶ 병합된 셀을 클릭하고 ❷ 글꼴 크기를 12로 선택합니다. ❸ 커서가 화면에 나타나도록
[B2:G2] 셀을 더블클릭합니다. ❹ '일일 수입 지출 현황'을 빠르게 세 번 클릭하여 범위 지
정한 뒤 ❺ 글꼴 크기: 18, 굵게를 선택해 강조합니다.

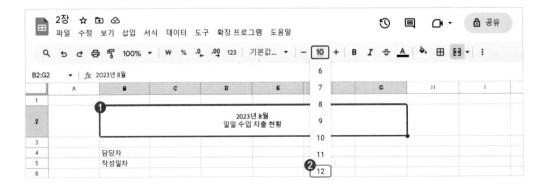

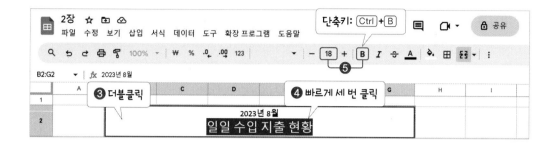

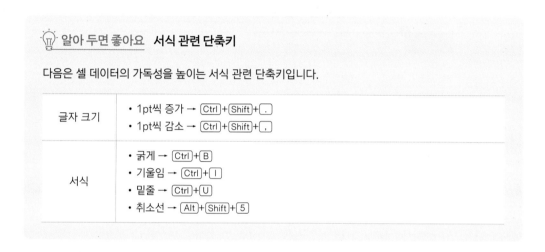

💡 알아 두면 좋아요 서식 관련 단축키

다음은 셀 데이터의 가독성을 높이는 서식 관련 단축키입니다.

글자 크기	• 1pt씩 증가 → Ctrl + Shift + . • 1pt씩 감소 → Ctrl + Shift + ,
서식	• 굵게 → Ctrl + B • 기울임 → Ctrl + I • 밑줄 → Ctrl + U • 취소선 → Alt + Shift + 5

7. 텍스트 색상과 채우기 색상을 적용하기 위해 ❶ [B4:B5] 셀 범위를 지정한 뒤 ❷ 텍스트 색상은 흰색, ❸ 채우기 색상은 진한 파란색 2를 선택해 적용합니다. 그리고 가로 세로 맞춤은 가운데 정렬을 적용해 주세요.

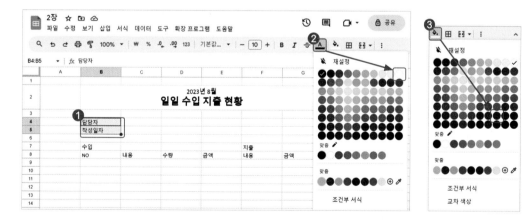

8. 병합할 셀의 수가 같고 연속된 범위인 경우에 편리한 기능인 [가로로 병합], [세로로 병합]은 엑셀의 전체 병합과 비슷하지만 비연속적인 범위는 병합되지 않으니 유의하세요.

❶ [C4:E5] 셀 범위를 지정한 뒤 ❷ [병합 유형 선택] → ❸ [가로로 병합]을 선택합니다.

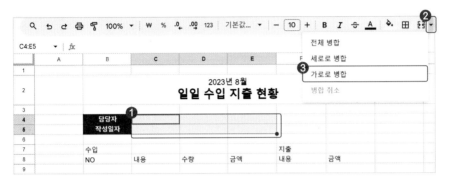

하면 된다! } 구분을 위해 표에 테두리 넣기

✓ 실습 파일 [하면 된다_집계표] 시트

1. 테두리와 서식 복사를 사용하기 전에 ❶ [B7:E7], ❷ [F7:G7], ❸ [B30:C30], ❹ [D30:E30], ❺ [F30:G30] 셀 범위를 각각 병합해 주세요.

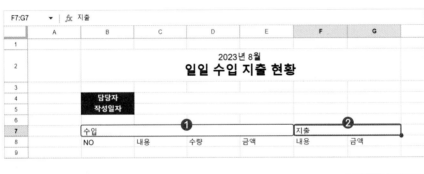

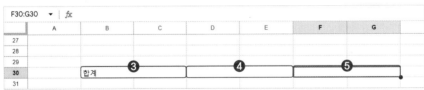

2. 테두리를 한꺼번에 처리하기 위해 ❶ [B7:G28] 셀 범위를 지정하고 ❷ Ctrl을 누른 채 [B30:G30] 셀 범위를 지정합니다. ❸ [테두리] → ❹ [전체 테두리]를 선택해 주세요.

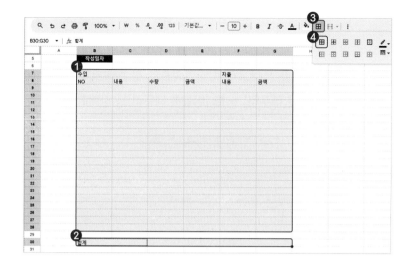

3. 제목 아래에 이중 실선을 적용해 보겠습니다. ❶ [B7:G7] 셀 범위를 지정한 뒤 ❷ [테두리]
→ ❸ [테두리 스타일] → ❹ [이중 실선] → ❺ [아래쪽 테두리]를 선택합니다.

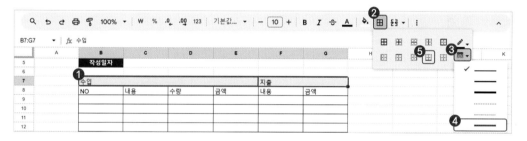

4. 본문 영역의 가로선에 파선을 적용하기 위해 ❶ [B9:G28] 셀 범위를 지정한 뒤 ❷ [테두리]
→ ❸ [테두리 스타일] → ❹ [파선] → ❺ [가로 테두리]를 선택합니다.

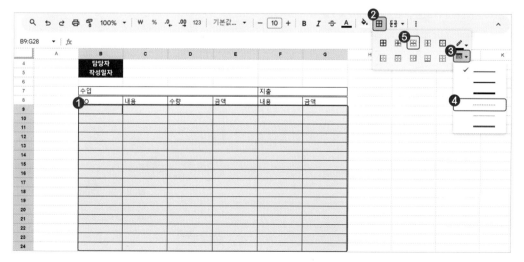

5. 수입 영역과 지출 영역을 구분하기 위해 굵은 외곽선을 적용해 보겠습니다. 한번에 처리하기 위해 Ctrl을 사용하여 범위를 지정하겠습니다. 먼저 ❶ [B7:E28] 셀 범위를 지정하고 ❷ Ctrl을 누른 채 [F7:G28] 셀 범위를 드래그하여 비연속으로 범위를 지정합니다. ❸ [테두리] → ❹ [테두리 스타일] → ❺ [굵은 테두리] → ❻ [바깥쪽 테두리]를 선택합니다.

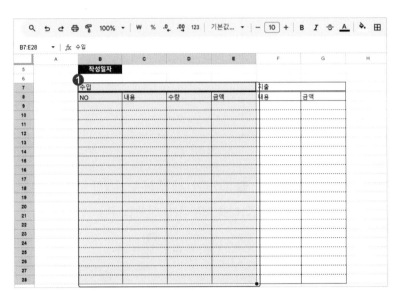

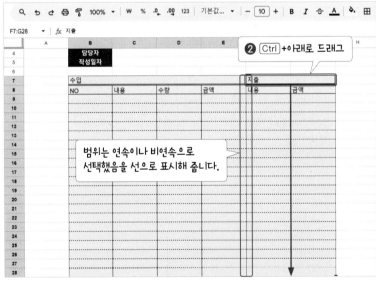

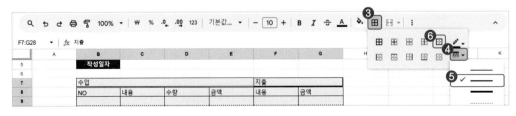

6. ❶ [B4:E5] 셀 범위를 선택하고 ❷ Ctrl을 누른 채 [B30:G30] 셀 범위를 지정한 뒤 ❸ [테두리] → ❹ [전체 테두리]를 선택해 보세요. 직전에 사용한 굵은 테두리가 바로 적용됩니다.

7. [B4] 셀과 [B30:C30] 셀의 서식을 동일하게 설정해 보겠습니다. ❶ [B4] 셀을 선택한 뒤 ❷ [서식 복사]를 클릭합니다. 이어서 ❸ 병합된 [B30:C30] 셀을 클릭하면 서식이 바로 적용됩니다.

▶ 셀은 여러 개 적용하고 싶을 경우에는 [서식 복사]를 클릭한 뒤 적용 범위를 드래그하면 됩니다.

하면 된다! ▶ 행과 열 자유롭게 조절하기

✓ 실습 파일 [하면 된다_집계표] 시트

1. 제목으로 사용하는 행을 모두 동일한 높이로 설정해 보겠습니다. ❶ [4:5] 행을 드래그한
   후 ❷ Ctrl을 누른 상태로 [7:8] 행을 드래그하고 ❸ [30] 행을 클릭합니다. ❹ [행 구분선]
   을 아래로 드래그해 보세요. 선택한 행의 높이가 모두 같이 조절되는 것을 확인할 수 있습
   니다.

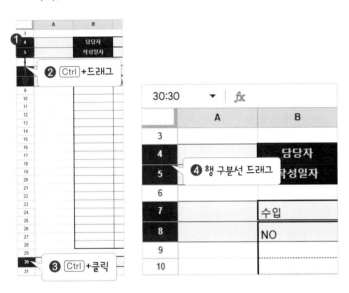

2. 정확한 수칫값을 입력하고 싶다면 마우스 오른쪽 버튼을 눌러 [선택한 행 크기 조절]을 선
   택하여 입력하면 됩니다.

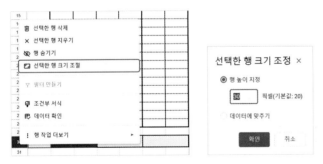

▶ 이때 다중 선택한 맨 마지막 행에서 마우스 오른쪽 버튼을 눌러야 전체 설정을 할 수 있습니다.

비연속으로 범위를 지정할 경우 가장 마지막에 선택한 행이나 열에서 마우스 오른쪽 버튼을 클릭해야 합니다. 다음 화면에서 확인할 수 있듯이 마지막에 선택한 행의 마우스 포인터는 손바닥 모양입니다. 만약 마우스 포인터가 화살촉 모양일 때 마우스 오른쪽 버튼을 누르면 범위 설정한 영역이 모두 해제되고 현재 마우스 포인터가 위치한 영역만 범위가 유지됩니다.

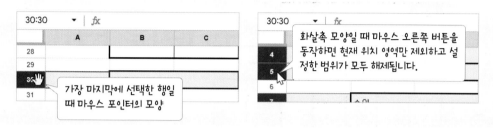

3. 다시 보니 단가 열이 빠져서 추가해 보겠습니다. ❶ [E] 열에서 마우스 오른쪽 버튼을 눌러 ❷ [왼쪽에 열 1개 삽입]을 선택하거나 단축키 Ctrl + Alt + = 을 누릅니다. ❸ 추가한 열의 [E8] 셀에 단가를 입력합니다.

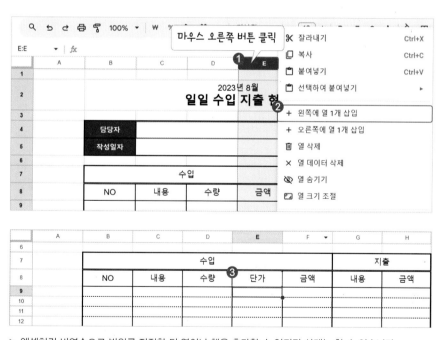

▶ 엑셀처럼 비연속으로 범위를 지정한 뒤 열이나 행을 추가할 수 없지만 삭제는 할 수 있습니다.

4. 제목 행을 정리해 보겠습니다. [B7:H8] 셀 범위의 글꼴 크기는 12pt, 정렬은 가로 세로 맞춤, 가운데 정렬로 적용해 주세요.

말풍선: 글꼴 크기: 12pt
정렬: 가로 세로 맞춤, 가운데 정렬

5. 표 안에 값을 입력합니다. 이때 단가([E9:E28]), 금액([F9:F28], [H9:H28])은 천 단위 구분 기호가 표시되도록 설정하되 소수점은 표시되지 않도록 설정해 주세요.

▶ 숫자 형식 입력 방법이 기억나지 않는다면 80쪽 [알아 두면 좋아요]를 다시 살펴보세요.

입력

하면 된다! ﹜ 서식은 그대로 두고 수식만 복사하고 붙여넣기

✓ 실습 파일 [하면 된다_집계표] 시트

작성한 내용으로 금액을 계산한 뒤 [채우기 핸들]을 사용해 셀을 채우면 수식뿐만 아니라 셀의 서식도 함께 복사됩니다. 그럼 테두리 설정을 미리 한 의미가 없어지겠죠. 이럴 때 [선택하여 붙여넣기]를 이용하면 수식만 복사되므로 편리합니다.

▶ 수식과 함수는 4장에서 본격적으로 학습합니다. 지금은 간단한 금액 계산이니 순서에 맞춰 따라 해보세요.

1. 수량×단가로 금액을 계산하기 위해 ❶ [F9] 셀에 =를 입력하고 ❷ [D9] 셀 클릭 → ❸ * 입력 → ❹ [E9] 셀을 클릭한 뒤 Enter 를 누릅니다. 이때 자동 완성을 하면 서식까지 복사되므로 ❺ [자동 완성 제안사항]에서 ⌧ 를 눌러 적용하지 않겠습니다.

	C	D	E	F
7	수입			
8	내용	수량	단가	금액
9	A	2	1,00❶❓ =	
10	B	3	2,000	

	C	D	F
7	수입		
8	내용	수량	금액
9	A	❷ 2	00❓ =D9*❸
10	B	3	000

	C	D	E	F
7	수입			
8	내용	수량	단가	2,000 × 백
9	A	2	❹1,00❓	=D9*E9
10	B	3	2,000	

자동 완성 ⋮

자동 완성 제안사항
Ctrl+Enter 키를 눌러 자동 완성하세요. 수식 표시
✓ ❺ ✕

2. 수식만 적용하기 위해 ❶ [F9] 셀을 클릭하고 Ctrl + C 를 눌러 복사합니다. ❷ [F10:F12] 셀 범위를 지정한 뒤 마우스 오른쪽 버튼을 눌러 ❸ [선택하여 붙여넣기] → ❹ [수식만]을 선택하세요. 서식은 제외하고 수식만 복사된 것을 확인할 수 있습니다.

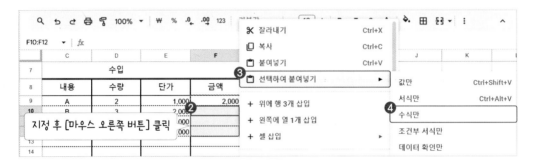

💡 **알아 두면 좋아요** **적용된 서식을 빠르게 삭제하기**

❶ 서식을 지울 셀 범위([C4:F5])를 지정하고 ❷ [서식 지우기] 단축키 Ctrl + \ 를 누르면 됩니다. \ 는 키보드에서 Enter 위에 있으며, 기기에 따라 ₩ 모양으로 표기될 수 있습니다.

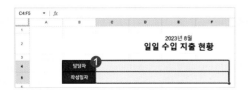 

변경한 내용 추적하기

동영상 강의

구글 스프레드시트는 여러 사람이 실시간으로 동시에 작성할 수 있다는 장점이 있지만, 때로는 내용을 수정하면 안 되는 경우도 있겠죠? 이러한 문제를 해결하기 위해 구글 스프레드시트에서는 데이터를 '누가', '언제' 수정했는지 알려 주는 [변경된 내용 추적하기] 기능을 제공합니다.

만약 특정 셀이나 범위에서 입력·수정·삭제 기록을 확인하고 싶다면 [수정 기록 표시] 기능을 활용하면 됩니다. 그러나 행이나 열의 추가와 삭제, 셀 서식 변경, 수식에 따른 변경 사항은 기록에 포함되지 않으므로 주의해야 합니다.

이번 실습은 02-3절에서 집계표를 만든 이후의 내용을 다룹니다. 만약 앞의 실습을 진행하지 않았다면 [02-4_집계표 완성] 시트에서 실습을 진행해 보세요.

하면 된다! } 셀 수정한 사람 찾기

✓ 실습 파일 [02-4_집계표 완성] 시트

1. 셀값에 임의로 변화를 준 다음, 결과를 확인해 보겠습니다. ❶ [B4] 셀의 값을 삭제한 뒤 ❷ 마우스 오른쪽 버튼을 눌러 ❸ [수정 기록 표시]를 선택합니다.

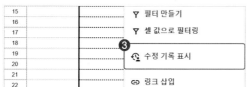

2. 셀의 수정 기록이 다음과 같이 표시됩니다. [이전 수정 항목] 버튼을 클릭하여 기록을 확인해 보세요. 날짜와 시간, 수정한 편집자의 이름과 변경 내용을 자세히 표시해 줍니다.

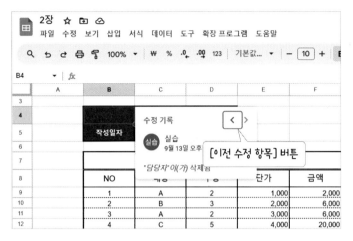

이전 버전으로 되돌릴 수 있는 버전 기록

웹 브라우저의 사용자 접속과 검색 기록을 저장하는 [방문 기록(History)] 기능과 같이 구글 스프레드시트에서도 변경한 내용을 즉시 저장하고 기록하는 [버전 기록] 기능을 제공합니다. 구글 스프레드시트는 웹 브라우저를 기반으로 하기 때문이죠.

[버전 기록] 기능으로 중요한 내용은 이름을 지정하여 보관할 수 있으며, 이름을 지정하면 수정 작업을 대량으로 진행한 후에도 해당 시점으로 즉시 돌아갈 수 있습니다. 이 기능은 [실행 취소]와 비슷해 보이지만 차이점이 있습니다. [실행 취소]는 횟수에 제한이 있고 프로그램을 종료할 때 사용할 수 없는 휘발성 기능인 반면, [버전 기록]은 사용자가 직접 삭제하지 않는 한 기록을 영구히 보관합니다

하면 된다! ﹜ 버전 기록을 활용하여 데이터 되살리기

√ 실습 파일 [02-4 변경 사항 추적하기] 시트

1. 특정 시점으로 되돌리기 위해 이름을 지정해 보겠습니다. 우선 아무런 서식을 지정하지 않은 원본 파일에 이름을 지정해 볼까요? ❶ [파일] → ❷ [버전 기록] → ❸ [현재 버전 이름 지정]을 선택합니다.

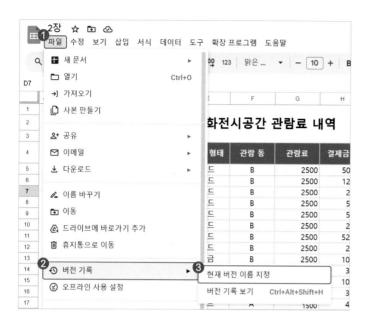

2. ❶ 이름을 원본내역으로 입력하고 ❷ [저장]을 누릅니다.

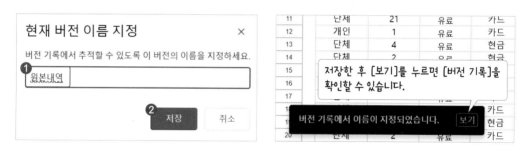

3. 저장을 마쳤으면 표를 원하는 대로 수정합니다.

4. 완성한 버전의 이름을 지정하겠습니다. ❶ [파일] → ❷ [버전 기록] → ❸ [현재 버전 이름 지정]을 차례로 선택한 뒤 ❹ 현재 버전 이름을 내역완성으로 입력하고 ❺ [저장]을 누르세요.

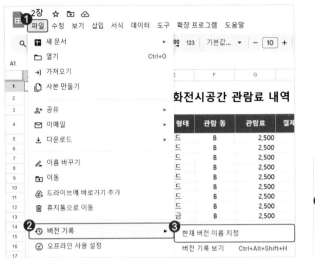

5. 구글 스프레드시트의 히스토리 기능인 [버전 기록 보기]를 살펴볼까요? 다음 메뉴 호출 방법 3가지 가운데 중 선택해서 [버전 기록 보기]로 들어갑니다.

❶ [파일] → [버전 기록] → [버전 기록 보기] 선택하기

❷ [최종 수정 🕐] 아이콘 클릭하기

❸ 단축키 Ctrl + Alt + Shift + H 누르기

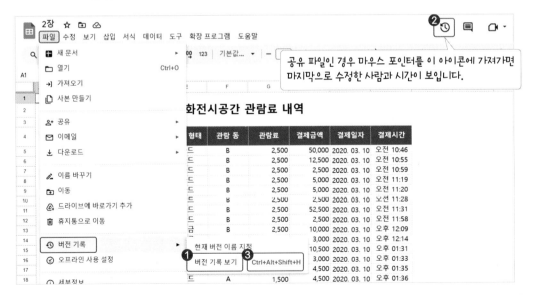

6. 마지막으로 작업한 [내역완성] 버전이 호출되었습니다. ❶ [자세한 버전 펼치기 ▶]를 클릭하여 세부 내역을 불러옵니다. 작업한 내역이 시간 순서대로 기록되었죠? ❷ 원하는 시점을 클릭해 보세요.

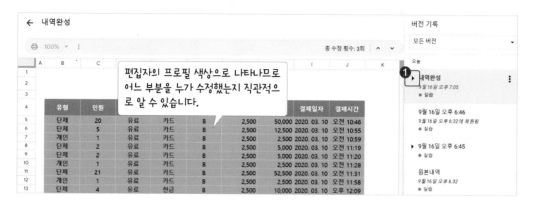

7. ❶ [자세한 버전 접기 ▼]를 클릭하여 세부 목록을 숨기고 ❷ [원본내역] 버전을 선택한 다음 ❸ [이 버전 복원하기]를 클릭하여 처음으로 되돌려 보세요.

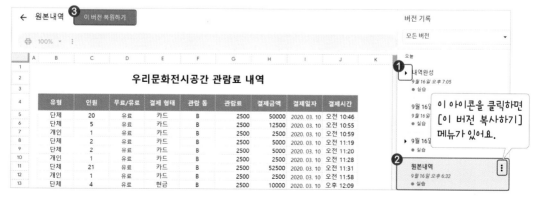

▶ [이 버전 복원하기]는 [버전 기록] 창의 [내역완성]과 [원본내역] 오른쪽에 있는 [추가 작업 ⋮] 아이콘을 클릭해 나타난 메뉴에서도 선택할 수 있습니다.

8. 실습 파일의 첫 모습인 [원본내역] 버전으로 데이터가 복원되었습니다.

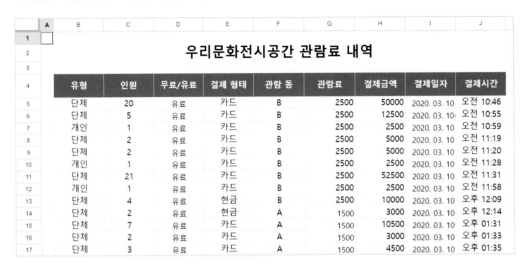

우리문화전시공간 관람료 내역

유형	인원	무료/유료	결제 형태	관람 동	관람료	결제금액	결제일자	결제시간
단체	20	유료	카드	B	2500	50000	2020. 03. 10	오전 10:46
단체	5	유료	카드	B	2500	12500	2020. 03. 10	오전 10:55
개인	1	유료	카드	B	2500	2500	2020. 03. 10	오전 11:19
단체	2	유료	카드	B	2500	5000	2020. 03. 10	오전 11:19
단체	2	유료	카드	B	2500	5000	2020. 03. 10	오전 11:20
개인	1	유료	카드	B	2500	2500	2020. 03. 10	오전 11:28
단체	21	유료	카드	B	2500	52500	2020. 03. 10	오전 11:31
개인	1	유료	카드	B	2500	2500	2020. 03. 10	오전 11:58
단체	4	유료	현금	B	2500	10000	2020. 03. 10	오후 12:09
단체	2	유료	현금	A	1500	3000	2020. 03. 10	오후 12:14
단체	7	유료	카드	A	1500	10500	2020. 03. 10	오후 01:31
단체	2	유료	카드	A	1500	3000	2020. 03. 10	오후 01:33
단체	3	유료	카드	A	1500	4500	2020. 03. 10	오후 01:35

💡 **알아 두면 좋아요** **이름을 지정한 버전을 다른 파일로 저장하는 방법도 있어요!**

특정 버전을 다른 파일로 저장하고 싶다면 해당 버전에서 ❶ [추가 작업 ⋮] 버튼을 클릭하여 ❷ [사본 생성]을 선택하면 됩니다.

3장

분석에 사용할
데이터베이스 관리하기

데이터베이스는 어떻게 만들어야 할까?

동영상 강의

✓ 실습 파일 [03-1 잘못된 데이터베이스] 시트

데이터베이스란?

데이터베이스를 간단하게 정의하자면 '관련성 있는 데이터의 집합'을 의미합니다. 그렇다면 관련성 있는 데이터의 집합이란 무엇일까요?

다음 자료는 2023년 5월부터 10월까지 개강한 강좌에 대한 기본 사항을 정리한 데이터베이스입니다. '2023년 5월~10월 개강'이라는 공통점을 가지고 있죠? 이처럼 사용자의 목적에 따라 관련성 있는 데이터를 규칙에 맞춰 정리한 자료를 '데이터베이스'라고 부릅니다. 이러한 데이터베이스는 여러 구성 요소로 이루어져 있습니다. 예시 그림을 함께 살펴볼까요?

프로그램명	접수(시작일)	접수(마감일)	운영(시작일)	운영(종료일)	운영 요일	운영(시작 시각)	운영(종료 시각)	연령	모집인원	비용
금요일의 즐거움	2023-08-15	2023-08-31	2023-09-01	2023-11-10	금	19:00	21:00	초등 이상	20명	
나의 행복 알기	2023-08-15	2023-09-05	2023-09-06	2023-09-20	수	18:00	21:00	어린이와 부모님 함께	5그룹	-
아트캠프_카라반	2023-08-15	2023-09-15	2023-09-16	2023-09-17	토+일	14:00	11:00	가족	15그룹	140,000
아트캠프_일반	2023-08-15	2023-09-15	2023-09-16	2023-09-17	토+일	14:00	11:00	가족	6그룹	35,000
아트캠프_필로	2023-08-15	2023-09-15	2023-09-16	2023-09-17	토+일	14:00	11:00	가족	5그룹	50,000
놀이야 놀자	2023-08-20	2023-09-02	2023-09-03	2023-09-24	일	14:00	16:00	초등(3학년~6학년)	20명	11,000
병아리 목수	2023-09-01	2023-10-04	2023-10-05	2023-10-26	목	16:00	18:00	초등	15명	25,000
함께 만드는	2023-09-01	2023-10-03	2023-10-04			19:00	21:00	어린이와 부모님 함께	5그룹	19,800
함께 만드						19:00	21:00	어린이와 부모님 함께	5그룹	19,800
생태계 속	2023-09-01	2023-10-06	2023-10-07	2023-10-20		10:30	12:30	아이동반가족(2013년 2016년)	15그룹	13,200

그림 주석: 필드명 / 필드 / 레코드 / 데이터베이스는 [필드]와 [레코드]의 집합입니다.

[3] 행에는 제목이 작성되어 있는데 이것을 [필드명]이라고 부릅니다. 각 필드명에 따라 작성된 세부 내용을 [필드]라고 합니다. 즉 [필드]는 값이라고 보면 됩니다.

[5] 행의 프로그램명은 [나의 행복 알기]입니다. 이 강좌의 시작 시간을 알고 싶다면 같은 행에 위치한 [G5] 셀에서 확인할 수 있겠죠? 이렇게 연관된 정보를 가로로 나열해 둔 것을 [레코드]라고 부릅니다. 이러한 요소들이 모여 하나의 데이터베이스를 완성합니다.

데이터베이스 작성 규칙

그럼 우리는 왜 데이터베이스를 알아야 할까요? 정확히는 데이터베이스 작성 규칙을 알아야 하는 이유가 무엇일까요? 1회용으로 사용할 데이터라면 사용자의 편의에 맞춰 작성해도 상관없지만, 데이터를 기반으로 정렬, 필터, 피벗테이블, 함수 등등 프로그램에서 제공하는 기능을 활용하려면 스프레드시트가 요구하는 조건에 맞게 작성되어야 정확한 결과를 얻을 수 있기 때문입니다.

03-1 잘못된 데이터베이스] 시트에 들어가 보세요. 다음 화면은 월별 개설 강좌를 빠르게 파악하기 위해 정리한 자료의 모습입니다. 실제 업무를 보는 많은 직장인들이 이와 비슷한 형태로 원본 데이터를 작성하는 경우가 많습니다. 당장은 월별로 구분하기 쉽지만, 이러한 형태의 자료는 2차 가공(피벗, 필터, 함수 등)을 할 수 없습니다. 데이터베이스 작성 규칙에 어긋나기 때문이죠.

	A	B	C	D	E	F	G	H	I	J	K
1											
2	3월										
3	프로그램명	접수(시작일)	접수(마감일)	운영(시작일)	운영(종료일)	운영 요일	운영(시작 시각				
4	일요일은 내가 예술가	2023-03-15	2023-04-08	2023-04-09	2023-04-30	일	14:00				
5											
6	4월										
7	프로그램명	접수(시작일)	접수(마감일)	운영(시작일)	운영(종료일)	운영 요일	운영(시작 시각)	운영(종료 시각)	연령	모집인원	비용
8	조물락 공예	2023-04-01	2023-05-20	2023-05-21		일	10:00	12:00	아이와 부모님(2014년~2018년	10그룹	11,000
9	조물락 공예	2023-04-01	2023-05-13	2023-05-14		일	10:00	12:00	아이와 부모님(2014년~2018년	10그룹	11,000
10	조물락 공예	2023-04-01	2023-05-06	2023-05-07		일	10:00	12:00	아이와 부모님(2014년~2018년	10그룹	11,000

> 잘 정리되어 보이지만 사실은 데이터베이스 작성 규칙을 어긴 자료입니다.

	A	B	C	D	E	F	G	H	I	J	K
35	5월										
36	프로그램명	접수(시작일)	접수(마감일)	운영(시작일)	운영(종료일)	운영 요일	운영(시작 시각)	운영(종료 시각)	연령	모집인원	비용
37	내가 만드는 힐링 향기	2023-05-01	2023-06-06	2023-06-07	2023-06-28	수	10:00	12:00	성인	20명	44,000
38	보자기 공예	2023-05-01	2023-06-13	2023-06-14		수	10:00	12:00	성인	20명	5,500
39	보자기 공예	2023-05-01	2023-06-20	2023-06-21		수	10:00	12:00	성인	20명	5,500

그럼 데이터베이스 작성 규칙은 무엇일까요? 장황한 설명에 비해 굉장히 간단합니다. [필드명]은 한 번만, [레코드]와 [필드] 사이에는 빈 행이나 열이 없도록 작성해야 합니다. 그리고 지극히 당연한 말이지만 오탈자가 없어야 합니다. 간단하죠?

규칙	설명
필드명은 한 번만 작성하기	중복된 필드명은 데이터베이스의 구조를 혼란스럽게 하고, 쿼리 작성 시 오류를 유발할 수 있으며, 유지 보수를 어렵게 만듭니다.
[레코드]와 [필드] 사이의 빈 공간 없애기	빈 행, 빈 열이 있을 경우 하나의 데이터베이스로 인식하지 못합니다.
오탈자 확인하기	당연하지만 오탈자 하나 차이가 오류를 만들어 낼 수 있습니다.

03-2 | #필터 #값필터 #맞춤수식필터 #열필터 #나만의필터

원하는 데이터만 골라 보는 필터와 정렬

동영상 강의

✓ **실습 파일** [03-2 데이터베이스] 시트

[필터]는 데이터베이스에서 사용자가 원하는 정보만 선별하여 화면에 표시해 주는 기능입니다. 예를 들어 다음과 같은 강좌 목록에서 일요일에 열리는 강좌만 추출하는 데 [필터]를 사용하면 단 3초면 충분합니다.

	A	B	C	D	E	F	G	H	I	J	K
3	프로그램명	접수(시작일)	접수(마감일)	운영(시작일)	운영(종료일)	운영 요일	운영(시작 시각)	운영(종료 시각)	연령	모집인원	비용
4	금요일의 즐거움	2023-08-15	2023-08-31	2023-09-01	2023-11-10	금	19:00	21:00	초등 이상	20명	-
5	나의 행복 알기	2023-08-15	2023-09-05	2023-09-06	2023-09-20	수	18:00	21:00	어린이와 부모님 함께	5그룹	
6	아트캠프_카라반	2023-08-15	2023-09-15	2023-09-16	2023-09-17	토+일	14:00	11:00	가족	15그룹	140,000
7	아트캠프_일반데크	2023-08-15	2023-09-15	2023-09-16	2023-09-17	토+일	14:00	11:00	가족	6그룹	35,000
8	아트캠프_필로티데크	2023-08-15	2023-09-15	2023-09-16	2023-09-17	토+일	14:00	11:00	가족	5그룹	50,000
9	놀이야 놀자	2023-08-20	2023-09-02	2023-09-03	2023-09-24	일	14:00	16:00	초등(3학년~6학년)	20명	11,000

필터 적용 전

> 필터를 적용하면 원하는 데이터를 빠르게 볼 수 있습니다.

	A	B	C	D	E	F	G	H	I	J	K
3	프로그램명	접수(시작일)	접수(마감일)	운영(시작일)	운영(종료일)	운영 요일	운영(시작 시각)	운영(종료 시각)	연령	모집인원	비용
4	금요일의 즐거움	2023-08-15	2023-08-31	2023-09-01	2023-11-10	금	19:00	21:00	초등 이상	20명	-
60	커피와 원두	2023-06-01	2023-07-06	2023-07-07	2023-08-25	금	10:00	12:00	성인	15명	36,300
76	하늘아 놀자(천문대)	2023-04-15	2023-05-01	2023-05-05		금	14:00	18:00	아이와 부모님(2014년~2018년)	80명	10,000
88	병아리 목수	2023-04-01	2023-05-11	2023-05-12	2023-05-26	금	16:00	18:00	초등(3학년~6학년)	15명	33,000
89	커피와 원두	2023-04-01	2023-05-11	2023-05-12	2023-06-30	금	10:00	12:00	성인	15명	36,300
90	보자기 공예	2023-04-01	2023-05-18	2023-05-19		금	10:00	12:00	성인	10명	22,000

필터 적용 후

이처럼 편리한 [필터] 기능을 제대로 쓰려면 다음 3가지 규칙을 알아 두어야 합니다.

- **첫째**: 데이터베이스가 규칙에 맞게 정리되어 있어야 합니다.
- **둘째**: [필터] 기능은 모든 공동 작업자에게 즉시 반영됩니다.
- **셋째**: 나만을 위한 [필터] 기능은 공동 작업자에게 반영되지 않습니다. 첫 번째 셀에 숫자 1이 배치되고, 첫 번째 셀의 아래에 있는 새로운 행의 셀에 숫자 2가 배치됩니다.

이제부터 실습을 통해 엑셀과 조금 다른 [필터] 기능을 익히고, 데이터베이스를 규칙에 맞게 정리하는 방법과 나만의 필터링을 만드는 방법을 배워 보겠습니다.

값 필터 활용법

구글 스프레드시트는 열 기준, 필드명(제목행) 기준으로 필터링할 수 있는 2가지 방식을 제공합니다. 데이터베이스가 기준에 맞게 잘 정리된 경우 대부분 필드명을 기준으로 필터링하는 방식을 사용하며, 필드명을 포함하여 시트의 모든 값을 필터링해야 하는 상황이라면 열 기준 필터를 이용하면 됩니다.

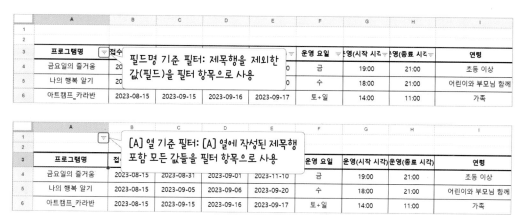

필터에서 제공하는 항목은 크게 [색상], [조건], [값] 3가지이며, 2개 이상의 조건을 처리하고 싶은 경우 조건별 필터링의 맞춤 수식을 이용하면 됩니다.

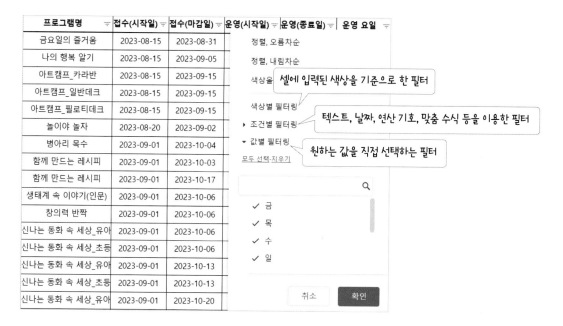

하면 된다! } 값 필터 활용하기

✓ 실습 파일 [03-2 데이터베이스] 시트

필터 만들기

1. ❶ [A3] 셀을 클릭한 뒤 마우스 오른쪽 버튼을 누르고 ❷ [필터 만들기]를 선택하면 필터가 생성됩니다.

> 필드명 옆에 필터 아이콘도 나타납니다.

> 필터가 적용되면 행과 열이 색상으로 구분됩니다.

필터링하기

2. 개설된 강좌 중 운영 요일이 '금요일'인 값만 필터링해 보겠습니다.

❶ [운영 요일]의 [필터] 아이콘을 클릭해 필터 메뉴를 호출하고 ❷ [지우기]를 클릭해 선택된 모든 값을 해제합니다. ❸ 금을 클릭해 체크한 뒤 ❹ [확인]을 누르세요.

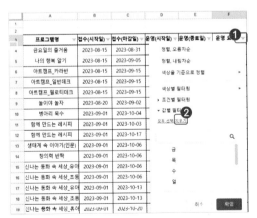

3. 운영 요일이 금요일인 강좌만 필터링되었습니다.

	프로그램명	접수(시작일)	접수(마감일)	운영(시작일)	운영(종료일)	운영 요일	영(시작 시z	영(종료 시z	연령	모집인원
4	금요일의 즐거움	2023-08-15	2023-08-31	2023-09-01	2023-11-10	금	19:00	21:00	초등 이상	20명
60	커피와 원두	2023-06-01	2023-07-06	2023-07-07	2023-08-25				성인	15명
76	하늘아 놀자(천문대)	2023-04-15	2023-05-01	2023-05-05					부모님(2014년~2018년)	80명
88	병아리 목수	2023-04-01	2023-05-11	2023-05-12	2023-05-26				초등(3학년~6학년)	15명
89	커피와 원두	2023-04-01	2023-05-11	2023-05-12	2023-06-30	금	10:00	12:00	성인	15명
90	보자기 공예	2023-04-01	2023-05-18	2023-05-19		금	10:00	12:00	성인	10명
91	보자기 공예	2023-04-01	2023-05-11	2023-05-12		금	10:00	12:00	성인	10명
108	병아리 목수	2023-05-01	2023-06-01	2023-06-02	2023-06-23	금	16:00	18:00	초등(3학년~6학년)	15명

> 필터가 적용된 [필터] 아이콘은
> 다른 항목과 다르게 표현됩니다.

두 조건으로 필터링하기

4. 이번에는 금요일에 개설된 강좌 중 성인 강좌만 필터링해 볼까요?

❶ [연령]의 [필터] 아이콘을 클릭해 필터 메뉴를 호출합니다. ❷ [지우기]를 클릭한 뒤 ❸ 성인을 클릭해 체크하고 ❹ [확인]을 누릅니다.

5. 금요일에 운영되는 성인인 강좌만 필터링되었습니다.

	프로그램명	접수(시작일)	접수(마감일)	운영(시작일)	운영(종료일)	운영 요일	영(시작 시z	영(종료 시z	연령	모집인원
60	커피와 원두	2023-06-01	2023-07-06	2023-07-07	2023-08-25	금	10:00	12:00	성인	15명
89	커피와 원두	2023-04-01	2023-05-11	2023-05-12	2023-06-30	금	10:00	12:00	성인	15명
90	보자기 공예	2023-04-01	2023-05-18	2023-05-19		금	10:00	12:00	성인	10명
91	보자기 공예	2023-04-01	2023-05-11	2023-05-12		금	10:00	12:00	성인	10명

오름차순으로 정렬하기

6. 필터링한 값들은 프로그램명 기준으로 내림차순 정렬이 되어 있네요. 운영(시작일) 기준으로 정리해 볼까요?

❶ [운영(시작일)]의 [필터] 아이콘을 클릭한 뒤 ❷ [정렬, 오름차순]을 선택합니다.

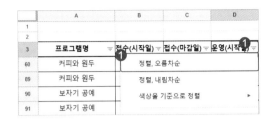

7. 운영(시작일)이 오름차순(작은 값 → 큰 값)으로 정렬되었습니다.

	프로그램명	접수(시작일)	접수(마감일)	운영(시작일)	운영(종료일)	운영 요일	운영(시작 시간)	운영(종료 시간)	연령	모집인원
60	커피와 원두	2023-04-01	2023-05-11	2023-05-12	2023-06-30	금	10:00	12:00	성인	15명
89	보자기 공예	2023-04-01	2023-05-11	2023-05-12		금	10:00	12:00	성인	10명
90	보자기 공예	2023-04-01	2023-05-18	2023-05-19		금	10:00	12:00	성인	10명
91	커피와 원두	2023-06-01	2023-07-06	2023-07-07	2023-08-25	금	10:00	12:00	성인	15명

필터 해제하기

8. 적용한 필터를 해제해 볼까요? 필터를 적용해 둔 ❶ [연령]의 [필터] 아이콘을 클릭해 메뉴를 호출하고 ❷ [모두 선택]을 클릭한 뒤 ❸ [확인]을 누릅니다.

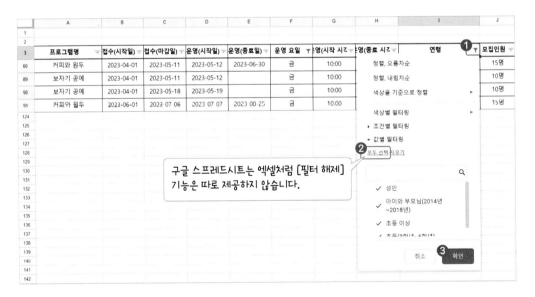

구글 스프레드시트는 엑셀처럼 [필터 해제] 기능은 따로 제공하지 않습니다.

9. 연령에 적용된 모든 필터가 해제됩니다.

> 아직 운영 요일에 관한 필터가 적용되어 있습니다!

	프로그램명	접수(시작일)	접수(마감일)	운영(시작일)	운영(종료일)	운영 요일	:영(시작 시z	영(종료 시z	연령	모집인원
4	금요일의 즐거움	2023-08-15	2023-08-31	2023-09-01	2023-11-10	금	19:00	21:00	초등 이상	20명
60	커피와 원두	2023-04-01	2023-05-11	2023-05-12	2023-06-30	금	10:00	12:00	성인	15명
76	하늘아 놀자(천문대)	2023-04-15	2023-05-01	2023-05-05		금	14:00	18:00	아이와 부모님(2014년~2018년)	80명
88	병아리 목수	2023-04-01	2023-05-11	2023-05-12	2023-05-26	금	16:00	18:00	초등(3학년~6학년)	15명
89	보자기 공예	2023-04-01	2023-05-11	2023-05-12		금	10:00	12:00	성인	10명
90	보자기 공예	2023-04-01	2023-05-18	2023-05-19		금	10:00	12:00	성인	10명
91	커피와 원두	2023-06-01	2023-07-06	2023-07-07	2023-08-25	금	10:00	12:00	성인	15명
108	병아리 목수	2023-05-01	2023-06-01	2023-06-02	2023-06-23	금	16:00	18:00	초등(3학년~6학년)	15명

필터 삭제하기

10. 필터를 삭제하고 싶다면 ❶ 필터가 적용된 필드 안의 셀에서 마우스 오른쪽 버튼을 눌러 메뉴를 호출한 뒤 ❷ [필터 삭제]를 선택합니다.

내가 직접 조건을 만들어 필터링하는 맞춤 수식 필터

구글 스프레드시트의 날짜 필터는 엑셀처럼 많은 기능을 제공하진 않습니다. 날짜, 기준일 이전 또는 기준일 이후를 선택하면 필터를 할 수 있는 항목은 오늘, 내일, 어제, 지난주, 지난달, 지난해, 정확한 날짜뿐입니다. 만약 특정 기간 동안의 날짜를 필터링해야 한다면 좀 답답한 상황이죠.

구글 스프레드시트의 날짜 필터

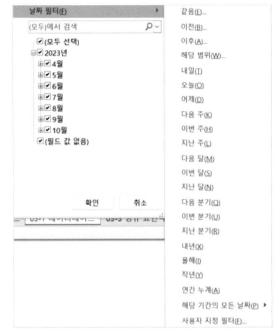

엑셀의 날짜 필터

하지만 구글 스프레드시트는 날짜뿐만 아니라 발생할 수 있는 여러 상황을 수식을 이용하여 해결할 수 있도록 조건별 필터의 항목 중 [맞춤 수식]이라는 기능을 제공합니다. 실습을 통해 [맞춤 수식]에 대해 알아보겠습니다.

실습에 활용할 함수를 먼저 알아보겠습니다. 수식과 함수는 4장에서 다루므로, 현재 실습을 진행하기 위해서 "수식과 함수가 이렇게 사용되는구나~" 정도로만 간단히 이해하고 넘어가 주세요.

함수명	간단 설명
=AND(논리 표현식1, [논리 표현식2, …])	입력된 인수를 모두 만족할 경우 TRUE, 하나라도 만족하지 않으면 FALSE를 반환합니다.
=OR(논리 표현식1, [논리 표현식2, …])	입력된 인수 중 하나라도 만족할 경우 TRUE, 모두 만족하지 않을 경우 FALSE를 반환합니다.
=MONTH(날짜)	인수로 사용한 날짜의 월(month)을 숫자 형식으로 반환합니다.

하면 된다! } 맞춤 수식 필터 활용하기

✓ 실습 파일 [03-2 데이터베이스] 시트

[맞춤 수식] 필터를 활용해 접수(시작일) 월이 5월, 6월인 강좌만 필터링해 보겠습니다. 앞서
실습에서 필터를 삭제했다면 다시 필터를 생성한 후 진행해 주세요!

1. ❶ [접수(시작일)]의 [필터] 아이콘을 클릭한 뒤 ❷ [조건
별 필터링] → ❸ [맞춤 수식]을 선택합니다.

2. 5월 '또는' 6월이라는 조건을 넣기 위해서 ❶ 먼저 수식란에 =OR(를 입력합니다. 날짜에서
5월을 추출하기 위해 ❷ MONTH(B4)=5,를 입력하고, 같은 방식으로 6월을 추출하기 위해
❸ MONTH(B4)=6)를 연속하여 입력한 뒤 ❹ [확인]을 누릅니다.

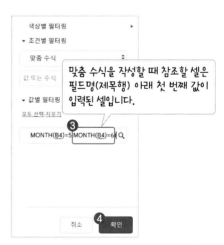

> 맞춤 수식을 작성할 때 참조할 셀은 필드명(제목행) 아래 첫 번째 값이 입력된 셀입니다.

▶ 사용한 수식을 간단히 설명하자면, "[B4] 셀의 월이 5이거나 [B4] 셀의 월이 6일 때 참(TRUE)이다"
라는 뜻입니다.

3. 접수(시작일) 월이 5월 또는 6월인 값만 필터링되었습니다.

	A	B	C	D	E	F	G	H	I	J
	프로그램명	접수(시작일)	접수(마감일)	운영(시작일)	운영(종료일)	운영 요일	운영(시작 시간)	운영(종료 시간)	연령	모집인원
49	타로 또 같이	2023-06-01	2023-07-03	2023-07-04	2023-08-29	화	10:00	12:00	성인	20명
50	나만의 스몰 인테리어	2023-06-01	2023-07-03	2023-07-04		화	10:00	12:00	성인	20명
51	나만의 스몰 인테리어	2023-06-01	2023-07-10	2023-07-11		화	10:00	12:00	성인	20명
52	나만의 스몰 인테리어	2023-06-01	2023-07-17	2023-07-18		화	10:00	12:00	성인	20명
53	나만의 스몰 인테리어	2023-06-01	2023-07-24	2023-07-25		화	10:00	12:00	성인	20명
54	내가 만드는 힐링 향기	2023-06-01	2023-07-04	2023-07-05	2023-07-26	수	10:00	12:00	성인	20명
55	기타랑	2023-06-01	2023-07-04	2023-07-05	2023-08-30	수	19:00	21:00	2010년생이상누구나	20명
56	함께 만드는 레시피	2023-06-01	2023-07-04	2023-07-05		수	19:00	21:00	어린이와 부모님 함께	5그룹
57	함께 만드는 레시피	2023-06-01	2023-07-18	2023-07-19		수	19:00	21:00	어린이와 부모님 함께	5그룹
58	보자기 공예	2023-06-01	2023-07-04	2023-07-05		수	19:00	21:00	성인	20명
59	보자기 공예	2023-06-01	2023-07-18	2023-07-19		수	10:00	12:00	성인	20명
61	신나는 동화 속 세상_유아	2023-06-01	2023-06-30	2023-07-01		토	11:30	12:45	유아(2016년~2018년생)	20명
62	신나는 동화 속 세상_초등	2023-06-01	2023-06-30	2023-07-01		토	10:00	11:15	초등	20명
63	신나는 동화 속 세상_유아	2023-06-01	2023-07-08	2023-07-08		토	11:30	12:45	유아(2016년~2018년생)	20명

💡 **알아 두면 좋아요** 엑셀에서도 맞춤 수식 필터를 적용할 수 있어요!

엑셀의 필터는 선택한 필터가 위치한 열의 데이터 형식에 따라 메뉴가 각각 다르게 나타나며, [사용자 지정 필터]를 이용하여 2개의 조건을 작성할 수 있습니다.

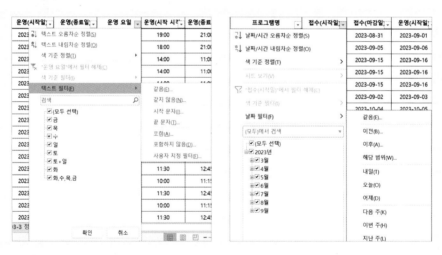

필터 기능으로 데이터베이스 정리하기

데이터베이스를 작성할 때 필드명(제목행)은 한 번만, 레코드와 레코드 사이에는 빈 행 없이 작성해야 하는 규칙이 있었죠? 규칙에 따르면 실습 데이터는 각 월을 표현하는 셀과 첫 번째 제목행을 제외한 나머지 제목행 그리고 사이의 빈 행을 삭제해야 합니다. 이 문제는 [필터] 기능을 이용해 간단히 해결할 수 있습니다. 실습을 통해 알아볼까요?

[필터]는 조건에 만족하는 값들만 한눈에 파악하기 쉽게 추출하는 기능입니다. 보통 [필터]를 적용할 때 추출할 값이 있는 필드명에 적용하는 것이 일반적이지만, 현재 데이터는 다양한 기준의 값을 필터링해야 하므로 열 필터를 적용해 보겠습니다.

하면 된다! } 잘못된 데이터베이스 정리하기 — 열 필터

✓ 실습 파일 [03-2 잘못된 데이터베이스] 시트

1. 열 필터를 적용하기 위해 ❶ [A] 열의 [메뉴]를 클릭해 ❷ [필터 만들기]를 선택합니다.

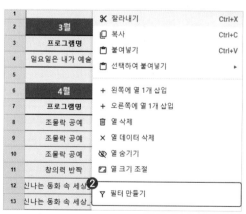

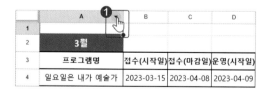

2. ❶ [필터] 아이콘을 클릭한 뒤 ❷ 필요한 값들만 선택하기 위해 [지우기]를 클릭해 필터를 초기화합니다. ❸ [공백], [3월], [4월], [5월], [6월], [7월], [8월], [9월], [프로그램명]을 차례로 클릭한 뒤 ❹ [확인]을 눌러주세요.

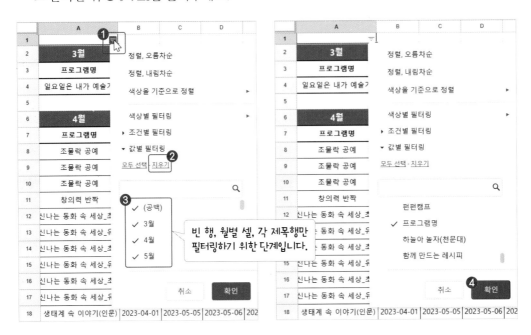

> 빈 행, 월별 셀, 각 제목행만 필터링하기 위한 단계입니다.

3. 필요 없는 값들을 삭제하기 위해 ❶ [5]~[123] 행까지 드래그한 뒤 ❷ Ctrl 을 눌러 비연속적으로 떨어져 있는 [2] 행을 선택합니다.

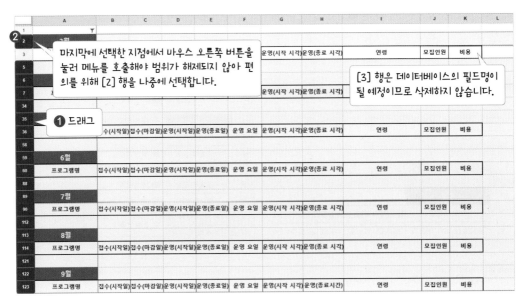

> 마지막에 선택한 지점에서 마우스 오른쪽 버튼을 눌러 메뉴를 호출해야 범위가 해제되지 않아 편의를 위해 [2] 행을 나중에 선택합니다.

> [3] 행은 데이터베이스의 필드명이 될 예정이므로 삭제하지 않습니다.

4. ❶ [2] 행의 행 머리글에서 마우스 오른쪽 버튼을 눌러 ❷ [선택한 행 삭제]를 선택해 주세요.

▶ 마지막에 선택한 행에서 마우스 오른쪽 버튼을 눌러야 선택된 행을 삭제할 수 있습니다.

5. 원본 값들을 불러오기 위해 ❶ [A] 열의 [메뉴]를 클릭해 메뉴를 호출한 뒤 ❷ [필터 삭제]를 선택합니다.

6. 데이터베이스 규칙에 어긋나게 작성되었던 데이터가 규칙에 맞게 잘 정리되었습니다.

	프로그램명	접수(시작일)	접수(마감일)	운영(시작일)	운영(종료일)	운영 요일	운영(시작 시각)	운영(종료 시각)	연령	모집인원	비용
3	일요일은 내가 예술가	2023-03-15	2023-04-08	2023-04-09	2023-04-30	일	14:00	16:00	어린이(2016년~2017년)	10명	16,500
4	조물락 공예	2023-04-01	2023-05-20	2023-05-21		일	10:00	12:00	아이와 부모님(2014년~2018년	10그룹	11,000
5	조물락 공예	2023-04-01	2023-05-13	2023-05-14		일	10:00	12:00	아이와 부모님(2014년~2018년	10그룹	11,000
6	조물락 공예	2023-04-01	2023-05-06	2023-05-07		일	10:00	12:00	아이와 부모님(2014년~2018년	10그룹	11,000
7	창의력 반짝	2023-04-01	2023-05-05	2023-05-06	2023-05-20	토	14:00	16:00	초등(1학년~3학년)	10명	22,000
8	신나는 동화 속 세상_초등	2023-04-01	2023-05-19	2023-05-20		토	10:00	11:15	초등	10명	9,900
9	신나는 동화 속 세상_유아	2023-04-01	2023-05-19	2023-05-20		토	11:30	11:45	유아(2016년~2018년생)	10명	9,900
10	신나는 동화 속 세상_초등	2023-04-01	2023-05-12	2023-05-13		토	10:00	11:15	초등	10명	9,900
11	신나는 동화 속 세상_유아	2023-04-01	2023-05-12	2023-05-13		토	11:30	11:45	유아(2016년~2018년생)	10명	9,900
12	신나는 동화 속 세상_초등	2023-04-01	2023-05-05	2023-05-06		토	10:00	11:15	초등	10명	9,900
13	신나는 동화 속 세상_유아	2023-04-01	2023-05-05	2023-05-06		토	11:30	11:45	유아(2016년~2018년생)	10명	9,900
14	생태계 속 이야기(인문)	2023-04-01	2023-05-05	2023-05-06	2023-05-20	토	10:30	12:30	가족(2013년~2016년생 동반)	15그룹	13,200
15	병아리 목수	2023-04-01	2023-05-11	2023-05-12	2023-05-26	금	16:00	18:00	초등(3학년~6학년)	15명	33,000
16	커피와 원두	2023-04-01	2023-05-11	2023-05-12	2023-06-30	금	10:00	12:00	성인	15명	36,300
17	보자기 공예	2023-04-01	2023-05-18	2023-05-19		금	10:00	12:00	성인	10명	22,000
18	보자기 공예	2023-04-01	2023-05-11	2023-05-12		금	10:00	12:00	성인	10명	11,000

공동 작업자에게 영향을 주지 않는 나만의 필터 만들기

공동 작업 중 [필터] 기능을 사용하면 여러분이 필터링하는 즉시 공동 작업자에게도 반영됩니다. 공동 작업자에게 영향을 끼치지 않고 나만 볼 수 있는 필터를 만들고 싶다면 어떻게 해야 할까요?

우선 실습을 위해 보조 계정에 파일을 공유한 뒤 보조 계정으로 3장에 접속해 주세요. 보조 계정은 공동 작업자의 역할이므로 파일에 접속만 해두고 원래 계정으로 돌아와 실습을 진행하면 됩니다. 보조 계정으로 공유한 파일에 접속하지 않으면 실습의 대화상자는 나타나지 않으니 꼭 보조 계정으로 같은 파일, 같은 시트에 접속한 뒤 본 계정으로 실습을 진행해 주세요.

▶ 공유 방법과 공유된 파일에 접근하는 방법을 알고 싶다면 '01-2 스프레드시트 파일이 저장될 구글 드라이브 먼저 익히기'를 참고하세요.

하면 된다! } 나만의 필터 만들기

✓ 실습 파일 [03-2 잘못된 데이터베이스] 시트

1. 운영(시작일) 월이 5월인 값만 추출해 볼까요?

❶ 데이터가 입력된 임의의 위치에 [셀 포인터]를 둔 뒤 ❷ [필터 만들기]를 클릭합니다. 이때 보조 계정이 접속 중이라면 경고 대화상자가 나타납니다. ❸ 대화상자에서 [나만을 위해 필터링]을 누릅니다.

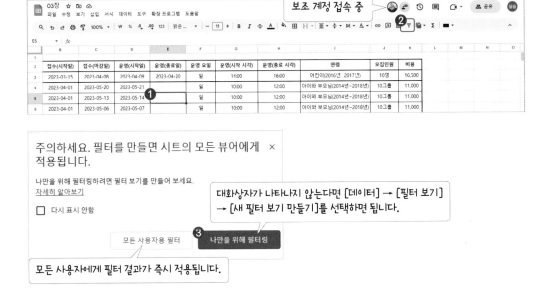

2. 5월 운영(시작일)을 추출하기 위해 ❶ [운영(시작일)]의 [필터] 아이콘을 클릭해 조건을 설정합니다. ❷ 범주는 [범위]로 선택하고 ❸ 시작일 [2023-05-01], 종료일 [2023-05-31]을 입력한 뒤 ❹ [확인]을 누릅니다.

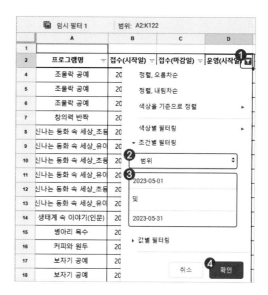

3. 운영(시작일)의 5월 데이터가 필터링되었습니다. 필터가 완료된 내용을 보관하여 활용하기 위해 ❶ [보기 저장]을 누릅니다. ❷ 뷰의 이름을 5월 운영으로 입력하고 ❸ [저장]을 눌러주세요.

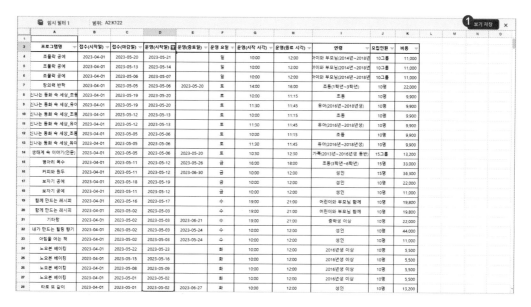

4. 보조 계정으로 전환해 데이터를 살펴보면 소유자가 적용한 [5월 운영] 필터에 영향을 받지 않은 상태인 것을 확인할 수 있습니다.

프로그램명	접수(시작일)	접수(마감일)	운영(시작일)	운영(종료일)	운영 요일	운영(시작 시각)	운영(종료 시각)	연령	모집인원	비용
조물락 공예	2023-04-01	2023-05-20	2023-05-21		일	10:00	12:00	아이와 부모님(2014년~2018년	10그룹	11,000
조물락 공예	2023-04-01	2023-05-13	2023-05-14		일	10:00	12:00	아이와 부모님(2014년~2018년	10그룹	11,000
조물락 공예	2023-04-01	2023-05-06	2023-05-07		일	10:00	12:00	아이와 부모님(2014년~2018년	10그룹	11,000
창의력 반짝	2023-04-01	2023-05-05	2023-05-06	2023-05-20	토	14:00	16:00	초등(1학년~3학년)	10명	22,000
신나는 동화 속 세상_초등	2023-04-01	2023-05-19	2023-05-20		토	10:00	11:15	초등	10명	9,900
신나는 동화 속 세상_유아	2023-04-01	2023-05-19	2023-05-20		토	11:30	11:45	유아(2016년~2018년생)	10명	9,900
신나는 동화 속 세상_초등	2023-04-01	2023-05-12	2023-05-13		토	10:00	11:15	초등	10명	9,900
신나는 동화 속 세상_유아	2023-04-01	2023-05-12	2023-05-13		토	11:30	11:45	유아(2016년~2018년생)	10명	9,900
신나는 동화 속 세상_초등	2023-04-01	2023-05-05	2023-05-06		토	10:00	11:15	초등	10명	9,900
신나는 동화 속 세상_유아	2023-04-01	2023-05-05	2023-05-06		토	11:30	11:45	유아(2016년~2018년생)	10명	9,900

소유자의 필터 적용 화면

프로그램명	접수(시작일)	접수(마감일)	운영(시작일)	운영(종료일)	운영 요일	운영(시작 시각)	운영(종료 시각)	연령	모집인원	비용
일요일은 내가 예술가	2023-03-15	2023-04-08	2023-04-09	2023-04-30	일	14:00	16:00	어린이(2016년~2017년)	10명	16,500
조물락 공예	2023-04-01	2023-05-20	2023-05-21		일	10:00	12:00	아이와 부모님(2014년~2018년	10그룹	11,000
조물락 공예	2023-04-01	2023-05-13	2023-05-14		일	10:00	12:00	아이와 부모님(2014년~2018년	10그룹	11,000
조물락 공예	2023-04-01	2023-05-06	2023-05-07		일	10:00	12:00	아이와 부모님(2014년~2018년	10그룹	11,000
창의력 반짝	2023-04-01	2023-05-05	2023-05-06	2023-05-20	토	14:00	16:00	초등(1학년~3학년)	10명	22,000
신나는 동화 속 세상_초등	2023-04-01	2023-05-19	2023-05-20		토	10:00	11:15	초등	10명	9,900
신나는 동화 속 세상_유아	2023-04-01	2023-05-19	2023-05-20						10명	9,900
신나는 동화 속 세상_초등	2023-04-01	2023-05-12	2023-05-13						10명	9,900
신나는 동화 속 세상_유아	2023-04-01	2023-05-12	2023-05-13						10명	9,900
신나는 동화 속 세상_초등	2023-04-01	2023-05-05	2023-05-06		토	10:00	11:15	초등	10명	9,900
신나는 동화 속 세상_유아	2023-04-01	2023-05-05	2023-05-06		토	11:30	11:45	유아(2016년~2018년생)	10명	9,900

> 현재 소유자가 접속하여 필터를 적용해도 공동 작업자에게는 반영되지 않습니다.

보조 계정 화면

5. 보조 계정에서 ❶ [데이터] → ❷ [뷰 변경] → ❸ [5월 운영]을 선택해 보세요. 다른 사용자가 저장해 둔 필터를 언제든지 활용할 수 있습니다.

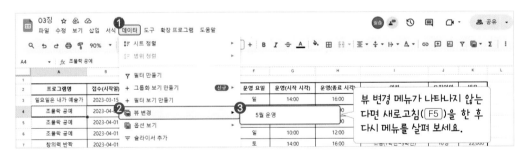

> 뷰 변경 메뉴가 나타나지 않는다면 새로고침(F5)을 한 후 다시 메뉴를 살펴 보세요.

6. 데이터는 접수(시작일) 기준으로 정렬되어 있습니다. 운영(시작일)을 기준으로 정렬하고 싶다면 ❶ [운영(시작일)]의 [필터] 아이콘을 클릭한 뒤 ❸ [정렬, 오름차순] 또는 [정렬, 내림차순]을 선택하면 손쉽게 결과물을 정렬할 수 있습니다.

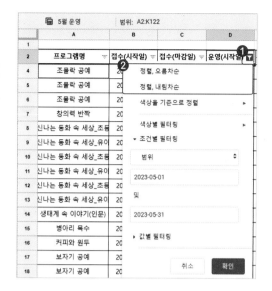

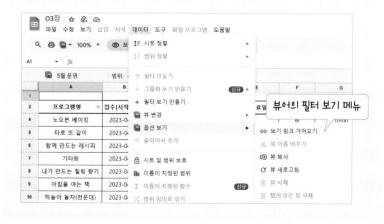

[정렬, 오름차순]을 선택한 결과

🔅 알아 두면 좋아요 필터 사용도 권한이 있어요!

이름이 정의된 필터는 소유자이거나 권한이 편집자인 경우에만 삭제할 수 있으며, 권한이 댓글, 뷰어일 경우 삭제할 수 없습니다.

데이터를 보기 쉽게 만드는 정렬

정렬이란 기준 없이 나열된 값들을 기준에 맞게 재배열하여 정리하는 작업을 말합니다. 구글 스프레드시트에서는 [범위 정렬]과 [시트 정렬] 2가지 방식의 정렬을 제공합니다. 엑셀에서 사용하는 정렬과 같은 기능이 필요하다면 [범위 정렬]을, 필드명(머리글)을 데이터로 취급해 함께 정렬해야 한다면 [시트 정렬]을 활용하면 됩니다. 실습을 통해 [범위 정렬] 사용법을 학습해 보겠습니다.

하면 된다! } 2개 이상의 기준으로 정렬하기

✓ 실습 파일 [03-2 데이터베이스] 시트

1. [범위 정렬]을 하기 위해 ❶ [A3] 셀을 클릭한 뒤 ❷ 단축키 Ctrl + Shift + →, ↓ 를 눌러 연속된 전체 범위를 블록 지정합니다.

	A	B	C	D	E	F	G	H	I	J	K
1											
2											
3	프로그램명	접수(시작일)	접수(마감일)	운영(시작일)	운영(종료일)	운영 요일	운영(시작 시각)	운영(종료 시각)	연령	모집인원	비용
4	금요일의 즐거움	2023-08-15	2023-08-31	2023-09-01	2023-11-10	금	19:00	21:00	초등 이상	20명	-
5	나의 행복 알기	2023-08-15	2023-09-05	2023-09-06	2023-09-20	수	18:00	21:00	어린이와 부모님 함께	5그룹	-
6	아트챔프_카라반	2023-08-15	2023-09-15	2023-09-16	2023-09-17	토+일	14:00	11:00	가족	15그룹	140,000
118	신나는 동화 속 세상_초등	2023-05-01	2023-06-23	2023-06-24		토	10:00	11:15	초등	20명	9,900
119	아침을 여는 책	2023-05-01	2023-06-03	2023-06-04	2023-07-23	일	06:00	08:00	2010년생 이상	13명	11,000
120	조물락 공예	2023-05-01	2023-06-03	2023-06-04		일	10:00	12:00	아이와 부모님(2013년~2018년)	10그룹	5,500
121	조물락 공예	2023-05-01	2023-06-10	2023-06-11		일	10:00	12:00	아이와 부모님(2013년~2018년)	10그룹	5,500
122	조물락 공예	2023-05-01	2023-06-17	2023-06-18		일	10:00	12:00	아이와 부모님(2013년~2018년)	10그룹	6,600
123	조물락 공예	2023-05-01	2023-06-24	2023-06-25		일	10:00	12:00	아이와 부모님(2013년~2018년)	10그룹	7,700

2. 2가지 이상의 정렬 기준을 지정하기 위해 ❶ [데이터] → ❷ [범위 정렬] → ❸ [고급 범위 정렬 옵션]을 선택합니다.

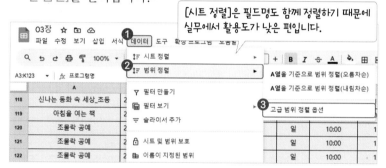

3. 필드명을 기준으로 정렬할 수 있도록 ❶ [데이터에 머리글 행이 있습니다.]에 체크한 다음 ❷ 정렬 기준이 될 필드명인 [운영(시작일)]을 선택합니다. ❸ 정렬 방식은 [오름차순]으로 선택하고 두 번째 기준을 추가하기 위해 ❹ [다른 정렬 기준 열 추가]를 클릭합니다.

▶ 여러 개의 데이터가 섞여 있을 경우 오름차순(숫자 → 기호 → 한글 → 영문 → 공백), 내림차순(영문 → 한글 → 기호 → 숫자 → 공백) 기준으로 정렬되며, 한 개의 데이터 형식 기준으로 오름차순은 A → Z의 형태로 작은 값부터 큰 값으로 정렬되고, 내림차순은 그 반대로 정렬됩니다.

4. 두 번째 정렬 기준은 ❶ 필드명은 [프로그램명],
❷ 정렬 방식은 [오름차순]으로 선택한 뒤 ❸
[정렬]을 눌러 적용합니다.

▶ [다른 정렬 기준 열 추가]는 데이터베이스의 필드명(머리
글) 개수만큼 사용할 수 있습니다. 실습으로 사용 중인 데이
터베이스의 필드명 개수는 11개이므로 기준을 총 11개까지
추가해 정렬할 수 있습니다.

첫 번째 정렬 기준인 운영(시작일)의
날짜가 이전 날짜에서 최근 날짜로
오름차순으로 정렬되었습니다.

A3   ▼ | *fx* 프로그램명

같은 날짜인 경우 두 번째 기준인
프로그램명 기준으로 오름차순으로
정렬된 것을 확인할 수 있습니다.

프로그램명	접수(시작일)	접수(마감일)	운영(시작일)	운영(종료일)	운영 요일	운영(시작 시각)	운영(종료 시각)	연령	모집인원	비용
일요일은 내가 예술가	2023-03-15	2023-04-08	2023-04-09	2023-04-30	일	14:00	16:00	어린이(2016년~2017년)	10명	16,500
노오븐 베이킹	2023-04-01	2023-05-01	2023-05-02		화	10:00	12:00	2016년생 이상	10명	5,500
타로 또 같이	2023-04-01	2023-05-01	2023-05-02	2023-06-27	화	10:00	12:00	성인	10명	13,200
기타랑	2023-04-01	2023-05-02	2023-05-03	2023-06-21	수	19:00	21:00	중학생 이상	10명	22,000
내가 만드는 힐링 향기	2023-04-01	2023-05-02	2023-05-03					성인	10명	44,000
아침을 여는 책	2023-04-01	2023-05-02	2023-05-03					성인	10명	11,000
함께 만드는 레시피	2023-04-01	2023-05-02	2023-05-03					린이와 부모님 함께	10명	19,800
하늘아 놀자(천문대)	2023-04-15	2023-05-01	2023-05-05					부모님(2014년~2018년)	80명	10,000
생태계 속 이야기(인문)	2023-04-01	2023-05-05	2023-05-06	2023-05-20	토	10:30	12:30	가족(2013년~2016년생 동반)	15그룹	13,200
신나는 동화 속 세상_유아	2023-04-01	2023-05-05	2023-05-06		토	11:30	11:45	유아(2016년~2018년생)	10명	9,900
신나는 동화 속 세상_초등	2023-04-01	2023-05-05	2023-05-06		토	10:00	11:15	초등	10명	9,900
창의력 반짝	2023-04-01	2023-05-05	2023-05-06	2023-05-20	토	14:00	16:00	초등(1학년~3학년)	10명	22,000

정규 표현식을 활용해
내 마음대로 데이터 정리하기

동영상 강의

실습 데이터의 프로그램명([A] 열)을 살펴보면 프로그램의 추가 정보를 언더바(_)와 괄호(( ))로 작성했습니다. 데이터의 통일을 위해 구글 스프레드시트의 [찾아 바꾸기] 기능 중 정규 표현식을 이용해 언더바(_) 이후의 세부 항목을 모두 괄호 안에 작성해 보겠습니다.

프로그램명	접수(시작일)	접수(마감일)	운영(시작일)	운영(종료일)	운영 요일	운영(시작 시각)	운영(종료 시각)	연령	모집인원	비용
금요일의 즐거움	2023-08-15	2023-08-31	2023-09-01	2023-11-10	금	19:00	21:00	초등 이상	20명	-
나의 행복 알기	2023-08-15	2023-09-05	2023-09-06	2023-09-20	수	18:00	21:00	어린이와 부모님 함께	5그룹	
아트캠프_카라반	2023-08-15	2023-09-15	2023-09-16	2023-09-17	토+일	14:00	11:00	가족	15그룹	140,000
아트캠프_일반데크	2023			09-17	토+일	14:00	11:00	가족	6그룹	35,000
아트캠프_필로티데크	2023			09-17	토+일	14:00	11:00	가족	5그룹	50,000
놀이야 놀자	2023			09-24	일	14:00	16:00	초등(3학년~6학년)	20명	11,000
병아리 목수	2023-09-01	2023-10-04	2023-10-05	2023-10-26	목	16:00	18:00	초등	15명	25,000
함께 만드는 레시피	2023-09-01	2023-10-03	2023-10-04		수	19:00	21:00	어린이와 부모님 함께	5그룹	19,800
함께 만드는 레시피	2023-09-01	2023-10-17	2023-10-18		수	19:00	21:00	어린이와 부모님 함께	5그룹	19,800
생태계 속 이야기(인문)	2023-09-01	2023-10-06	2023-10-07	2023-10-28	토	10:30	12:30	아이동반가족(2013년~2016년)	15그룹	13,200

> 언더바로 작성된 내용을 괄호로 바꿔볼게요!

정규 표현식이란?

정규 표현식(Regular Expression)은 특정한 규칙을 가진 문자열의 집합을 표현하기 위해 사용하는 형식 언어입니다. 이 개념을 처음 접한 분이라면 정규 표현식이라는 의미가 생소하게 느껴질 것입니다. 이해를 돕기 위해 예를 들어보겠습니다.

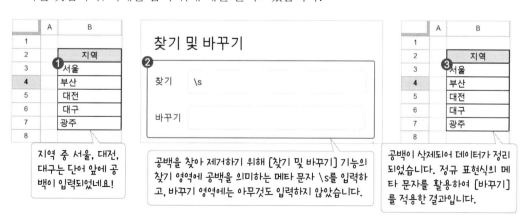

❶ 지역 중 서울, 대전, 대구는 단어 앞에 공백이 입력되었네요!

❷ 공백을 찾아 제거하기 위해 [찾기 및 바꾸기] 기능의 찾기 영역에 공백을 의미하는 메타 문자 \s를 입력하고, 바꾸기 영역에는 아무것도 입력하지 않았습니다.

❸ 공백이 삭제되어 데이터가 정리되었습니다. 정규 표현식의 메타 문자를 활용하여 [바꾸기]를 적용한 결과입니다.

만약 여러분이 특정한 규칙을 가진, 게다가 상당히 많은 양의 값을 하나씩 수정해야 하는 상황이라면 매우 지루하고 번거로운 작업이 될 것입니다. 그러나 이처럼 정규 표현식의 메타 문자를 안다면 작업을 보다 빠르고 간편하게 해결할 수 있겠죠?

실습을 통해 데이터를 추출하거나 대체할 때 사용하는 기호들의 의미를 알아보고 기호를 조합해 원하는 결과물을 얻어보겠습니다.

▶ 실습에서는 간단하게 [찾기 및 바꾸기] 기능을 이용할 것이지만, 함수에서 정규 표현식을 활용하거나 다양한 방법으로 공부하고 싶다면 RegexExtract(추출), RegexMatch(일치), RegexReplace(치환)이라는 키워드를 인터넷에서 검색해 학습해 보세요!

하면 된다! } 정규 표현식으로 데이터 정리하기

✔ 실습 파일 [03-3 정규 표현식] 시트

1. 정규 표현식을 이용해 프로그램명을 수정하기 위해 ❶ 첫 번째 프로그램명이 위치한 [A4] 셀을 클릭한 뒤 ❷ Ctrl + Shift + ↓ 를 눌러 연속된 범위를 지정합니다.

2. 단축키 ⌨Ctrl+H를 눌러 [찾기 및 바꾸기] 대화상자를 호출하고 ❶ [찾기]에 (_([가-힣]+))를 입력하고 ❷ [바꾸기]에 ($2)를 입력합니다. ❸ [정규 표현식을 사용해 검색]에 체크한 뒤 ❹ [모두 바꾸기]와 ❺ [완료]를 차례로 누릅니다.

 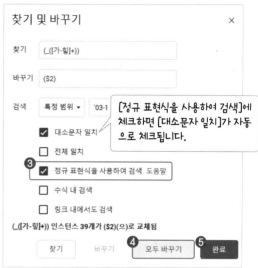

3. [A] 열의 모든 언더바(_) 이후의 세부 항목이 모두 괄호 안에 작성되었습니다.

4. 정렬을 위해 ❶ [A3:K123] 셀 범위를 지정한 뒤 ❷ [데이터] → ❸ [범위 정렬] → ❹ [고급 범위 정렬 옵션]을 선택합니다.

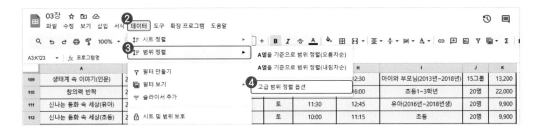

5. 필드명을 표시하기 위해 ❶ [데이터에 머리글 행이 있습니다.]에 체크한 뒤 ❷ [정렬 기준]을 [프로그램명]으로 선택해 주세요. 정렬 기준은 기본값 오름차순으로 두고 ❸ [정렬]을 누릅니다.

6. [A] 열의 세부 항목들이 모두 괄호 안에 작성되었고, 프로그램명 기준 오름차순으로 깔끔하게 정렬되었습니다.

	프로그램명	접수(시작일)	접수(마감일)	운영(시작일)	운영(종료일)	운영 요일	운영(시작 시각)	운영(종료 시각)	연령	모집인원	비용
4	금요일의 즐거움	2023-08-15	2023-08-31	2023-09-01	2023-11-10	금	19:00	21:00	초등 이상	20명	-
5	기타랑	2023-06-01	2023-07-04	2023-07-05	2023-08-30	수	19:00	21:00	2010년생 이상 누구나	20명	22,000
6	기타랑	2023-04-01	2023-05-02	2023-05-03	2023-06-21	수	19:00	21:00	중학생 이상	10명	22,000
7	나만의 스몰 인테리어	2023-07-01	2023-08-28	2023-08-29		화	10:00	12:00	2016년생 이상 누구나	20명	9,900
8	나만의 스몰 인테리어	2023-07-01	2023-08-21	2023-08-22		화	10:00	12:00	2016년생 이상 누구나	20명	5,500
9	나만의 스몰 인테리어	2023-07-01	2023-07-31	2023-08-01		화	10:00	12:00	2016년생 이상 누구나	20명	5,500
10	나만의 스몰 인테리어	2023-06-01	2023-07-03	2023-07-04		화	10:00	12:00	성인	20명	7,700
11	나만의 스몰 인테리어	2023-06-01	2023-07-10	2023-07-11		화	10:00	12:00	성인	20명	9,900
12	나만의 스몰 인테리어	2023-06-01	2023-07-17	2023-07-18		화	10:00	12:00	성인	20명	9,900
13	나만의 스몰 인테리어	2023-06-01	2023-07-24	2023-07-25		화	10:00	12:00	성인	20명	3,300

정규 표현식의 원리

일단 위 실습을 따라했다면 어떤 원리로 이렇게 되었는지 궁금할 거예요. 사용한 규칙에 대해 설명하겠습니다. 우선 정규 표현식에서 괄호(( ))는 그룹을 의미합니다. 우리가 찾는 값의 규칙은 '언더바(_) + 문자' 형태이므로 언더바를 찾는 그룹1($1=첫 번째 그룹 참조)과 이후 문자를 찾는 그룹2($2=두 번째 그룹 참조)로 구성되어 있습니다.

대괄호([ ])는 범위를 말합니다. [0-9]라고 작성할 경우 0에서 9까지를 의미합니다. 우리는 언더바 다음이 한글로 작성되어 있으므로 나타날 수 있는 모든 문자의 범위를 뜻하는 [가-힣]을 작성하였습니다. 마지막의 + 기호는 연속해서 한 개 이상의 음절이 나타날 수 있음을 뜻합니다.

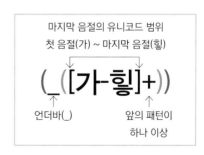

바꾸기의 ($2)에서 괄호(( ))는 일반 기호이며, $2는 두 번째 그룹을 의미합니다. 두 번째 그룹은 언더바 이후의 단어를 의미하며, ($2)는 결국 괄호 안에 두 번째 그룹에 대한 단어, 즉 원본 문자열을 표시하라는 의미가 됩니다. 만약 '_안녕하세요'라는 단어가 있다면 '(안녕하세요)'로 변경되겠죠?

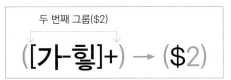

💡 **알아 두면 좋아요** 정규 표현식에 주로 쓰이는 문자들과 그 의미

정규 표현식에서 사용할 수 있는 문자는 메타 문자(meta characters)와 일반 문자(한글, 영어, 숫자 등)로 구분할 수 있습니다. 메타 문자는 특별한 의미를 가지고 있는 문자를 의미하며, 이러한 메타 문자를 조합하여 의미있는 패턴이나 문장을 만들어 내는 것을 형식 언어라고 합니다. 메타 문자의 종류와 그 의미는 다음 표와 같습니다.

메타 문자	의미	예시	설명
^	^ 뒤에 작성된 내용으로 시작합니다.	^구글	구글로 시작하는 내용을 검색합니다.
$	$ 앞에 작성된 문자열로 종료합니다.	시트$	시트로 끝나는 내용을 검색합니다.
[ ]	괄호 안의 범위 안에 있는 문자를 검색합니다.	G[EO]T	GET, GOT를 검색합니다.
	문자 집합 범위를 입력하면 범위 안의 문자를 검색합니다. 일반적인 범위에는 a-z, A-Z, 0-9, 가-힣이 있습니다.	[a-zA-Z0-9가-힣]	알파벳 소문자, 대문자, 숫자, 한글을 모두 검색합니다.
( )	그룹을 말하며, 패턴을 그룹화해 추출하거나 그룹 단위로 처리합니다. 여러 개의 식을 하나로 묶을 때 사용합니다. 각 그룹은 $1, $2…로 참조할 수 있습니다.		
{ }	반복 횟수를 의미합니다.	\d{4}	\d는 숫자를 의미합니다. 즉 숫자가 4번 반복되는 값을 검색한다는 의미입니다. 예를 들어 2023과 같은 네자리 수를 검색하겠다는 의미입니다.

메타 문자	의미	예시	설명
.	지정된 위치의 문자를 의미합니다.	g..d	good와 같이 g와 d사이에 2개의 문자가 있는 단어를 검색합니다.
?	앞의 패턴이 0 또는 한 번 나타납니다. 즉 ? 앞의 단어를 선택적으로 포함한 내용을 검색합니다.	go?d	gd, god와 같이 ? 앞의 o가 포함되거나 포함되지 않은 단어를 검색합니다.
+	앞의 패턴이 한 번 이상 반복된 내용을 검색합니다. 즉 + 기호 앞의 단어가 꼭 포함된 내용만을 검색합니다.	go+d	god, good, goood와 같이 + 기호 앞의 문자가 한 번 이상 반복되는 문자를 검색합니다.
*	앞의 패턴이 0번 이상 반복된 내용을 검색합니다. 즉 * 기호 앞의 단어가 포함되지 않은 단어도 검색됩니다.	go*d	gd, god, good와 같이 * 앞의 단어가 0번 이상 반복되는 내용을 검색합니다.
\s	공백을 검색합니다.		
\S	공백이 아닌 문자를 검색합니다.		
\d	숫자(0~9까지)를 검색합니다.		
\D	숫자가 아닌 문자를 검색합니다.		
\w	단어 문자에 해당하는 문자를 검색합니다.		
\W	단어 문자가 아닌 개별 문자를 검색합니다.		

하면 된다! ┤ 어려운 정규 표현식, 챗GPT로 해결하기

√ 실습 파일 [03-3 정규 표현식+챗gpt] 시트

복잡한 형식 언어(메타 문자들의 조합)를 실무에 바로 적용하기란 쉽지 않습니다. 혹시 어려움을 겪고 있다면 최근 많은 분야에서 활용 중인 챗GPT를 정규 표현식에 활용해 보세요.

챗GPT는 학습한 내용에 대해서만 올바른 답변을 얻을 수 있으므로, 챗GPT가 아직 학습하지 못한 내용을 질문할 때 매우 그럴싸한 오답을 답하는 경우도 있으니 반드시 챗GPT가 답변한 내용을 검토해야 합니다.

또한 만족할 만한 답을 얻지 못했다면 질문을 수정하거나 답변을 얻을 때까지 질문을 이어가야 합니다. 질문이 상세할수록 만족스러운 답변을 얻을 수 있다는 점을 참고하세요.

1. 실습을 위해 ❶ chat.openai.com에 접속합니다. ❷ [Sign up]을 클릭한 뒤 ❸ [Continue with Google]을 클릭해 회원 가입을 합니다.

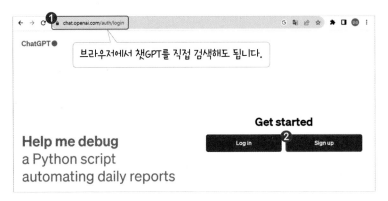

2. 챗GPT 사이트 화면 아래 프롬프트 입력 창에 구글 스프레드시트는 찾기 및 바꾸기 기능에서 정규 표현식을 제공하고 있어와 같이 질문을 입력한 뒤 [Enter]를 눌러 답변을 확인해 보세요.

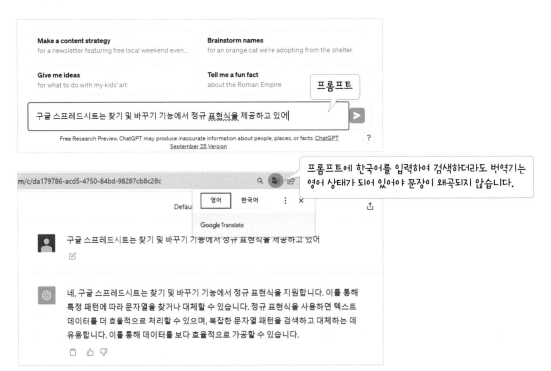

3. 프롬프트에 이어서 다음과 같이 메시지를 입력한 뒤 Enter 를 누릅니다.

정규 표현식을 이용하여 전화번호 형식을 찾아 바꿀거야. 102345678과 같이 입력된 값은 010-234-5678로 1023456789와 같이 입력된 값은 010-2345-6789와 같이 변경할거야. 모든 찾는 값은 "10"으로 시작하고 있고 모든 바꿀 값의 처음은 "010"으로 시작해야 해. 찾기 및 바꾸기 기능에서 활용할 정규 표현식을 작성해줘.

4. 그럴싸한 엉뚱한 답변을 합니다. 챗GPT의 말대로 한다면 10으로 시작하는 숫자 8자리를 찾아서 010- \ 1로 변경하면 010- \ 1로 처리됩니다. 그룹화 된 8개의 숫자를 표현하기 위해선 $1이 되어야 합니다. 그리고 우리는 8자리가 연속되는 형태를 원하지 않습니다.

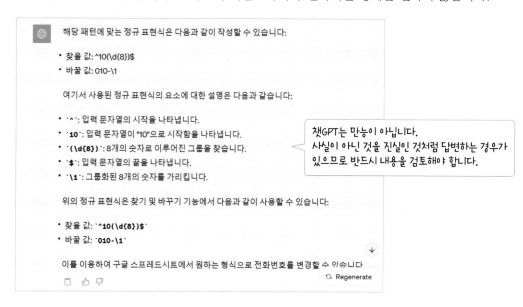

해당 패턴에 맞는 정규 표현식은 다음과 같이 작성할 수 있습니다:

- 찾을 값: ^10(\d{8})$
- 바꿀 값: 010-\1

여기서 사용된 정규 표현식의 요소에 대한 설명은 다음과 같습니다:

- `^`: 입력 문자열의 시작을 나타냅니다.
- `10`: 입력 문자열이 "10"으로 시작함을 나타냅니다.
- `(\d{8})`: 8개의 숫자로 이루어진 그룹을 찾습니다.
- `$`: 입력 문자열의 끝을 나타냅니다.
- `\1`: 그룹화된 8개의 숫자를 가리킵니다.

> 챗GPT는 만능이 아닙니다.
> 사실이 아닌 것을 진실인 것처럼 답변하는 경우가 있으므로 반드시 내용을 검토해야 합니다.

위의 정규 표현식은 찾기 및 바꾸기 기능에서 다음과 같이 사용할 수 있습니다:

- 찾을 값: `^10(\d{8})$`
- 바꿀 값: `010-\1`

이를 이용하여 구글 스프레드시트에서 원하는 형식으로 전화번호를 변경할 수 있습니다

5. 질문을 보강해 원하는 답변을 얻어보겠습니다. 프롬프트에 다음과 같이 메시지를 입력한 뒤 Enter 를 눌러 답변을 확인해 보세요.

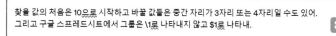

찾을 값의 처음은 10으로 시작하고 바꿀 값들은 중간 자리가 3자리 또는 4자리일 수도 있어. 그리고 구글 스프레드시트에서 그룹은 \1로 나타내지 않고 $1로 나타내.

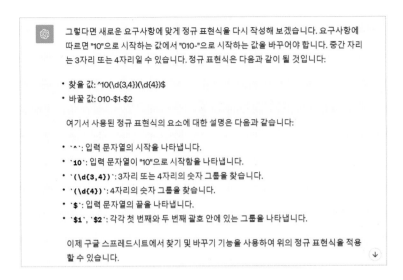

그렇다면 새로운 요구사항에 맞게 정규 표현식을 다시 작성해 보겠습니다. 요구사항에 따르면 "10"으로 시작하는 값에서 "010-"으로 시작하는 값을 바꾸어야 합니다. 중간 자리는 3자리 또는 4자리일 수 있습니다. 정규 표현식은 다음과 같이 될 것입니다:

- 찾을 값: ^10(\d{3,4})(\d{4})$
- 바꿀 값: 010-$1-$2

여기서 사용된 정규 표현식의 요소에 대한 설명은 다음과 같습니다:

- `^`: 입력 문자열의 시작을 나타냅니다.
- `10`: 입력 문자열이 "10"으로 시작함을 나타냅니다.
- `(\d{3,4})`: 3자리 또는 4자리의 숫자 그룹을 찾습니다.
- `(\d{4})`: 4자리의 숫자 그룹을 찾습니다.
- `$`: 입력 문자열의 끝을 나타냅니다.
- `$1`, `$2`: 각각 첫 번째와 두 번째 괄호 안에 있는 그룹을 나타냅니다.

이제 구글 스프레드시트에서 찾기 및 바꾸기 기능을 사용하여 위의 정규 표현식을 적용할 수 있습니다.

6. 실습 시트로 돌아와서 ❶ [B4:B8] 셀 범위를 지정한 뒤 ❷ Ctrl+H를 눌러 [찾기 및 바꾸기] 대화상자를 호출합니다. ❸ [찾기]와 [바꾸기] 영역에 챗GPT의 답변을 차례로 복사해 붙여넣습니다. ❹ [정규 표현식을 사용해 검색]에 체크한 뒤 ❺ [모두 바꾸기]와 ❻ [완료]를 차례로 눌러주세요.

7. 연락처의 값들이 원하는 형식으로 변경된 것을 확인할 수 있습니다. 어려운 정규 표현식 이지만 챗GPT를 활용하니 손쉽게 해결되었습니다. 정규 표현식뿐만 아니라 실무에서 해결하기 버거운 작업이 있다면 챗GPT에게 질문해 보세요. 가끔 엉뚱한 답변을 하지만 대부분 만족할 만한 결과를 얻을 수 있을 것입니다.

	A	B	C
	B4:B8 ▼	fx 010-123-4545	
1	설문 응답		
2			
3	성명	연락처	
4	김길동	010-123-4545	
5	박길동	010-2345-5757	
6	최길동	010-987-1234	
7	홍길동	010-1234-5678	
8	이길동	010-2345-6789	
9			

데이터 작업을 효율적으로 하는 3가지 기능

동영상 강의

효율적인 데이터 작업을 위해서는 데이터 관리와 분석을 돕는 다양한 도구들을 효과적으로 활용하는 것이 중요합니다. 이번에는 구글 스프레드시트의 기능 중 방대한 데이터베이스를 다룰 때 정보를 더 명확하고 정확하게 분석할 수 있도록 도와주는 [틀 고정], [데이터 정리] (중복 항목 제거), [조건부 서식] 3가지 기능의 사용법을 익히고 작업의 효율성을 높이는 방법을 배워보겠습니다.

제목행을 계속 사용해야 한다면?

한눈에 들어오는 짧은 데이터라면 괜찮지만, 한 화면을 넘어가는 데이터베이스에서 새로운 값을 입력하거나 내용을 파악하기 위해 제목행을 찾아 이동하려면 번거롭기만 합니다. 이럴 때 사용하는 기능이 [틀 고정]입니다. 엑셀의 [틀 고정]은 셀 포인터의 위치를 기준으로 왼쪽/위쪽이 고정되는 반면, 구글 스프레드시트는 셀 포인터를 기준으로 고정되는 차이점이 있으니 유의하세요.

하면 된다! } 제목행 고정하기

✓ 실습 파일 [03-4 틀 고정] 시트

1. 데이터베이스에서 제목행을 고정해 보겠습니다. [1] 행부터 [4] 행까지 고정하기 위하여 ❶ [A4] 셀을 클릭하고 ❷ [보기] → ❸ [고정] → ❹ [4행까지]를 선택합니다.

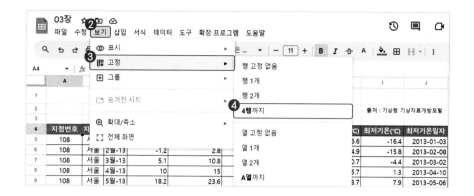

2. 화면을 아래로 스크롤해 보세요. 4행이 고정되어 있는 것을 확인할 수 있습니다.

	A	B	C	D	E	F	G	H	I	J
1			서울 기온분석 월 자료(2013년 ~ 2023년)							
2										출처 : 기상청 기상자료개방포털
3										
4	지점번호	지점명	일시	평균기온(℃)	평균최고기온(℃)	최고기온(℃)	최고기온일자	평균최저기온(℃)	최저기온(℃)	최저기온일자
32	108	서울	4월-15	13.3	18.8	28.3	2015-04-30	8.4	3.5	2015-04-08
33	108	서울	5월-15	18.9	24.9	32.2	2015-05-28	13.6	8.3	2015-05-05
34	108	서울	6월-15	23.6	29.5	34.9	2015-06-10	18.9	15.6	2015-06-21
35	108	서울	7월-15	25.8	30	36	2015-07-11	22.6	18.2	2015-07-04
36	108	서울	8월-15	26.3	30.8	34.4	2015-08-07	22.8	18.9	2015-08-26
37	108	서울	9월-15	22.4	28.1	31	2015-09-22	17.5	14.2	2015-09-27

3. 행 고정을 해제할 때는 ❶ [보기] → ❷ [고정] → ❸ [행 고정 없음]을 선택하면 됩니다.

증복 항목을 삭제하는 데이터 정리

만약 특정 매장에서 설문조사에 참여한 고객을 대상으로 1인 1상품을 지급한다고 했을 때, 중복으로 참여한 고객은 제외한 뒤 상품 발송을 진행해야겠죠? 이럴 경우 참여한 고객의 중복된 정보를 제거하고 고윳값만 남겨 데이터를 정확하게 분석할 수 있도록 도움을 주는 기능이 [중복 항목 삭제]입니다.

하면 된다! } 데이터 정리로 중복 항목 삭제하기

✓ 실습 파일 [03-4 중복 항목 삭제] 시트

실습 파일은 특정 기간 동안 개설된 강좌를 파악하기 위해 중복 항목을 삭제하고 고윳값만 남기는 실습을 진행하기 위한 파일입니다. [중복 항목 삭제]는 원본값이 삭제되므로 원본값을 유지해야 하는 상황이라면 예제와 같이 복사본을 만들어 작업하는 것을 추천합니다. 실습을 통해 고윳값만 남기는 [중복 항목 삭제]에 대해 알아보겠습니다.

1. ❶ 고윳값만 추출할 제목 셀 [M3] 셀을 클릭한 뒤 ❷ Ctrl+Shift+↓를 눌러 연속된 범위를 지정합니다

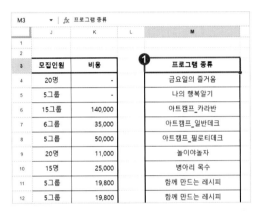
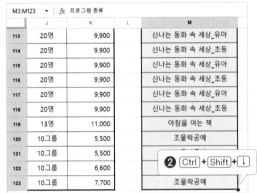

2. 중복 항목을 제거하기 위해 ❶ [데이터] → ❷ [데이터 정리] → ❸ [중복 항목 삭제]를 선택합니다.

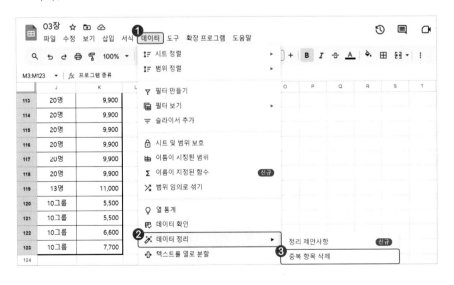

3. ❶ [데이터에 머리글 행이 있습니다.]에 체크하고 ❷ [M] 열 - 프로그램 종류에 체크한 뒤 ❸ [중복 항목 삭제]를 누릅니다.

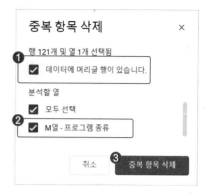

4. 27개의 고유한 값만 남고 중복된 나머지 값들은 모두 삭제되었습니다.

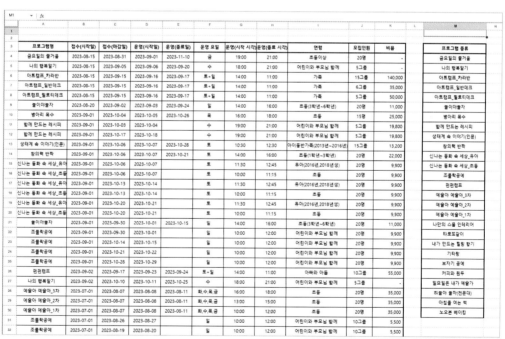

조건에 맞는 데이터에 서식을 적용하는 조건부 서식

[조건부 서식]은 조건에 만족하는 값들에 서식을 적용하여 정보를 빠르게 파악할 수 있도록 도와주는 기능입니다. 구글 스프레드시트의 [조건부 서식]은 단색과 색상 스케일 방식을 제공하고 있습니다. 단색은 사용자가 직접 조건을 작성하여 서식을 적용할 수 있으며, 색상 스케일은 최소 포인트, 최대 포인트, 중간값을 지정하여 셀 배경색을 적용하는 방식입니다.

하면 된다! 〉 조건부 서식으로 납입 여부 확인하기

✓ 실습 파일 [03-4 조건부 서식-1] 시트

[조건부 서식]을 이용하여 교육비 납입 여부와 중복 신청 수강생을 빠르게 파악하는 방법을 살펴보겠습니다.

1. 교육비 납입 여부를 확인하기 위해 [조건부 서식]을 활용해 보겠습니다. 조건부 서식이 적용될 ❶ [B5:E27] 셀 범위를 지정한 뒤 ❷ [서식] → ❸ [조건부 서식]을 선택합니다.

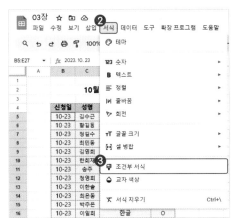

2. 조건을 작성하기 위해 ❶ [다음의 경우 셀 서식 지정...]을 [맞춤 수식]으로 선택하고 ❷ 수식란에 =$E5=""를 직접 입력합니다. ❸ [채우기 색상]을 선택해 원하는 색상으로 지정하고 ❹ [완료]를 누릅니다.

구글 스프레드시트의 [조건부 서식]은 수식을 작성할 경우 모든 값을 직접 입력해야 합니다.

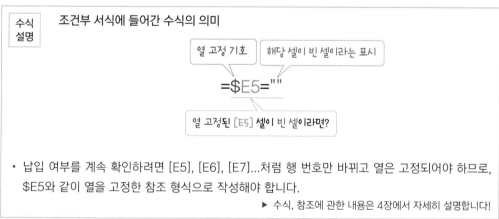

| 수식
설명 | 조건부 서식에 들어간 수식의 의미 |

열 고정 기호   해당 셀이 빈 셀이라는 표시

$$=\$E5=""$$

열 고정된 [E5] 셀이 빈 셀이라면?

- 납입 여부를 계속 확인하려면 [E5], [E6], [E7]...처럼 행 번호만 바뀌고 열은 고정되어야 하므로, $E5와 같이 열을 고정한 참조 형식으로 작성해야 합니다.

▶ 수식, 참조에 관한 내용은 4장에서 자세히 설명합니다!

3. [E11] 셀에 O를 입력해 보세요. 셀에 값이 입력되면 서식이 자동으로 사라지는 것을 확인할 수 있습니다.

	A	B	C	D	E	F
1						
2			**10월 신청자 명단**			
3						
4		신청일	성명	신청 과목	납입	
5		10-23	김수근	한글	O	
6		10-23	황길동	한글	O	
7		10-23	정길수	한글		
8		10-23	최민동	한글	O	
9		10-23	김영희	한글		
10		10-23	한회재	한글	O	
11		10-23	송주	한글		
12		10-23	정영희	한글		

	A	B	C	D	E	F
1						
2			**10월 신청자 명단**			
3						
4		신청일	성명	신청 과목	납입	
5		10-23	김수근	한글	O	
6		10-23	황길동	한글	O	
7		10-23	정길수	한글		
8		10-23	최민동	한글	O	
9		10-23	김영희	한글		
10		10-23	한회재	한글	O	
11		10-23	송주	한글	O	
12		10-23	정영희	한글		

4. 적용한 서식을 삭제하고 싶다면 [서식] → [조건부 서식]에서 [규칙 삭제]를 클릭하면 됩니다.

하면 된다! 〉조건부 서식으로 중복 데이터 찾기

✓ 실습 파일 [03-4 조건부 서식-2] 시트

1. [조건부 서식]을 활용해 과목을 중복으로 신청한 인원을 파악해 보겠습니다.

❶ [B5:E16] 셀 범위를 지정한 뒤 ❷ [서식] → ❸ [조건부 서식]을 선택합니다.

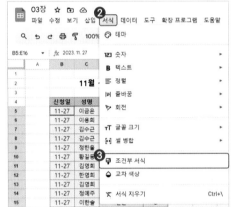

2. 소선을 삭성하기 위해 ❶ [다음의 경우 셀 서식 지정...]을 [맞춤 수식]으로 선택하고 ❷ 수식란에 =COUNTIF($C$5:$C$16,$C5)>1을 입력한 뒤 ❸ [완료]를 누릅니다.

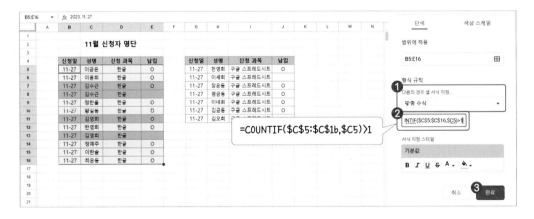

찾아볼 전체 범위 　　 찾을 값

$$=COUNTIF(\$C\$5:\$C\$16,\$C5)>1$$

[C5:C16] 중에서 [C5]와 일치하는 값의 개수　　　　　　1보다 큰가?

- 따라서 [C5:C16]에 위치한 11월 신청자 명단에서 [C5] 셀 값인 '이금은'과 일치하는 항목의 개수는 0개가 됩니다. ▶ 수식, 참조에 관한 내용은 4장에서 자세히 설명합니다!

한 걸음 더　중복 항목 조건부 서식

[G5:J11] 셀 범위에 중복된 성명이 있는 경우 색상을 적용하는 조건부 서식을 작성해 보세요.

	A	B	C	D	E	F	G	H	I	J
1										
2			**11월 신청자 명단**							
3										
4		신청일	성명	신청 과목	납입		신청일	성명	신청 과목	납입
5		11-27	이금은	한글	O		11-27	천영희	구글 스프레드시트	O
6		11-27	이용희	한글			11-27	이세희	구글 스프레드시트	
7		11-27	김수근	한글	O		11-27	장은동	구글 스프레드시트	O
8		11-27	김수근	한글			11-27	염금동	구글 스프레드시트	O
9		11-27	정한율	한글	O		11-27	천영희	구글 스프레드시트	O
10		11-27	황길동	한글	O		11-27	김금동	구글 스프레드시트	O
11		11-27	김영희	한글	O		11-27	김오희	구글 스프레드시트	
12		11-27	한영희	한글	O					
13		11-27	김영희	한글						
14		11-27	정예주	한글	O					

실수를 방지하는 데이터 확인 활용하기

동영상 강의

데이터를 작성할 때 오탈자가 있어서는 안 되겠죠? 하지만 알면서도 실수를 하게 되는 경우가 있습니다. 구글 스프레드시트에서는 이러한 실수를 방지해 주는 [데이터 확인]이라는 기능을 제공합니다. 어떤 기능인지 간단한 실습을 진행해 볼까요?

하면 된다! ╲ 입력을 제한하는 데이터 확인 사용하기

✓ 실습 파일 새 스프레드시트

1. 실습을 위해 새 스프레드시트를 불러와 주세요.
   ❶ [B2] 셀에 지역을 입력한 뒤 ❷ [B3:B10] 셀 범위를 지정합니다.

> 범위를 지정한 영역에 사용자가 지정한 지역 이외의 값은 입력이 되지 않도록 [데이터 확인] 기능을 적용해 보겠습니다.

2. 규칙을 생성하기 위해 ❶ [데이터] → ❷ [데이터 확인]을 선택합니다. 화면 오른쪽에 나타난 [데이터 확인 규칙] 박스에서 ❸ [규칙 추가]를 클릭합니다.

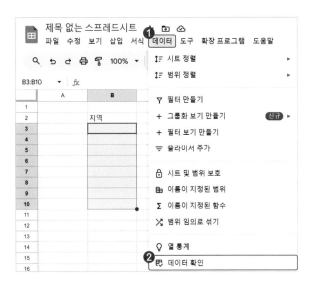

3. 규칙을 추가해 볼까요? ❶ 항목란에 서울과 부산을 각각 입력합니다. 버튼 모양을 변경하기 위해 ❷ 고급 옵션을 클릭한 뒤 ❸ [표시 스타일]을 화살표로 변경하고 ❹ [완료]를 누릅니다.

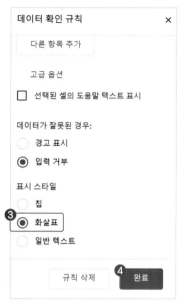

4. 결과물을 살펴보겠습니다. ❶ [B3] 셀에 규칙에서 작성하지 않은 지역인 대전을 입력한 뒤 Enter를 눌러보세요. 규칙에 어긋난 값은 작성되지 않죠? ❷ [확인]을 눌러 경고 창을 닫은 뒤 한번 더 테스트해 보겠습니다.

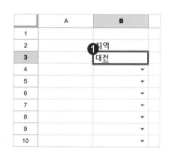

5. [B3] 셀에 부산을 입력한 뒤 한 칸 사이 띄우기를 해보세요. Enter를 눌러 값을 적용한 뒤 다시 셀을 살펴보면 사이 띄우기를 한 공백은 사라지고 규칙에 맞게 수정된 것을 알 수 있습니다.

규칙 이외의 값을 입력할 수 없도록 제약을 거는 [데이터 확인] 기능과 조금 친해지셨나요? 이어서 실습을 진행하며 [데이터 확인] 기능을 활용하는 방법을 학습해 볼게요.

주어진 값을 직접 선택해 입력하는 드롭다운

[드롭다운]이란 사용자가 원하는 값을 직접 선택할 수 있도록 목록으로 나타내는 기능입니다. [드롭다운] 버튼은 2가지 형태가 있는데, 직접 항목 입력(드롭다운), 범위를 이용한 항목 지정 (드롭다운-범위) 방식이 있습니다. 실습을 통해 자세히 알아보겠습니다.

하면 된다! ﹜ 드롭다운 버튼 만들기

✔ 실습 파일 [03-5 실습-1] 시트

1. 앞으로 데이터를 얼마나 추가할지 가늠할 수 없다면 모든 범위에 제약을 걸면 됩니다. 시작 지점인 [F5] 셀을 클릭한 후 Ctrl+Shift+↓를 눌러 부서명이 입력될 범위를 지정합니다.

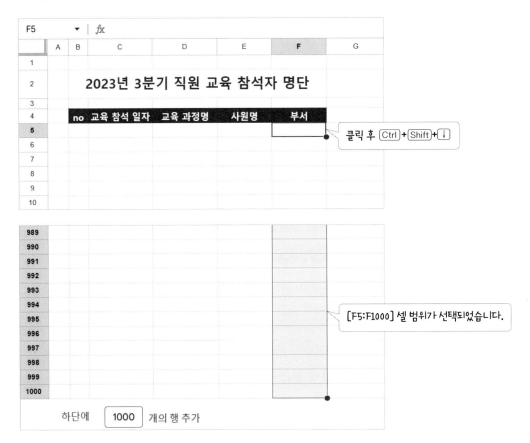

2. [드롭다운] 버튼을 만들기 위해 ❶ [데이터] → ❷ [데이터 확인]을 선택하고 ❸ [규칙 추가]
를 클릭합니다.

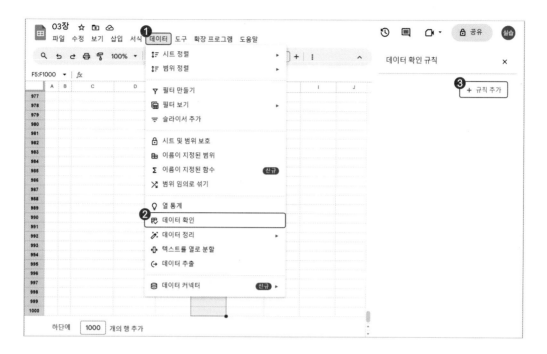

3. [F] 열에 드롭다운의 기본 형태인 [칩] 스타일이 적용되었습니다. 기본값으로 2가지 항목
을 작성할 수 있죠? 3개 부서를 입력할 것이므로 ❶ [다른 항목 추가]를 클릭합니다. ❷ 총
무부, 재무부, 인사부를 각각 입력한 뒤 ❸ 각 항목이 빠르게 구분될 수 있도록 [항목 색상
지정] 버튼을 눌러 부서별 색상을 각각 지정해 주세요.

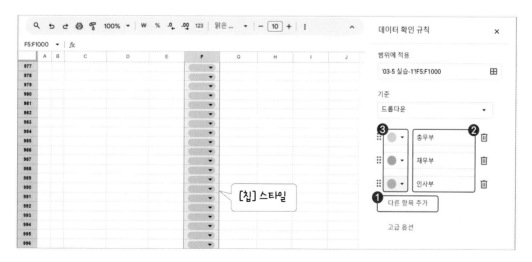

4. 드롭다운 표시 스타일과 도움말, 입력 거부 옵션을 설정하기 위해 ❶ [고급 옵션]을 클릭한 뒤 ❷ [선택된 셀의 도움말 텍스트 표시]에 체크하고 총무부, 재무부, 인사부만 입력 가능과 같이 도움말을 입력합니다. 이어서 ❸ [입력 거부] 옵션을 선택하고 ❹ [표시 스타일]은 화살표로 선택한 후 ❺ [완료]를 눌러주세요.

5. 설정한 것이 잘 반영되었는지 확인하기 위해 부서 항목에 없는 경영을 입력해 보세요. 앞서 설정했던 도움말 메시지가 나타나죠? 이렇게 항목 이외의 값이 입력되는 것을 제한하고 싶을 때는 [입력 거부] 옵션을 활용하면 됩니다.

하면 된다! } 실시간으로 추가되는 드롭다운 버튼 만들기

✔️ 실습 파일 [03-5 실습-2] 시트

[드롭다운(범위) 기능을 활용하면 실시간으로 목록이 추가되는 드롭다운 버튼을 만들 수 있습니다. 이때 [이름 정의] 기능을 활용한다면 좀 더 편하게 만들 수 있습니다. 먼저 이름 정의부터 해볼게요!

이름 정의하기

1. 범위로 사용할 첫 번째 값 ❶ [H5] 셀을 클릭한 뒤 ❷ 단축키 Ctrl + Shift + ↓, ↓를 눌러 범위를 지정합니다.

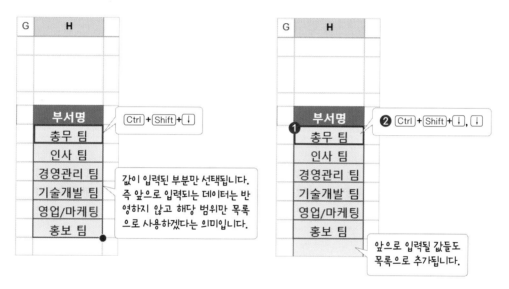

2. 편의를 위해 이름을 정의해 사용해 보겠습니다. ❶ [데이터] → ❷ [이름이 지정된 범위]를 선택한 뒤 ❸ [범위 이름]을 부서명으로 입력하고 ❹ [완료]를 누릅니다.

드롭다운 버튼 만들기

3. 이름으로 정의한 부서명을 활용해 드롭다운(범위)를 만들어 볼까요?

첫 번째 값이 입력될 ❶ [F5] 셀을 클릭한 뒤 ❷ [Ctrl]+[Shift]+[↓]를 눌러 부서명이 입력될 모든 범위를 선택해 주세요.

4. ❶ [데이터] → ❷ [데이터 확인]을 선택한 뒤 ❸ [규칙 추가]를 클릭해 새로운 규칙을 추가합니다.

5. 데이터 확인 규칙의 ❶ [기준]을 드롭다운(범위)으로 선택하고 ❷ 목록에 이름으로 정의한 범위를 반영하기 위해 =부서명을 입력합니다.

▶ 실습에서는 [H] 열에 이름을 정의하였지만, 이름 정의 없이 직접 드래그해 범위로 추가해도 같은 결과물을 얻을 수 있습니다.

6. 목록 표시 스타일 변경을 위해 ❶ [고급 옵션]을 클릭한 뒤 ❷ [표시 스타일]을 화살표로 선택합니다. ❸ [완료]를 눌러 데이터 확인 실습을 마무리합니다.

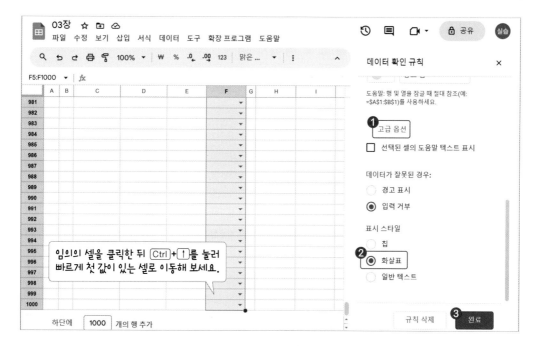

7. [목록] 버튼을 클릭하면 부서명이 호출된 것을 확인할 수 있습니다.

8. 부서명이 추가되었을 때 즉시 반영되는지 확인하기 위해 [H11] 셀에 업무 지원팀을 추가해 보세요. 실시간으로 목록에 등록되는 것을 확인할 수 있습니다.

추가한 부서명이 등록되었습니다.

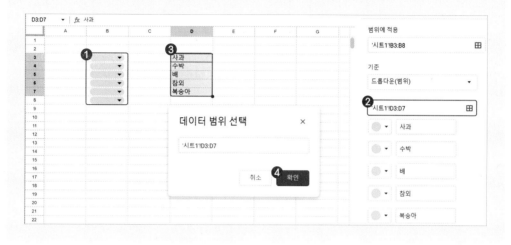
드롭다운과 드롭다운의 연결, 이중 종속

다음 조직도를 살펴보면 부서는 상위 항목, 팀은 하위 항목으로 작성되어 있습니다.

위와 같은 조직도를 기준으로 데이터베이스를 작성했을 경우 부서의 드롭다운 버튼을 [관리부]로 선택하면 팀은 [총무팀, 경리팀, 구매자재팀]이 호출되어야겠죠?

이처럼 2개의 드롭다운 목록이 서로 연관된 구조를 [이중 종속]이라고 부릅니다. 첫 번째 드롭다운에서 선택한 값에 따라 두 번째 드롭다운의 항목이 달라지므로 이를 종속된 구조라고 할 수 있습니다.

이렇게 서로 연관된 드롭다운 버튼은 어떻게 만들까요? 실습을 통해 알아보겠습니다.

하면 된다! } 이중 종속의 핵심, INDIRECT 함수 알기

✔ 실습 파일 [03-5 INDIRECT] 시트

드롭다운 버튼에서 이중 종속을 사용하려면 INDIRECT 함수와 [이름 정의] 기능을 활용해
야 합니다. 함수는 아직 본격적으로 다루진 않았지만 개념을 이해한다는 생각으로 간단히 보
고 넘어가세요! 우선 INDIRECT 함수부터 살펴볼까요?

사용 함수	간단 설명
=INDIRECT(문자열로 지정된 셀 참조, [A1 표기 여부])	• 인수 영역에 문자 형식으로 셀 주소를 입력해 해당 값을 호출합니다. 서식은 가져오지 않습니다. • 이름 정의에 입력한 이름과 동일한 값을 가진 셀을 참조하는 경우 문자 형식이 아닌 일반 셀 참조 형식으로 사용합니다. • 기본값: =INDIRECT("셀주소") • 이름 정의와 동일한 셀: =INDIRECT(셀주소)

1. 구분 값이 입력될 ❶ [F3] 셀에 =INDI를 입력한 후 (Tab)을 눌러 INDIRECT 함수를 호출합
   니다. ❷ 이어 =INDIRECT("C2")와 같이 인수를 직접 입력한 후 (Enter)를 누르세요. [C2]
   셀의 값인 남성이 호출되는지 확인합니다.

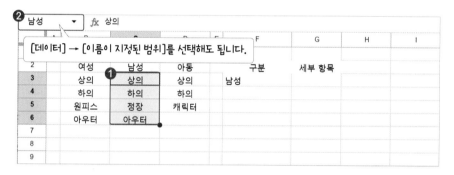

| F3 | ▼ | fx | =INDIRECT("C2") |

	A	B	C	D	E	F	G	H	I
1									
2		여성	남성	아동		남성 ×구분	세부 항목		
3		상의	상의	상의		=INDIRECT("C2")			
4		하의	하의	하의					
5		원피스	정장	캐릭터					
6		아우터	아우터						
7									
8									
9									

" "를 먼저 입력한 경우에는 셀을 직접 클릭하여 셀 참조를 할 수 없습니다.

이름 정의하기

2. 세부 항목으로 사용할 범위는 이름을 정의해 호출해야 합니다. ❶ [C3:C6] 셀 범위를 지정한 뒤 ❷ 이름 상자에 남성을 입력합니다. Enter 를 눌러 이름을 적용해 주세요.

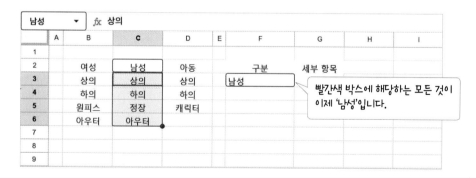

[데이터] → [이름이 지정된 범위]를 선택해도 됩니다.

3. [C3:C6] 셀 범위는 남성이라는 단어로 정의되었습니다. 그런데 남성은 [C2] 셀과 [F3] 셀에도 입력되어 있네요? 그럼 남성=[C2]=[F3]=[C3:C6]으로 생각할 수 있겠죠? 이어서 실습을 진행해 보세요.

| 남성 | ▼ | fx | 상의 |

	A	B	C	D	E	F	G	H	I
1									
2		여성	남성	아동		구분	세부 항목		
3		상의	상의	상의		남성			
4		하의	하의	하의					
5		원피스	정장	캐릭터					
6		아우터	아우터						
7									
8									
9									

빨간색 박스에 해당하는 모든 것이 이제 '남성'입니다.

4. ① [G3] 셀에 =INDI를 입력한 후 `Tab`을 눌러 INDIRECT 함수를 호출합니다. 이름 정의한 값과 동일한 값이 입력된 **②** [F3] 셀을 클릭하고) 괄호를 닫아 함수를 마무리한 뒤 `Enter`를 눌러주세요. 남성에 해당하는 세부 항목이 호출된 것을 확인할 수 있습니다.

G3	▼	ƒx	=INDI						
	A	B	C	D	E	F	G	H	I
1									
2		여성	남성	아동		구분	세부 항목		
3		상의	상의	상의		남성	❶ =INDI		
4		하의	하의	하의					
5		원피스	정장	캐릭터			INDIRECT		
6		아우터	아우터				문자열로 지정된 셀 참조입니다.		
7							적용하려면 Tab 키를 누르세요.		

G3	▼	ƒx	=INDIRECT(F3)						
	A	B	C	D	E	F	G	H	I
1									
2		여성	남성	아동		구분	세부 항목		
3		상의	상의	상의		남성	❷ =INDIRECT(F3)		
4		하의	하의	하의					
5		원피스	정장	캐릭터					
6		아우터	아우터						
7									

이름 정의 활용: =INDIRECT("남성")
[F3] 셀 활용: =INDIRECT(F3)

G14	▼	ƒx							
	A	B	C	D	E	F	G	H	I
1									
2		여성	남성	아동		구분	세부 항목		
3		상의	상의	상의		남성	상의		
4		하의	하의	하의			하의		
5		원피스	정장	캐릭터			정장		
6		아우터	아우터				아우터		
7									

INDIRECT 함수는 기본적으로 문자 형식의 셀 참조를 사용하지만, 이름 정의를 활용하면 일반적인 셀 참조 형태로도 사용할 수 있습니다. 단순히 특정 셀의 값을 가져오는 작업이라면 셀 참조만으로도 충분합니다.

하지만 여기에서는 단순 참조가 아니라, 상위 값(남성)에 따라 동적으로 연결된 하위 범위 값(세부 항목)을 호출하는 이중 종속 구조를 구현해야 하므로, 이를 위해 INDIRECT 함수가 필요합니다.

구분	세부 항목
=INDIRECT("B2")	문자열로 지정된 셀 참조
=INDIRECT(B2)	

구분	세부 항목
여성	
#REF!	이름 정의 없이 셀 주소만 넣을 경우 참조 오류 발생

그럼 본격적으로 [이중 종속]을 활용한 드롭다운 버튼을 만들어 보겠습니다.

하면 된다! } 이중 종속을 활용해 부서별 팀명 호출하기

√ 실습 파일 [03-5 부서명], [03-5 연차신청] 시트

1. 드롭다운(범위)에서 사용할 부서의 이름을 정의하겠습니다. ❶ [03-5 부서명] 시트의
[B3:B6] 셀 범위를 지정한 뒤 ❷ 이름 상자에 부서를 입력하고 Enter 를 누릅니다.

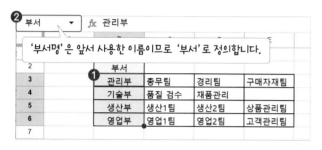

'부서명'은 앞서 사용한 이름이므로 '부서'로 정의합니다.

	부서			
2	부서			
3	관리부	총무팀	경리팀	구매자재팀
4	기술부	품질 검수	재품관리	
5	생산부	생산1팀	생산2팀	상품관리팀
6	영업부	영업1팀	영업2팀	고객관리팀
7				

2. INDIRECT 함수에서 이중 종속으로 활용할 이름을 정의하겠습니다. [C3:E3]는 관리부,
[C4:E4]는 기술부, [C5:E5]는 생산부, [C6:E6]는 영업부로 이름을 정의합니다.

관리부

반드시 [B3:B6] 셀 범위에 입력된
값과 동일하게 입력되어야 합니다.

	A			E
1				
2		부서		
3	관리부	총무팀	경리팀	구매자재팀
4	기술부	품질 검수	재품관리	
5	생산부	생산1팀	생산2팀	상품관리팀
6	영업부	영업1팀	영업2팀	고객관리팀
7				

3. 부서 목록을 만들기 위해 ❶ [03-5 연차신청] 시트의 [G5] 셀을 클릭한 뒤 ❷ Ctrl +
Shift + ↓ 를 눌러 모든 범위를 선택합니다.

G5		▼	fx						
	A	B	C	D	E	F	G	H	I
3									
4		순번	사번	성명	입사일	주민등록번호	부서	소속팀	직급
5		1	A019	연정환	2020-10-01				
6									
997									
998									
999									
1000									

❷ Ctrl + Shift + ↓

4. ❶ [데이터] → ❷ [데이터 확인]을 선택한 뒤 ❸ [규칙 추가]를 클릭합니다.

5. 앞서 이름으로 정의해 둔 부서를 호출할 것이므로 ❶ [기준]을 드롭다운(범위)로 선택하고
❷ 범위 선택 영역에 =부서를 입력한 뒤 [Enter]를 눌러주세요. 목록으로 부서가 불러와졌
죠? 스타일 변경을 위해 ❸ 고급 옵션을 클릭한 뒤 ❹ [표시 스타일]을 화살표로 선택하고
❺ [완료]를 누르세요.

6. 이제 부서에 소속된 팀을 호출하기 위해 [G5] 셀에 임의의 부서를 하나 선택해 주세요.

7. [H] 열에서 사용할 목록을 호출하기 위해 ❶ [K5] 셀에 INDIRECT 함수를 호출합니다. 이름 정의된 범위를 불러오기 위해 ❷ [G5] 셀을 클릭한 뒤) 괄호를 닫고 함수를 마무리합니다. Enter 를 눌러 선택한 부서별 팀명이 호출되는지 확인해 주세요.

8. [채우기 핸들]로 모든 셀을 채우기는 비효율적이니 단축키를 활용하겠습니다. ❶ 수식이 입력된 [K5] 셀을 클릭하고 Ctrl+C를 눌러 수식을 복사합니다. ❷ [K6] 셀을 클릭하고 Ctrl+Shift+↓를 눌러 모든 셀을 선택한 뒤 ❸ Ctrl+V를 눌러 수식을 붙여넣습니다.

9. Ctrl+↑를 이용해 [K5] 셀로 이동해 보겠습니다. [G6] 셀부터 임의로 값을 선택해 보세요.

10. 부서별 소속팀이 호출되는 목록 상자를 만들기 위해 ❶ [H5] 셀을 클릭한 뒤 ❷ Ctrl+ Shift+↓ 를 눌러 연속된 범위를 지정해 주세요.

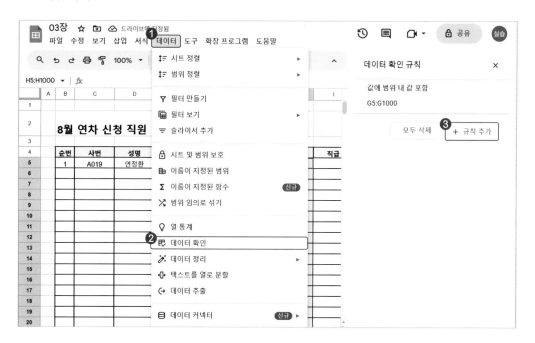

11. 목록 상자를 만들기 위해 ❶ [데이터] → ❷ [데이터 확인]을 선택한 뒤 ❸ [규칙 추가]를 클릭합니다.

12. ❶ [기준]을 드롭다운(범위)로 선택하고 ❷ [데이터 범위 선택] 버튼을 누릅니다.

❸ [K5:M5] 셀 범위를 선택하고 ❹ 열 고정을 위해 '03-5연차신청'!$K5:$M5와 같이 $를 직접 입력한 뒤 ❺ [확인]을 누릅니다.

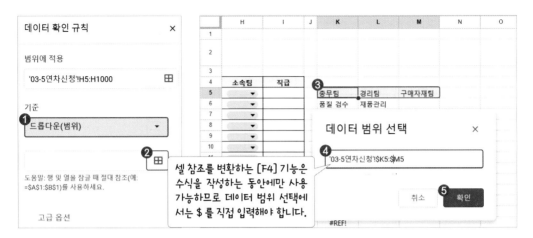

13. 표시 스타일 변경을 위해 ❶ [고급 옵션]을 클릭해 ❷ [표시 스타일]을 화살표로 선택한 뒤 ❸ [완료]를 누릅니다.

14. 이중 종속 드롭다운 버튼 작성이 완료되었습니다. 소속팀을 선택해 보세요. 부서별 소속 팀이 제대로 호출된다면 실습에 사용했던 [데이터 확인 규칙] 상자를 닫아주면 됩니다.

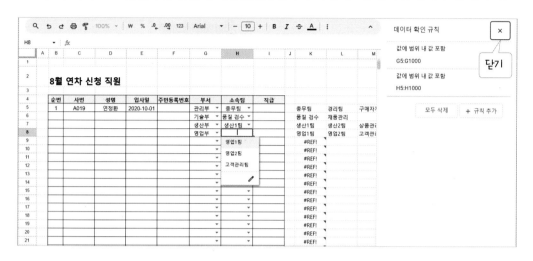

💡 **알아 두면 좋아요** 참조로 사용한 데이터 유실 방지를 위해 보호와 숨기기 처리를 같이 진행하면 좋아요!

1. 보호를 적용하기 위해 ❶ [K:M] 열의 머리글을 드래그해 범위를 지정한 뒤 ❷ [데이터] → ❸ [시트 및 범위 보호]를 선택합니다. ❹ 작성자를 제외하고 모두 수정할 수 없도록 [권한 설정]을 선택하고 ❺ 사용자 제한이 [나만]으로 설정되었는지 확인한 후 [완료]를 누릅니다.

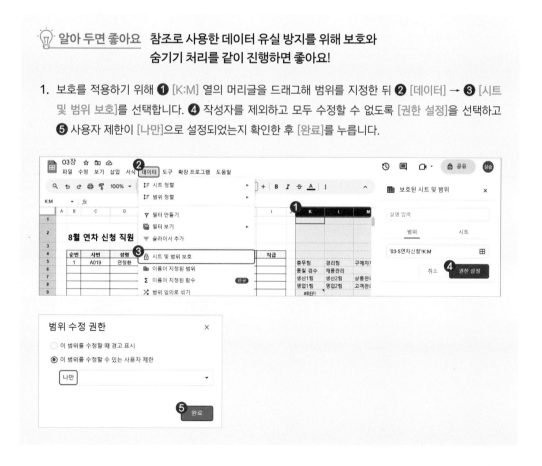

2. 열을 숨기기 위해 ❶ 열 머리글에서 마우스 오른쪽 버튼을 눌러 ❷ [K-M열 숨기기]를 선택합니다.

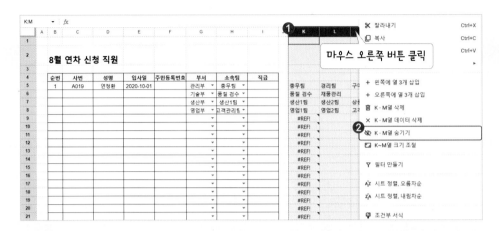

4장

구글 스프레드시트의
수식과 함수

수식과 함수 기본 다지기

동영상 강의

수식

사전에서 '수식'의 정의는 '계산을 위해 숫자와 허용하는 문자(연산 기호)를 연결해 만든 일종의 연산을 위한 문법'입니다. 문장으로 작성한 내용은 이해하기 힘들죠? 설명 방법을 바꿔보겠습니다.

1 더하기 2를 계산기로 계산한다고 생각해 봅시다. 먼저 1을 누르고 + 기호를 누른 뒤 2를 입력하는 단계를 거칩니다. 이것을 수식으로 표현하면 1+2가 되죠. 이때 사용하는 + 기호는 연산 기호로 '산술 연산자'라고도 부릅니다. 그럼 구글 스프레드시트에서의 수식은 어떨까요? 구글 스프레드시트는 1+2와 같이 입력하면 숫자와 특수 문자의 조합으로 인식하여 계산의 결괏값을 얻을 수 없습니다. 계산을 시작한다는 의미로 =1+2와 같이 등호를 가장 먼저 입력해야 하는 규칙이 있습니다.

이미 입력된 값을 이용하여 계산식을 작성하는 경우 아래 왼쪽과 같이 직접 값을 입력하는 것이 아닌, 오른쪽과 같이 셀의 값을 참조하는 형태로 수식을 작성합니다.

	A	B	C	D
1				
2		단가	수량	금액
3		1,000	20	?=1000*20
4		1,500	30	
5				

	A	B	C	D
1				
2		단가	수량	금액
3		1,000	20	20000
4		1,500	30	?=B4*C4
5				

셀의 값을 참조하여 사용하는 이유는 다음 그림에서 확인할 수 있습니다. 수량이 10씩 증가했지만 직접 입력한 수식은 변경된 값을 반영하지 못하는 반면, 셀을 참조한 수식은 수정 즉시 값을 반영합니다. 더불어 계산할 값이 많아질수록 직접 입력하기보다는 셀을 참조하는 것이 작업 효율성을 높일 수 있기 때문입니다.

단가	수량	금액	수식
1,000	30	20,000	=1000*20
1,500	40	60,000	=C4*D4

이렇게 참조해서 수식을 작성하면 변경된 값을 즉시 반영할 수 있습니다.

수식에 활용하는 다양한 연산자 기호

다음은 수식에 활용할 수 있는 다양한 연산자 기호들입니다. 이 기호들은 수식과 관련된 거의 모든 실습에서 등장할 예정이니 꼭 알아 두고 넘어가세요!

산술			비교			텍스트 연결		
기호	의미	예시	기호	의미	예시	기호	의미	예시
+	더하기	1+2	>	크다	5>4	&	텍스트 연결	A1&"등"
-	빼기	4-2	<	작다	2<3			
/	나누기	4/2	>=	크거나 같다	7>=5			
*	곱하기	3*5	<=	작거나 같다	4<=7			
^	지수	2^3	=	같다	5=5			
%	백분율	80%	<>	다르다	1<>3			

함수

구글 스프레드시트는 단순한 연산을 위한 계산식보다 함수를 더 많이 활용합니다. 함수는 사용자 편의를 위해 미리 만들어진 계산의 틀에 규칙에 따라 인수를 입력하여 사용할 수 있도록 만든 기능을 말합니다.

다음 그림에서 [C3] 셀의 수식이 =B3+B4+B5+B6+ B7+B8과 같이 입력된 것을 확인할 수 있습니다. 만약 더해야 하는 값이 100행 이상이라면 상당히 지루한 작업이 될 것입니다. 하지만 SUM 함수를 사용한다면 몇 번의 클릭으로 해결할 수 있습니다.

	A	B	C	D
1				
2		**값**	**산술 기호**	**함수**
3		5	=B3+B4+B5+B6+B7+B8	=SUM(B3:B8)
4		6		
5		7	셀 값을 각각 클릭하여 참조해야	합계 함수를 호출하고 원하는
6		8	하니 번거로워요.	범위만 드래그하면 돼요.
7		9		
8		10		
9				

▶ 엑셀과 구글 스프레드시트의 모든 함수의 사용법은 같진 않지만 '=함수명(인수)'의 형태는 동일합니다.

참조

함수에서 사용하는 '인수'란 함수가 사용할 값(데이터)을 의미하며, 함수명에 따라 인수는 없을 수도 있고 255개가 될 수도 있습니다. 이러한 인수의 형태 중 직접 값을 입력하는 것이 아닌 셀(또는 범위)의 주소 값을 수식에 활용하는 방식이 있는데, 이것을 셀 참조라고 합니다.
셀 참조의 형태는 상대 참조, 절대 참조, 혼합 참조와 구글 스프레드시트에서만 사용할 수 있는 열린 참조가 있습니다.

구분	상대 참조	절대 참조	혼합 참조
방식	기본 참조 방식	기능 키(Function Key) F4 이용	
표기	A1	$A$1	A$1, $A1
특징	[채우기 핸들]의 방향에 따라 셀 값이 변경됩니다.	[채우기 핸들]과는 상관없이 고정된 값을 참조합니다.	상대 참조와 절대 참조가 혼합된 형태로 행을 고정하거나($A$1) 열을 고정하는($A1) 2가지 형태가 있습니다.

수식에 자주 쓰이는 상대 참조에 관한 개념 설명은 옆의 QR코드를 스캔해 동영상 강의를 참고해 주세요. 이어지는 실습에서는 구글 스프레드시트만의 기능인 열린 참조와 수식 작성에 꼭 알아 둬야 하는 절대 참조에 관해서 배워 보겠습니다.

하면 된다! } 열린 참조 활용하기

√ 실습 파일 [04-1 열린 범위] 시트

SUM 함수를 통해 구글 스프레드시트의 열린 참조를 학습해 보겠습니다. 우선 SUM 함수에 대해 알아보겠습니다.

사용 함수	간단 설명
=SUM(값1, [값2, …])	인수들의 합계를 반환합니다.

1. ❶ [H4] 셀에 =SUM을 입력합니다. 스프레드시트에서는 인접한 범위의 숫자 영역을 인식해 자동으로 =SUM(H7:H10)이 입력되는 것을 확인할 수 있습니다. 일단 우리는 자동으로 입력한 수식을 사용하지 않을 것이므로 ❷ (를 입력합니다.

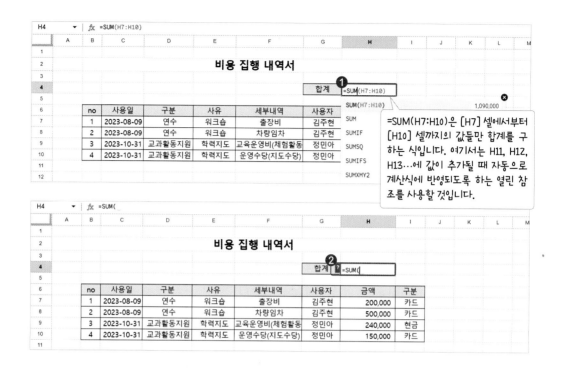

2. 첫 번째 값인 ❶ [H7] 셀을 클릭한 뒤 ❷ :H와)를 입력해 수식 입력을 마치고 Enter 를 눌러주세요. =SUM(H7:H)는 [H7] 셀에서부터 [H] 열에 추가되는 모든 값들을 계산식에 반영한다는 의미입니다.

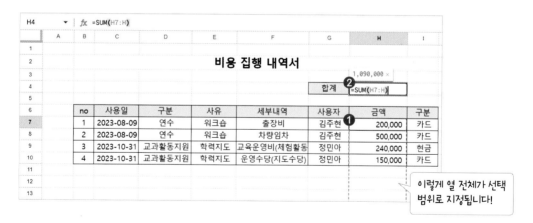

이렇게 열 전체가 선택 범위로 지정됩니다!

3. [H11] 셀에 100,000을 입력한 뒤 Enter 를 눌러 합계에 반영되는 것을 확인해 보세요.

엑셀의 경우 =SUM(H7:H)와 같이 열 이름만 입력하면 오류가 발생합니다. 열린 참조와 같은 효과를 얻고 싶다면 OFFSET 함수를 이용한 동적 범위를 이름 정의해 참조하거나 임의로 =SUM(H7:H2000)과 같이 큰 범위를 적용해야 합니다.

엑셀에서 열린 참조를 포함한 수식을 작성한 화면

반면 구글 스프레드시트는 열(또는 행) 이름만 입력해 행(또는 열)에 제한을 두지 않고 범위를 참조할 수 있습니다. 이런 범위 지정 방식을 '열린 참조'라고 부릅니다.

하면 된다! ⟩ 절대 참조 이해하기

✓ 실습 파일 [04-1 누적계] 시트

실습 시트의 내용을 살펴보면 보통 남은 금액은 '=입금액−사용 금액'으로 계산하는 것이 일반적이지만, 현재 시트의 사용 금액이 음수로 작성되어 있으므로 두 셀의 값을 합하여 계산해야 합니다.

남은 금액은 [C4] 셀의 값(첫 번째 값)에서 사용 금액이 차감되어야 하는 규칙을 가지고 있습니다. 그럼 [C4] 셀을 계산식에서 어떤 방법으로 참조해야 할까요? 이때 필요한 개념이 '절대 참조'입니다. 바로 실습을 통해 알아보겠습니다.

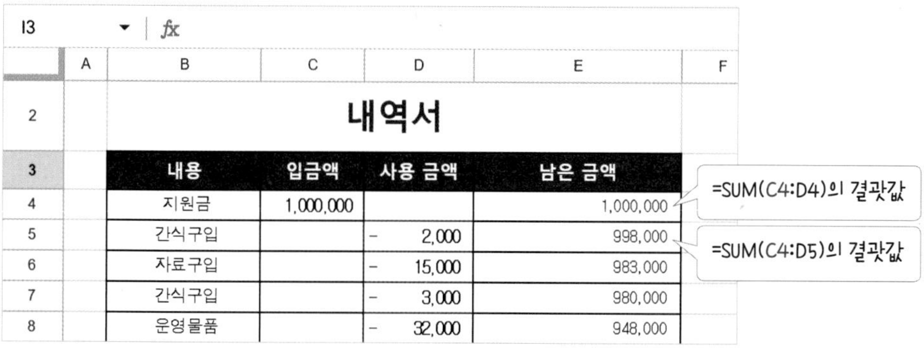

=SUM(C4:D4)의 결괏값

=SUM(C4:D5)의 결괏값

1. 결괏값이 출력될 위치인 ❶ [E4] 셀에 =SUM(를 입력합니다. ❷ 입금액 [C4] 셀을 클릭한 뒤 ❸ [F4]를 눌러 절대 참조합니다. 이어서 ❹ :D4를 직접 입력한 뒤) 괄호를 닫고 [Enter]를 눌러주세요.

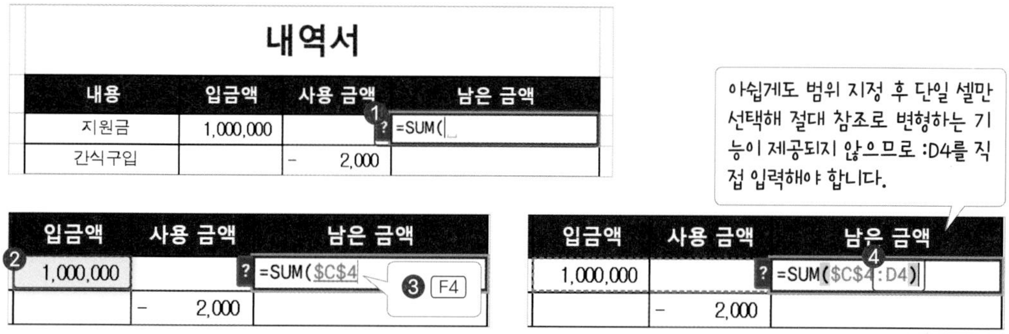

아쉽게도 범위 지정 후 단일 셀만 선택해 절대 참조로 변형하는 기능이 제공되지 않으므로 :D4를 직접 입력해야 합니다.

2. [자동 완성 제안사항]에서 [체크](또는 [Ctrl]+[Enter])를 클릭해 [C4] 셀이 나머지 셀들에 지속적으로 참조되는 누적계 작성을 완성해 주세요.

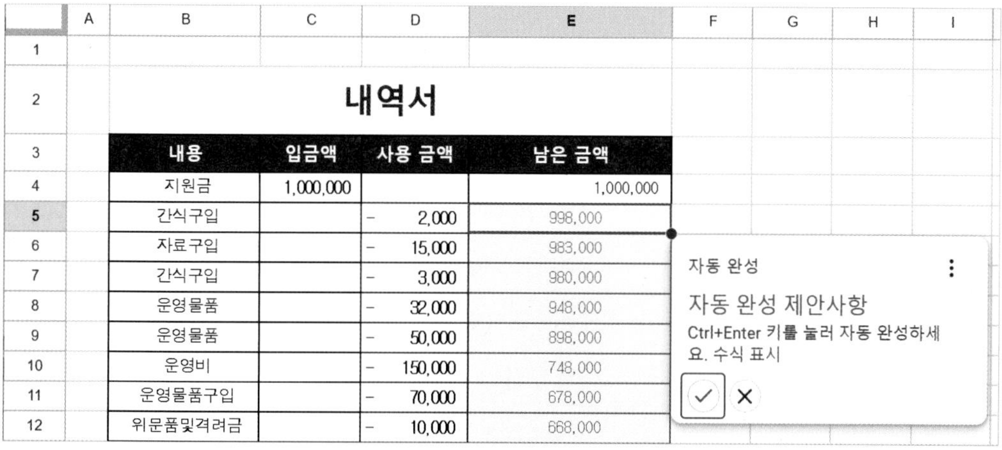

💡 **알아 두면 좋아요**   [자동 완성 제안사항] 창이 안 나타난다면?

[도구] → [추천 컨트롤] → [수식 추천 사용]을 선택해 주세요.
만약 팝업된 자동 완성을 거부했다면 해당 셀의 계산 작업에서는 더 이상 제안사항이 나타나지 않습니다. 거부한 제안사항을 다시 불러오고 싶다면 재접속하거나 [채우기 핸들]을 이용하면 됩니다.

절대 참조는 특정 값을 고정적으로 참조해야 할 경우 사용되는 방식입니다. 절대 참조와 달리 수식의 이동 방향에 따라 참조한 셀의 위치도 함께 변경되어야 한다면 상대 참조 또는 혼합 참조를 활용하는 것이 편리합니다.

수와 관련한 함수

다음 함수들은 SUM 함수와 사용 방법이 같습니다. 함수명을 호출한 뒤 원하는 영역을 범위로 지정해 인수로 지정하면 끝! 익히기 쉬우니 간단 설명과 함께 함수의 형식을 한번 알아보고 넘어가세요.

함수명	간단 설명
=SUM(값1, [값2, …])	인수들의 합계를 반환합니다.
=AVERAGE(값1, [값2, …])	인수들의 평균을 반환합니다.
=MAX(값1, [값2, …])	인수들의 최댓값을 반환합니다.
=MIN(값1, [값2, …])	인수들의 최솟값을 반환합니다.
=COUNT(값1, [값2, …])	인수들의 숫사값의 개수를 반환합니다.
=COUNTA(값1, [값2, …])	인수들 중 공백을 제외한 모든 값들의 개수를 반환합니다.
=COUNTBLANK(값1, [값2, …])	인수들의 공백의 개수를 반환합니다.

텍스트 함수 활용하기

동영상 강의

텍스트 함수로 원하는 데이터 추출하기

다음 화면은 참석자 데이터에서 학년, 이메일, 학과를 추출하기 위해 LEFT, RIGHT, MID 함수를 사용한 결과입니다. 학년을 제외한 나머지 데이터는 우리가 원하는 형태로 추출되지 않은 것을 확인할 수 있습니다.

많은 경우 텍스트를 추출하기 위해 LEFT, RIGHT, MID 함수를 사용하지만, 예시 화면과 같이 추출하려는 글자의 수가 일정하지 않을 경우 난감하기만 합니다.

참석자	학년 =LEFT(B3,3)	이메일 =RIGHT(B3,15)	학과 =MID(B3,5,2)
1학년/사회/남/RED01@GMAIL.COM	1학년	RED01@GMAIL.COM	사회
1학년/전자/여/GREEN02@NAVER.COM	1학년	EEN02@NAVER.COM	전자
1학년/건설공학/여/BLUE03@NAVER.COM	1학년	LUE03@NAVER.COM	건설

이메일과 학과가 정확하게 추출되지 않았습니다.

이번 절에서는 주로 사용되는 텍스트 함수를 먼저 학습한 뒤, 위와 같이 텍스트 추출 시 마주치는 곤란한 상황을 해결할 방법을 소개합니다. 문제 해결을 위해 여러 함수가 함께 사용되어 다소 복잡해 보일 수 있지만, 원리만 안다면 쉽게 작성할 수 있으니 천천히 실습을 따라 진행해 보세요.

사용 함수	간단 설명
=LEFT(문자열, K)	문자열의 왼쪽에서부터 K(입력한 숫자)만큼 추출합니다.
=RIGHT(문자열, K)	문자열의 오른쪽에서부터 K(입력한 숫자)만큼 추출합니다.
=MID(문자열, 시작 위치, K)	문자열의 시작 위치에서부터 K(입력한 숫자)만큼 추출합니다.

하면 된다! ▶ LEFT 함수로 왼쪽에서 두 글자만 추출하기

✓ 실습 파일 [04-2 텍스트 함수01] 시트

텍스트 함수 중 LEFT 함수를 이용하여 주민등록번호에서 출생연도만 추출해 보겠습니다.

1. 값이 추출될 [D5] 셀에 =LEFT(를 입력합니다.

D5	▼	*fx*	=left(			
	A	B	C	D	E	F
3			**LEFT, MID**			
4		**성명**	**주민번호**	**연도**	**성별**	
5		김정희	090516-4110011	=left(		강원도 영
6		고솔화	720815-1110011	LEFT(**문자열**, [문자_수])		
7		제갈공	840106-2110012		✓	
8		김지원	831026-2110013			
9		선우현	750224-1110012			인천광역시

▶ 구글 스프레드시트는 함수 마법사가 없으므로 함수명을 직접 입력하거나 함수 목록에서 선택한 후 인수와 장식 문자를 직접 입력해야 합니다.

2. ❶ 추출할 값을 가진 [C5] 셀을 클릭하고 =LEFT(C5로 만든 뒤 ❷ 인수 구분을 위해 ,(쉼표) 를 입력합니다.

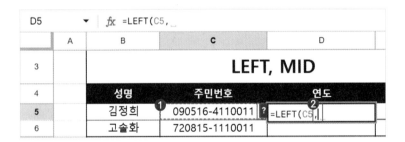

3. ❶ 연도를 추출하기 위해 2)를 입력하고 [Enter]를 눌러 수식을 마무리합니다. ❷ [자동 완성 제안사항]에서 [체크](또는 [Ctrl]+[Enter])를 클릭해 나머지 셀을 채워주세요.

D5	▼	*fx*	=LEFT(C5,2)	
	A	B	C	D
3			**LEFT, MID**	
4		**성명**	**주민번호**	09 × **연도**
5		김정희	090516-4110011	=LEFT(C5,2) ❶
6		고솔화	720815-1110011	

| D6 | ▼ | *fx* | | | | |

	A	B	C	D	E	F
3			**LEFT, MID**			
4		성명	주민번호	연도		
5		김정희	090516-4110011	09		
6		고솔화	720815-1110011	72		
7		제갈공	840106-2110012	84		
8		김지원	831026-2110013	83		
9		선우현	750224-1110012	75		
10		지수	900330-2110014	90		
11		이동혁	471012-1110015	47		
12		김현조	560803-2110016	56		

[채우기 핸들]을 더블클릭해 나머지 값들을 채워도 됩니다.

자동 완성

자동 완성 제안사항
Ctrl+Enter 키를 눌러 자동 완성하세요. 수식 표시

② ✓ ✕

단어 추출하고 추출한 값을 조건으로 만들기

간단한 실습을 통해 주민등록번호에서 출생연도를 추출하는 방법을 학습해 보았습니다. 그럼 주민등록번호에서 남자와 여자를 구분해서 표기하려면 어떻게 해야 할까요? 엑셀에 익숙한 분이라면 이미 눈치챘겠지만 한 개의 함수로는 해결할 수 없으므로 함수를 중첩하여 사용해야 합니다.

우선 주민등록번호에서 성별을 판별하는 방법을 살펴볼까요? 주민등록번호의 8번째 숫자는 성별을 판별하는 글자이며, 1900년대 출생인 경우 1은 남자, 2는 여자, 2000년대 출생인 경우 3은 남자, 4는 여자입니다. 그럼 다음과 같은 수식을 만들 수 있겠네요!

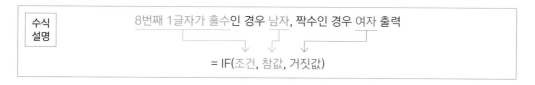

수식 설명	8번째 1글자가 홀수인 경우 남자, 짝수인 경우 여자 출력
	= IF(조건, 참값, 거짓값)

실습에 필요한 함수는 다음과 같습니다.

사용할 함수	간단 설명
=IF(논리 표현식, TRUE 값, FALSE 값)	논리 표현식(조건)에 만족할 경우 TRUE 값(참값)을 출력하고, 그렇지 않으면 FALSE 값(거짓값)을 출력합니다.
=MID(문자열, 시작 위치, K)	문자열의 시작 위치에서부터 K(입력한 숫자)만큼 추출합니다.
=ISODD(값)	값이 홀수인지 판단합니다.
=ISEVEN(값)	값이 짝수인지 판단합니다.

IF 함수를 이용해 주민등록번호의 성별에 해당하는 숫자가 홀수인 경우는 남자, 그렇지 않은 경우는 여자로 출력할 것입니다. 그럼 조건은 어떻게 작성해야 할까요?

8번째 1글자를 추출하면(MID 함수) 1, 2, 3, 4 중 한 개의 값은 무조건 추출될 것입니다. 홀수는 남자, 짝수는 여자죠?
성별을 판단하기 위해 추출한 값의 홀수 여부를 판단하기 위해 ISODD 함수를 함께 사용합니다. 그렇다면 함수 작성 순서는 =IF(ISODD(MID와 같이 작성합니다.

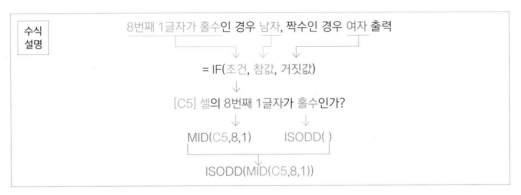

▶ 홀수가 아닌 짝수 여부를 판단하고 싶다면 ISEVEN 함수를 활용하면 됩니다.

하면 된다! } IF, MID, ISODD 함수를 복합적으로 사용하기

✓ 실습 파일 [04-2 텍스트 함수01] 시트

IF, MID, ISODD 함수를 이용해 주민등록번호의 8번째 값을 추출한 뒤 성별을 문자로 출력하는 실습을 해보겠습니다.

1. ❶ 결괏값이 출력될 [E5] 셀에 =IF(ISODD(MID(를 입력합니다. ❷ 값을 추출할 셀인 [C5] 셀을 클릭한 뒤 ❸ ,8,1))를 입력해 MID 함수와 ISODD 함수를 마무리합니다.

E5	▼	fx	=IF(ISODD(MID(		
	A	B	C	D	E	F

	A	B	C	D	E	F
1						
2						
3			LEFT, MID			
4		성명	주민번호	연도	성별	
5		김정희	090516-4110011	09	=IF(ISODD(MID(	강원

4		성명	주민번호	연도	성별	
5		김정희	② 090516-4110011	09	? ③ =IF(ISODD(MID(C5,8,1))	
6		고솔화	720815-1110011	72		경기

2. 조건을 마무리하고 참값, 거짓값을 입력하기 위해 ❶ ,(쉼표)를 입력하고 ❷ 참값 "남자"를 입력한 뒤 ❸ ,(쉼표)를 입력하고 ❹ ,(쉼표) 조건에 만족하지 않을 경우 출력할 값 "여자"를 입력하고 ❺)를 입력해 IF 함수를 마무리합니다

3. Enter 를 눌러 수식을 적용한 뒤 [체크](또는 Ctrl + Enter)를 클릭해 나머지 셀을 채워주세요.

3		LEFT, MID				
4	성명	주민번호	연도	성별		주소
5	김정희	090516-4110011	09	여자		강원도 영월군 주천면 평창강로 !
6	고솔화	720815-1110011	72	남자		경기도 남양주시 화도읍 북한강.
7	제갈공	840106-2110012	84	여자		
8	김지원	831026-2110013	83	여자	자동 완성 ⋮	
9	선우현	750224-1110012	75	남자	자동 완성 제안사항	
10	지수	900330-2110014	90	여자	Ctrl+Enter 키를 눌러 자동 완성하세 요. 수식 표시	
11	이동혁	471012-1110015	47	남자		
12	김현조	560803-2110016	56	여자	✓ ✕	
13	정미주	170215-3110016	17	남자		경기도 용인시 기흥구 마북동 9

불필요한 공백 제거 후 단어 추출하기

실무에서 텍스트 함수를 사용할 때 추출하려는 단어의 길이가 일정하지 않아 어려움을 겪는 경우가 많습니다. 이번 실습에서는 이러한 문제를 해결하기 위해 다양한 길이의 텍스트를 추출하는 방법에 대해 학습해 보겠습니다.

실습 데이터의 주소 중에서 시/군/도만 추출하려 합니다. 이때 '강원도', '부산광역시', '전라북도'처럼 추출할 문자수가 일정하지 않습니다. 하지만 생각해 보면 모든 시/도는 첫 번째 빈칸 앞의 단어죠? 빈칸의 위치 값을 찾은 뒤 '−1'을 해주면 단어의 개수와 상관없이 추출이 가능할 것 같습니다.

하지만 변수가 있습니다. 바로 정리되지 않은 데이터죠. 다음 예시를 보면 주소의 맨 앞에 불필요한 사이 띄우기가 되어 있어 첫 번째 공백이라는 규칙을 적용하면 우리가 원하는 결과물을 얻을 수 없습니다.

▶ 인터넷에서 다운받은 자료의 경우 일반적인 사이 띄우기가 아닌 감춰진 공백이 있을 수 있습니다. 그런 경우 [찾아 바꾸기]를 활용해야 합니다.

그렇다면 이 실습은 다음 순서로 진행됩니다.

불필요한 사이 띄우기 지우기 → 공백 위치 값 찾기 → 위치 값만큼 추출하기

이 작업을 하기 위해 필요한 함수를 먼저 살펴볼까요?

사용할 함수	간단 설명
=TRIM(문자열)	문자열에서 앞, 뒤, 반복 공백 등 불필요한 공백을 삭제합니다.
=LEFT(문자열, K)	문자열의 왼쪽에서부터 K(입력한 숫자)만큼 추출합니다.
=FIND(검색값, 원본값, [시작 위치])	• 원본값에서 검색값이 처음으로 발견된 위치를 숫자로 돌려줍니다. • 대소문자를 구분합니다. • 찾고 있는 값이 발견되지 않으면 #VALUE! 오류가 반환됩니다. • [ ] 괄호 안의 내용은 선택 사항입니다.

하면 된다! } TRIM, LEFT, FIND 함수 사용하기

✓ 실습 파일 [04-2 텍스트 함수01] 시트

TRIM 함수로 공백 제거하기

1. 불필요한 공백을 제거하기 위해 ❶ [H5] 셀에 셀 포인터를 두고 =TR을 입력한 뒤 ❷ Tab 을 눌러 TRIM 함수를 호출합니다. ❸ 공백을 제거할 [G5] 셀을 클릭하고)를 입력해 수식을 마무리합니다.

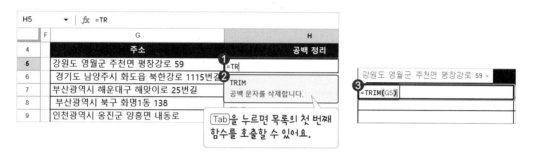

2. Enter 를 누른 뒤 Ctrl + Enter 를 눌러 나머지 셀에 수식을 채우세요. 데이터의 불필요한 공백이 제거되었습니다.

	주소	공백 정리
5	강원도 영월군 주천면 평창강로 59	강원도 영월군 주천면 평창강로 59
6	경기도 남양주시 화도읍 북한강로 1115번길	경기도 남양주시 화도읍 북한강로 1115번길
7	부산광역시 해운대구 해맞이로 25번길	부산광역시 해운대구 해맞이로 25번길
8	부산광역시 북구 화명1동 138	부산광역시 북구 화명1동 138
9	인천광역시 옹진군 양흥면 내동로	인천광역시 옹진군 양흥면 내동로
10	경상남도 거창군 거창읍 중앙리 23	경상남도 거창군 거창읍 중앙리 23
11	대구광역시 서구 내당4동 245	대구광역시 서구 내당4동 245
12	울산광역시 중구 복산2동 470	울산광역시 중구 복산2동 470
13	경기도 용인시 기흥구 마북동 9	경기도 용인시 기흥구 마북동 9
14	대전광역시 동구 성남동 120	대전광역시 동구 성남동 120
15	전라북도 전주시 덕진구 금안1동 25	전라북도 전주시 덕진구 금안1동 25

FIND 함수로 위치 값 찾기

LEFT 함수는 왼쪽에서부터 K만큼 값을 추출해 오는 함수입니다. 이번 실습의 포인트는 K 인수에 사용할 숫자가 일정하지 않다는 점입니다. 하지만 첫 번째 공백 앞이라는 규칙을 우리 가 발견했죠? 이럴 때 특정 문자의 위치 값을 숫자로 변환해 주는 FIND 함수를 LEFT 함수 의 인수로 활용하면 됩니다.

3. ❶ 값을 추출할 [I5] 셀에 =FI를 입력한 뒤 Tab을 눌러 FIND 함수를 호출합니다.

  ❷ " "(검색할 값) → , (쉼표) 입력 → [H5] 셀 클릭 →)를 입력해 수식을 마무리합니다.

  아직 수식이 완성되지 않았으므로 ❸ [자동 완성 제안사항]에서 X를 눌러 거부합니다.

  [H5] 셀의 첫 번째 공백의 위치인 4가 출력되었습니다.

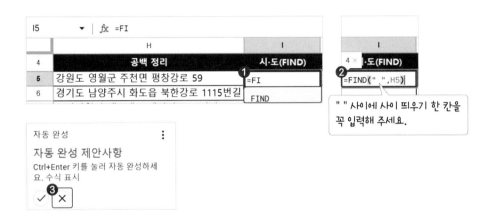

4. [H5] 셀에서 추출할 글자수(3)는 첫 번째 공백의 위치값(4)보다 1이 작죠? [I4] 셀을 클릭
  한 뒤 [수식 입력줄]에서 가장 마지막 위치에 -1을 입력합니다.

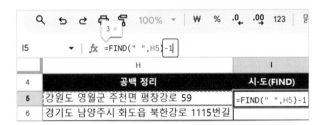

LEFT 함수로 추출하기

5. 문자 추출을 하기 위해 ❶ FIND 앞에 LEFT(를 입력해 함수를 호출한 뒤 [H5] 셀을 클릭하고
  ,(쉼표)와 수식의 마지막 부분에)를 입력해 LEFT 함수를 마무리합니다. ❷ Enter 를 누른
  뒤 [I5] 셀을 클릭하고 [채우기 핸들]을 더블클릭해 나머지 값을 완성해 보세요.

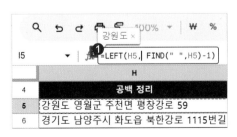

▶ [H] 열의 공백 정리까지 한번에 해결하
고 싶다면 =LEFT(TRIM(G5), FIND(" ",
TRIM(G5))-1)처럼 첫 번째 인수의 셀 주
소 앞에 TRIM 함수를 추가하면 됩니다.

특정 조건에 만족하는 단어 찾고 추출하기

이번에는 '광역시'만 추출해 보겠습니다. 원본 데이터에 '광역시'라는 단어가 포함되어 있을 경우 광역시를 추출하고, 그렇지 않으면 빈칸으로 처리하는 것이 목적입니다. 작업에 필요한 함수를 먼저 살펴볼까요?

사용할 함수	간단 설명
=IF(논리 표현식, TRUE 값, FALSE 값)	논리 표현식(조건)에 만족할 경우 TRUE 값(참값)을 출력하고, 그렇지 않으면 FALSE 값(거짓값)을 출력합니다.
=ISERROR(값)	값이 오류이면 무조건 TRUE를 반환합니다.
=LEFT(문자열, K)	문자열의 왼쪽에서부터 K(입력한 숫자)만큼 추출합니다.
=SEARCH(검색값, 원본값, [시작 위치])	• 원본값에서 검색값이 처음으로 발견된 위치를 숫자로 돌려줍니다. 값을 검색하는 방식은 왼쪽 → 오른쪽 방향입니다. • 대소문자를 구분하지 않습니다. • 와일드카드(*, ?)를 사용할 수 있습니다. • 찾고 있는 값이 발견되지 않으면 #VALUE! 오류가 반환됩니다. • [ ] 괄호 안의 내용은 선택 사항입니다.

이번 실습에서 사용할 함수는 SEARCH 함수입니다. FIND 함수가 아닌 SEARCH 함수를 사용하는 이유는 '일부 일치' 항목을 와일드카드(?,*)를 이용하여 검색할 수 있다는 특징 때문입니다. SEARCH 함수와 FIND 함수는 사용법은 동일하지만 SEARCH 함수는 대소문자 구분 없이 와일드카드(?,*)를 이용할 수 있으며, FIND 함수는 대소문자를 구별하여 찾아야 하는 차이점이 있습니다.

▶ 찾는 값이 존재하지 않을 경우 FIND 함수와 SEARCH 함수 모두 #VALUE! 오류가 출력됩니다.

💡 알아 두면 좋아요 와일드카드란?

와일드카드는 특정 텍스트를 찾을 때 모든 것이나 하나의 문자를 대신할 수 있는 기호입니다. 예를 들어 *는 여러 글자를 대체할 수 있고, ?는 하나의 문자만 대체합니다. 이런 기호를 사용해서 이름이나 제품 목록에서 부분적으로 일치하는 항목을 쉽게 찾을 수 있습니다.

종류	간단 설명	예시	의미
*	모든 문자	김*	김으로 시작하는 모든 문자
		*A	A로 끝나는 모든 문자
?	한 개의 문자	김??	김으로 시작하는 세 글자
		??A?	세 번째 글자가 A인 네 글자

사용할 수식을 정리하면 다음과 같습니다.

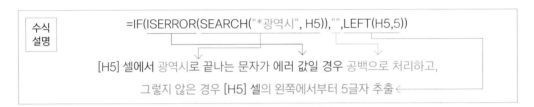

| 수식 설명 | =IF(ISERROR(SEARCH("*광역시", H5)),"",LEFT(H5,5)) |

[H5] 셀에서 광역시로 끝나는 문자가 에러 값일 경우 공백으로 처리하고,

그렇지 않은 경우 [H5] 셀의 왼쪽에서부터 5글자 추출

하면 된다! ⟩ SEARCH, ISERROR 함수 사용하기

✓ 실습 파일 [04-2 텍스트 함수01] 시트

SEARCH 함수로 문자열 검색하기

1. '광역시'로 끝나는 문자열을 검색하기 위해 ❶ [J5] 셀에 =SEA를 입력한 뒤 `Tab`을 눌러 함수를 호출합니다. ❷ 검색할 값 "*광역시"와 ,(쉼표)를 입력한 뒤 [H5] 셀을 클릭하고)를 입력해 함수를 마무리합니다.

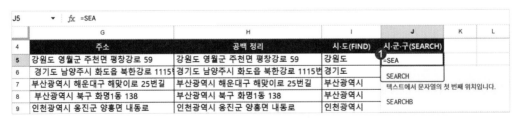

2. Enter를 누른 다음 수식이 완성되지 않았으므로 [자동 완성 제안사항]에서 X를 눌러 거부합니다.

	H	I	J	K	L	M	N
4	공백 정리	시·도(FIND)	광역시(SEARCH)				
5	강원도 영월군 주천면 평창강로 59	강원도	#VALUE!				
6	경기도 남양주시 화도읍 북한강로 1115번길	경기도					
7	부산광역시 해운대구 해운대로 35번길	부산광역시	1				
8	부산광역시	1					
9	인천광역	1					
10	경상남도	1					
11	대구광역	1					
12	울산광역시 ...구 북근2동 470	울산광역시	1				

> 1은 광역시로 끝나는 단어가 첫 번째에 위치하고 있다는 말이 아닌, 그 단어가 문장에 포함되었다는 의미입니다. 189쪽의 '알아 두면 좋아요'에서 자세한 내용을 확인해 보세요.

> 자동 완성
> 자동 완성 제안사항
> Ctrl+Enter 키를 눌러 자동 완성하세요. 수식 표시
> ✓ ✕

3. [H5] 셀에는 '광역시'라는 단어가 없으므로 #VALUE! 오류가 나타납니다. 오류가 나타날 경우 빈칸으로 처리하고, 단어를 포함하고 있을 경우 '광역시'를 추출하기 위해 IF, ISERROR, LEFT 함수를 함께 사용해 처리해 보겠습니다.

	H	I	J	K
4	공백 정리	시·도(FIND)	광역시(SEARCH)	
5	강원도 영월군 주천면 평창강로 59	강원도	#VALUE!	
6	경기도 남양주시 화도읍 북한강로 1115번길	경기도		

ISERROR 함수로 오류 확인하기

4. SEARCH 함수의 값이 오류인지 확인하기 위해 ❶ 가장 앞에 ISERROR(를 추가하고 ❷ 마지막 위치에)를 입력해 ISERROR 함수를 마무리합니다.

> ERROR 값이 맞다는 의미의 TRUE가 팝업됩니다.

TRUE ✕

❶ =ISERROR(SEARCH("*광역시",H5)❷)

	H	I	J	K	L
4	공백 정리	시·도(FIND)	광역시(SEARCH)		
5	강원도 영월군 주천면 평창강로 59	강원도	=ISERROR(SEARCH("*광역시",H5))		

5. ERROR가 TRUE인 경우 빈칸으로 출력하기 위해 ❶ 가장 앞에 IF(를 추가하고 ❷ 마지막 위치에 참값 인수를 넣기 위해 ,(쉼표)와 " "(빈칸)을 입력합니다.

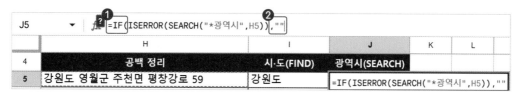

J5 ❶ =IF(ISERROR(SEARCH("*광역시",H5))❷,""

	H	I	J	K	L
4	공백 정리	시·도(FIND)	광역시(SEARCH)		
5	강원도 영월군 주천면 평창강로 59	강원도	=IF(ISERROR(SEARCH("*광역시",H5)),""		

6. 오류가 아닌 경우 '광역시'를 포함한 단어를 출력하면 되겠죠? 마지막 위치에 ,(쉼표)와 LEFT(를 입력한 뒤 [H5] 셀을 클릭하고 5를 입력한 다음, LEFT 함수의 닫는 괄호) 와 IF 함수의 닫는 괄호) 를 차례로 입력해 함수를 마무리합니다.

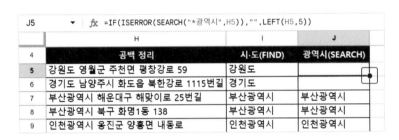

| J5 | ▼ | ƒx =IF(ISERROR(SEARCH("*광역시",H5)),"",LEFT(H5,5)) | | | | | |

	H		I ▼	J	K	L	M	N
4	공백 정리		시·도(FIND)	광역시(SEARCH)				
5	강원도 영월군 주천면 평창강로 59		강원도	=IF(ISERROR(SEARCH("*광역시",H5)),"",LEFT(H5,5))				
6	경기도 남양주시 화도읍 북한강로 1115번길		경기도					

> 광역시가 5글자가 아닌 경우 FIND 함수나 SEARCH 함수를 이용해 첫 번째 공백 앞의 단어를 추출하면 되겠죠?

7. Enter 를 누른 뒤 [J5] 셀을 다시 클릭하고 [채우기 핸들]을 더블클릭해 나머지 값들을 채워보세요.

| J5 | ▼ | ƒx =IF(ISERROR(SEARCH("*광역시",H5)),"",LEFT(H5,5)) |

	H	I	J
4	공백 정리	시·도(FIND)	광역시(SEARCH)
5	강원도 영월군 주천면 평창강로 59	강원도	
6	경기도 남양주시 화도읍 북한강로 1115번길	경기도	
7	부산광역시 해운대구 해맞이로 25번길	부산광역시	부산광역시
8	부산광역시 북구 화명1동 138	부산광역시	부산광역시
9	인천광역시 옹진군 양흥면 내동로	인천광역시	인천광역시

▶ 연습을 위해 검색할 문자열을 "*광역시"로 입력하였으나 현재 데이터는 "광역시"만으로도 검색할 수 있습니다.

💡 **알아 두면 좋아요 SEARCH 함수를 사용할 때 주의할 점**

다음 예제 중 '*도'의 위치 값을 찾는다면 결괏값이 어떻게 나와야 할까요? 찾고 싶은 위치는 '포도'의 위치값인 '4'였지만 결괏값은 '1'이 나왔습니다. '*기', '*박', '*나'를 해도 결괏값은 모두 '1'이 나오게 됩니다. 이는 SEARCH 함수의 특징 때문인데, 기본적으로 왼쪽 → 오른쪽으로 단어를 검색하는 특징과 '*도' 조건이 맞물려 생긴 현상입니다.

스프레드시트의 입장에서 '*도'는 글자수에 상관없이 도로 끝나는 문자열을 찾으라는 조건이므로 '딸기 포도'를 찾아 해당 문자열의 시작 위치값인 '1'을 반환하게 되는 것입니다.

SEARCH 함수에서 와일드카드(*)를 사용할 때 단어의 시작 위치 값을 정확하게 알고 싶다면 **~로 끝나는**이 아닌 **~로 시작하는** '포*'와 같은 형식을 사용해야 합니다. 또는 '?도'처럼 단어의 글자수를 정확하게 지정하면 됩니다.

	A	B	C	D	E
1					
2		값			
3		딸기 포도 수박 바나나			
4					
5		의미	함수	결과	찾은단어
6		'도'로 끝나는 문자열 위치	=SEARCH("*도",B3)	1	딸기 포도
7		'포'로 시작하는 문자열 위치	=SEARCH("포*",B3)	4	포도
8		'도'로 끝나는 2글자의 위치	=SEARCH("?도",B3)	4	포도
9					

텍스트 치환하기

실습 데이터의 성명이 '지수'인 경우 '지*', '김정희'는 '김*희', '제갈선호'는 '제**호'처럼 성명의 일부를 가려 개인정보를 보호하고자 합니다. 즉 성명이 두세 글자일 때는 두 번째 글자가, 네 글자인 경우에는 두세 번째 글자가 가려지게 만들어야 합니다.

이 작업을 하기 위해 알아 둘 함수를 먼저 살펴볼까요?

사용할 함수	간단 설명
=IF(논리 표현식, TRUE 값, FALSE 값)	논리 표현식(조건)에 만족할 경우 TRUE 값(참값)을 출력하고, 그렇지 않으면 FALSE 값(거짓값)을 출력합니다.
=LEN(문자열)	문자열의 총 길이 값을 숫자로 반환합니다.
=REPLACE(원본 문자열, 위치, 길이, 새 문자열)	원본 문자열의 특정 위치에서 지정한 길이의 글자수만큼 새 문자열로 치환합니다.

우선 REPLACE 함수 사용법을 익힌 뒤, IF 함수와 LEN 함수를 이용해 글자수에 따른 마스킹 처리 방법을 알아보겠습니다.

완성된 수식을 정리하면 다음과 같습니다.

수식 설명	=IF(LEN(B4)<=3,REPLACE(B4,2,1,"*"),REPLACE(B4,2,2,"**"))

[B4]의 글자수가 3글자 이하인 경우 [B4]의 2번째부터 1글자를 *로 치환하고,
그렇지 않은 경우 [B4]의 2번째부터 2글자를 **로 치환

하면 된다! } REPLACE, LEN 함수 사용하기

✓ 실습 파일 [04-2 텍스트 함수02] 시트

REPLACE 함수로 텍스트 치환하기

1. ❶ [C4] 셀에 =REP를 입력한 뒤 REPLACE 함수를 선택해 호출합니다. ❷ 원본 텍스트
   [B4] 셀 클릭 → ,(쉼표) 입력 → 치환을 시작할 위치 값 2 입력 → ,(쉼표) 입력 → 변경할
   글자수 1 입력 → ,(쉼표) 입력 → 대체할 텍스트 "*" 입력 →) 괄호를 입력해 함수를 마무
   리하고 Enter 를 눌러주세요.

2. 아직 수식이 완성되지 않았으므로 [자동 완성 제안사항]에서 X를 눌러 거부합니다. 4글자
   를 제외한 나머지 값들은 원하는 형태로 마스킹 처리되는 것을 확인할 수 있습니다. 그럼
   이제 글자수에 따라 결괏값이 달라지도록 조건을 작성해야겠죠?

	B	C	D	E	
	성명	성명		고객정보	데이
4	김정희	김*희		김정희 VIP	
5	고솔화	고*화		고솔화 SILVER	
6	제갈선호	제*선호			
7	김지원	김*원	자동 완성 ⋮		
8	선우현	선*현	자동 완성 제안사항 Ctrl+Enter 키를 눌러 자동 완성하세 요. 수식 표시		
9	지수	지*	✓ ✗		

3. 작성한 수식을 활용하기 위해 ❶ [C4] 셀을 클릭하고 ❷ [수식 입력줄]에서 등호는 제외하
   고 범위를 지정한 뒤 Ctrl + C 를 눌러줍니다.

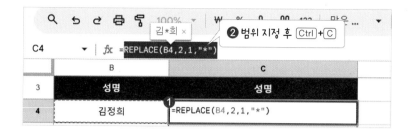

LEN 함수로 조건 추가하기

4. ❶ 수식의 가장 앞을 클릭해 =IF(LEN(를 입력합니다. ❷ 문자열의 길이를 판단할 첫 번째
값이 위치한 [B4] 셀을 클릭한 뒤) 괄호를 닫고 <=3을 입력하고 ,(쉼표)를 입력합니다.

5. 문자열의 길이가 3 이하가 아닌 경우 출력할 값을 입력하기 위해 ❶ 수식의 마지막 위치에
,(쉼표)를 입력한 뒤 Ctrl+V를 눌러 복사했던 수식을 붙여넣습니다. ❷ 길이와 대체 텍
스트를 2, "**"로 변경한 뒤) 괄호를 닫아 함수를 마무리합니다.

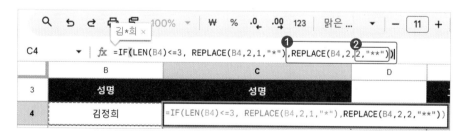

6. `Enter`를 누른 다음 [C4] 셀을 클릭하고 [채우기 핸들]을 이용해 나머지 셀의 값도 채워보세요.

| C4 | ▼ | ƒx | =IF(LEN(B4)<=3, REPLACE(B4,2,1,"*"),REPLACE(B4,2,2,"**")) |

	B	C	D
3	**성명**	**성명**	
4	김정희	김*희	
5	고솔화	고*화	
6	제갈선호	제**호	
7	김지원	김*원	
8	선우현	선*현	
9	지수	지*	
10	이동혁	이*혁	
11	김현조	김*조	
12	정미주	정*주	
13	현도	현*	

한 셀에 줄 바꿈 된 경우 데이터 나누기

다음 실습 데이터의 고객 정보는 한 칸에 성명과 등급을 함께 작성해 고객을 등급별로 관리하거나 성명별로 정렬해 사용할 수 없는 상태입니다.

	E	F	G	H
3	**고객정보**	**데이터 정리**	**성명**	**회원등급**
4	김정희 VIP			
5	고솔화 SILVER			
6	제갈선호 GOLD			
7	김지원 VIP			
8	선우현 SILVER			
9	지수 SILVER			
10	이동혁 GOLD			
11	김현조 VIP			
12	정미주 GOLD			
13	현도 VIP			

고객 정보를 2차 작업이 가능한 데이터가 되도록 SUBSTITUTE, CHAR, SPLIT 함수를 이용해 수정해 보겠습니다. 간단한 함수 설명 후 실습을 진행하겠습니다.

사용할 함수	간단 설명
=CHAR(표_번호)	• 1~255 사이의 숫자값에 해당하는 문자로 반환합니다. • 함수에서 직접 입력하지 못하는 문자를 호출할 때 사용합니다. • 표_번호는 유니코드 표에서 검색할 문자에 해당하는 10진수 숫자입니다. =CHAR(8) → 백 스페이스 =CHAR(10) → 줄 바꿈 =CHAR(35) → # =CHAR(64) → @
= SUBSTITUTE(원본 문자열, 찾을 문자열, 대체 문자열, [발견되는_횟수])	• 문자열에서 기존 문자열을 새 문자열로 대체합니다. • [ ] 괄호 안의 내용은 선택 사항입니다.
= SPLIT(원본 텍스트, 구분자, [구분자 분할 적용 여부], [공백 문자 제거 여부]) SPLIT 함수는 구글 스프레드시트에서만 사용할 수 있어요!	• 문자열을 지정된 문자 또는 문자열을 기준으로 나눠 개별 셀에 배치합니다. • [ ] 괄호 안의 내용은 선택 사항입니다. • [구분자 분할 적용 여부]의 기본값은 TRUE입니다. • 구분자를 "@."으로 적용하였을 경우 "@", ".", "@."처럼 구분자를 분할해 적용하는 방식이 TRUE이고, 정확하게 일치하는 값을 적용하는 방식은 FALSE입니다. • [공백 문자 제거 여부]는 빈 셀도 화면에 표시할지 여부를 말합니다. TRUE인 경우 표시하지 않고, FALSE인 경우 표시합니다.

하면 된다! } SUBSTITUTE, CHAR, SPLIT 함수 사용하기

✓ 실습 파일 [04-2 텍스트 함수02] 시트

SUBSTITUTE, CHAR 함수로 데이터 정리하기

1. 먼저 줄 바꿈 되어 있는 데이터를 한 줄로 처리해 보겠습니다.

[F4] 셀에 =SUB를 입력한 뒤 SUBSTITUTE를 클릭해 함수를 호출합니다.

2. 원본 텍스트인 [E4] 셀 클릭 → ,(쉼표) 입력 → 찾을 문자열인 줄 바꿈을 호출하기 위해
   CHAR(10) 입력 → ,(쉼표) 입력 → 바꿀 문자열인 " "(공백) 입력 →) 괄호를 닫아 함수를
   마무리하고 Enter 를 누릅니다.

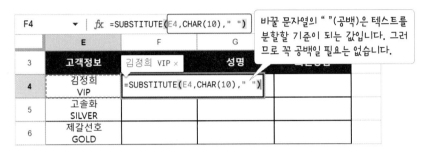

바꿀 문자열의 " "(공백)은 텍스트를
분할할 기준이 되는 값입니다. 그러
므로 꼭 공백일 필요는 없습니다.

3. Ctrl + Enter 를 누르거나 [자동 완성 제안사항]에서 [체크]를 클릭해 나머지 셀을 채워주
   세요. 줄 바꿈으로 작성된 고객 정보가 한 줄로 수정됩니다.

	E	F	G	H	I	J	K
3	고객정보	데이터 정리	성명	회원등급			
4	김정희 VIP	김정희 VIP					
5	고솔화 SILVER	고솔화 SILVER					
6	제갈선호 GOLD	제갈선호 GOLD					
7	김지원 VIP	김지원 VIP					
8	선우현 SILVER	선우현 SILVER					
9	지수 SILVER	지수 SILVER					
10	이동혁 GOLD	이동혁 GOLD					

자동 완성   ⋮
자동 완성 제안사항
Ctrl+Enter 키를 눌러 자동 완성하세
요. 수식 표시
[✓] ✕

SPLIT 함수로 텍스트 분할하기

4. 이제 성명과 회원 등급으로 각각 분할해 볼까요?

   [G4] 셀에 =SP를 입력한 뒤 SPLIT를 클릭해 SPLIT 함수를 호출합니다.

G4   ▾   fx   =sp

	E	F	G	H
3	고객정보	데이터 정리	성명	회원등급
4	김정희 VIP	김정희 VIP	=sp	
5	고솔화 SILVER	고솔화 SILVER		
6	제갈선호 GOLD	제갈선호 GOLD		

SPLIT
특정 문자 구분자로 텍스트를 분할합니다.

SPARKLINE

5. 원본으로 사용할 텍스트 [F4] 셀 클릭 → ,(쉼표) 입력 → 구분자 " "(공백) 입력 →) 괄호를 닫아 함수를 마무리하고 [Enter]를 눌러 수식 작성을 마칩니다.

G4	▼	_fx_ =SPLIT(F4," ")		
	E	**F** ▼	G	H
3	고객정보	데이터 정리	성명	회원등급
4	김정희 VIP	김정희 VIP	=SPLIT(F4," ")	

6. [G4] 셀을 클릭하고 [채우기 핸들]을 드래그해 나머지 셀들의 값을 채워주세요.

G4	▼	_fx_ =SPLIT(F4," ")			
	E	F	**G**	H	I	J
3	고객정보	데이터 정리	성명	회원등급		
4	김정희 VIP	김정희 VIP	김정희	VIP		
5	고솔화 SILVER	고솔화 SILVER	고솔화	SILVER		
6	제갈선호 GOLD	제갈선호 GOLD	제갈선호	GOLD		
7	김지원 VIP	김지원 VIP	김지원	VIP		
8	선우현 SILVER	선우현 SILVER	선우현	SILVER		
9	지수 SILVER	지수 SILVER	지수	SILVER		
10	이동혁 GOLD	이동혁 GOLD	이동혁	GOLD		
11	김현조 VIP	김현조 VIP	김현조	VIP		
12	정미주 GOLD	정미주 GOLD	정미주	GOLD		

💡 **알아 두면 좋아요** 데이터 나누기 기능을 사용해도 되지 않나요?

현재 데이터는 [데이터] → [텍스트를 열로 분할] 기능으로 대체 가능하지만, 구분자가 다양할 경우에는 SPLIT 함수를 쓰는 것이 더 유리합니다.

> 구분자 분할 적용이 생략되어 있으므로 TRUE 상태입니다.
> 구분할 수 있는 구분자는 3가지(@, . , @.)가 됩니다.

> 구분자 분할 적용이 false입니다.
> "@."과 정확하게 일치하는 값만 구분해 나열합니다.

	A	B			F
1					
2		=SPLIT(B3,"@.")	아이디	회사명	
3		spread@gmail.c			
4		pread@.naver.c			
5					
6		=SPLIT(B7,"@.",false)	아이디	회사명	
7		spread@gmail.com	spread@gmail.com		
8		pread@.naver.com	pread	naver.com	
9					

줄 바꿈 삭제하기

줄 바꿈만 삭제하고 싶다면 SUBSTITUTE, CHAR 함수보다 CLEAN 함수가 훨씬 간단합니다. 다만 CHAR 함수와는 달리 CLEAN 함수는 인쇄할 수 없는 ASCII 문자만 삭제할 수 있다는 차이점이 있습니다.

사용할 함수	간단 설명
= CLEAN(문자열)	문자열에서 인쇄할 수 없는 ASCII 문자(0번에서 31번까지)만 삭제합니다. ASCII에 포함되지 않은 인쇄 불가능한 유니코드 문자는 삭제되지 않습니다.
= SPLIT(원본 텍스트, 구분자, [구분자 분할 적용 여부], [공백 문자 제거 여부]) SPLIT 함수는 구글 스프레드시트만 사용할 수 있어요!	• 문자열을 지정된 문자 또는 문자열을 기준으로 나눠 개별 셀에 배치합니다. • [ ] 괄호 안의 내용은 선택 사항입니다. • [구분자 분할 적용 여부]의 기본값은 TRUE입니다. • 구분자를 "@."으로 적용하였을 경우 "@", ".", "@."처럼 구분자를 분할해 적용하는 방식이 TRUE이고, 정확하게 일치하는 값을 적용하는 방식은 FALSE입니다. • [공백 문자 제거 여부]는 빈 셀도 화면에 표시할지 여부를 말합니다. TRUE인 경우 표시하지 않고, FALSE인 경우 표시합니다.

☀ 알아 두면 좋아요 ASCII 문자란?

인쇄할 수 없는 ASCII 문자는 화면에 보이지 않는 특별한 컴퓨터 명령들을 말합니다. 이 문자들은 엑셀 같은 프로그램에서 텍스트를 어떻게 보여줄지, 어디에서 줄을 바꿀지 결정하는 데 사용됩니다. 이런 문자들은 일반적으로 텍스트와 함께 표시되지 않기 때문에 보이지 않지만, 컴퓨터는 이를 통해 텍스트를 적절한 위치에 배치하거나 특정 작업을 수행합니다.

김정희
VIP
고솔화
SILVER

셀 안에 아무것도 보이지 않고 줄 바꿈이 되어 있지만, 시스템적으로는 '줄 바꿈 문자'가 입력되어 표시된 것입니다.

이런 제어 문자는 엑셀에서 직접 보이거나 사용하지는 않지만, 텍스트 파일을 다루거나 다른 프로그램으로 데이터를 이동할 때 중요한 역할을 할 수 있습니다.

하면 된다! } CLEAN 함수 사용하기

✓ 실습 파일 [04-2 텍스트 함수02] 시트

1. 줄 바꿈을 삭제하기 위해 ❶ [C22] 셀에 =CL을 입력한 뒤 (Tab)을 클릭해 CLEAN 함수를 호출합니다. ❷ 원본값 [B22] 셀을 클릭하고) 괄호를 닫은 뒤 (Enter)를 눌러주세요.

2. (Ctrl)+(Enter)를 누르거나 [자동 완성 제안사항]에서 [체크]를 클릭해 나머지 셀들의 값을 채워줍니다.

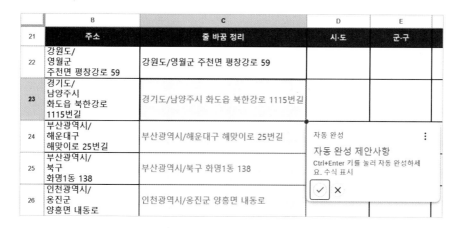

주소를 구분하는 구분자가 2가지 타입입니다. [텍스트를 열로 분할]로는 번거로울 것 같으니 SPLIT 함수를 사용하겠습니다.

3. ❶ [D22] 셀에 =SP를 입력한 뒤 `Tab`을 눌러 SPLIT 함수를 호출합니다.

   ❷ 분할할 원본값 [C22] 셀 클릭 → ,(쉼표) 입력 → 구분자 슬래시와 공백을 "/ "와 같이 입력 →) 괄호를 닫고 `Enter`를 누릅니다.

   ❸ [채우기 핸들]을 이용해 나머지 셀들을 채워주세요.

D22	▼	ƒx	=SP		
	B		C	D	E
21	주소		줄 바꿈 정리	시·도	군·구
22	강원도/ 영월군 주천면 평창강로 59		강원도/영월군 주천면 평창강로 59	❶=SP SPLIT 특정 문자 구분자로 텍스트를 분할합니다.	
	경기도/				

❷

D22	▼	ƒx	=SPLIT(C22,"/ ")		
	B		C	D	E
21	주소		줄 바꿈 정리	시·도	군·구
22	강원도/ 영월군 주천면 평창강로 59		강원도/영월군 주천면 평창강로 59	=SPLIT(C22,"/ ")	

D22	▼	ƒx	=SPLIT(C22,"/ ")					
	B	C		D	E	F	G	H
21	주소	줄 바꿈 정리		시·도	군·구		상세주소	
22	강원도/ 영월군 주천면 평창강로 59	강원도/영월군 주천면 평창강로 59		강원도	❸영월군	주천면	평창강로	59
23	경기도/ 남양주시 화도읍 북한강로 1115번길	경기도/남양주시 화도읍 북한강로 1115번길		경기도	남양주시	화도읍	북한강로	1115번길
24	부산광역시/ 해운대구 해맞이로 25번길	부산광역시/해운대구 해맞이로 25번길		부산광역시	해운대구	해맞이로	25번길	
25	부산광역시/ 북구 화명1동 138	부산광역시/북구 화명1동 138		부산광역시	북구	화명1동	138	
26	인천광역시/ 옹진군 양흥면 내동로	인천광역시/옹진군 양흥면 내동로		인천광역시	옹진군	양흥면	내동로	
27								

날짜 함수 활용하기

동영상 강의

날짜 계산하기

일정 관리, 기록 유지, 입출고 기록 등 날짜와 관련된 작업을 수행할 때, 구글 스프레드시트의 날짜 기능과 함수를 활용하면 훨씬 더 간편하게 입력하고 신속하게 계산할 수 있습니다. 이번 절에서는 실수 없이 날짜를 입력할 수 있는 방법과, 주요 날짜 함수를 활용하여 날짜 관련 작업을 효율적으로 수행하는 방법에 대해 학습해 보겠습니다.

하면 된다! 〉 날짜 입력 방법 3가지

✓ 실습 파일 새 스프레드시트

데이터 입력 규칙에서 날짜의 입력 방식은 .(온점)으로 구분하거나 -(하이픈)으로 구분하여 입력한다고 배웠죠? 하지만 막상 날짜를 입력하다 보면 숫자와 특수 문자를 번갈아 가며 입력해야 하기 때문에 스프레드시트가 익숙하지 않은 사용자는 실수를 하곤 합니다. 날짜 관련 함수 실습 전에 실수를 줄일 수 있는 현재 날짜를 입력하는 방법에 대해 간단하게 살펴보겠습니다. 아주 간단한 실습이니 새 스프레드시트에서 진행해 보세요!

@로 날짜 호출해 날짜 입력하기

1. ❶ [B2] 셀에 @를 입력한 뒤 ❷ 날짜 선택 도구 메뉴에서 오늘 날짜를 선택합니다.

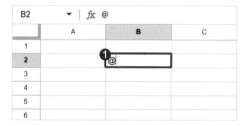
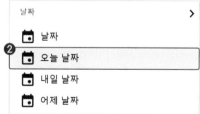

단축키 사용해 날짜 입력하기

2. [B3] 셀에서 `Ctrl`+`;`을 눌러 오늘 날짜를 입력한 뒤 `Enter`를 누릅니다.

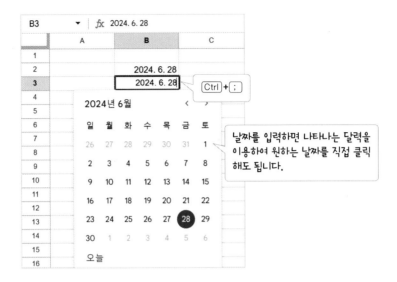

TODAY 함수 사용해 날짜 입력하기

3. [B4] 셀에 =TODAY()를 입력한 뒤 `Enter`를 누릅니다.

B4	▼	*fx* =TODAY()
	A	**B**
1		
2		2024. 6. 28
3		2024-06-28 × 8
4		=TODAY()

💡 **알아 두면 좋아요 날짜가 고정되어야 한다면?**

TODAY 함수는 시스템의 현재 날짜를 반영하여 값을 반환하는 함수입니다. 따라서 입고일, 입사일과 같

이 날짜 값이 변경되면 안 되는 경우에는 TODAY 함수를 사용하는 것이 아닌 직접 날짜를 입력하거나, 실습과 같이 @ 기호를 이용하여 날짜 선택 도구를 활용하거나, `Ctrl`+`;`을 이용하여 날짜를 입력해야 합니다.

	A	B	C	D
1		**결과**	**입력방식**	**차이점**
2		2024. 6. 28	@기호 사용	고정
3		2024. 6. 28	CTRL+;	고정
4		2024-06-29	=TODAY()	유동

하면 된다! ﹜ TODAY, YEAR, MONTH, EDATE 함수 사용하기

✓ 실습 파일 [04-3 날짜 함수] 시트

날짜 함수는 다른 함수보다 인수가 간단하여 익히기 쉬운 함수입니다. 날짜를 입력하는 방식이 익숙해졌으니 이제 날짜 관련 함수를 사용해 볼까요?

사용할 함수	간단 설명
=TODAY()	현재 날짜를 날짜 값으로 반환합니다.
=NOW()	현재 날짜 및 시간을 날짜 값으로 반환합니다.
=YEAR(날짜)	주어진 날짜의 연도를 반환합니다.
=MONTH(날짜)	특정 날짜의 월(month)을 숫자 형식으로 반환합니다.
=DAY(날짜)	특정 날짜의 일(day)을 숫자 형식으로 반환합니다.
=EDATE(시작일, [개월수])	주어진 날짜의 특정 개월 전후 날짜를 반환합니다.
=EOMONTH(시작일, 개월수)	지정된 날짜의 특정 개월 전후 월의 마지막 날의 날짜를 반환합니다.

1. [04-3 날짜 함수] 시트로 이동하여 [B4] 셀에 =TODAY()를 입력한 뒤 Enter를 눌러 현재 날짜를 입력합니다.

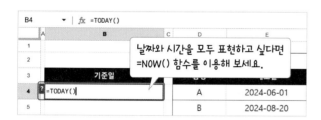

2. [E4] 셀에 입력된 날짜에서 제조 연도를 추출하기 위해 ❶ [F4] 셀에 셀 포인터를 두고 =YEAR(를 입력합니다. ❷ 인수로 사용할 날짜인 [E4] 셀을 클릭한 뒤) 괄호를 닫고 Enter를 누릅니다.

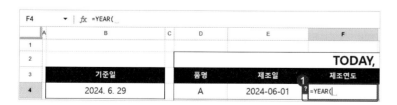

3. [채우기 핸들]을 이용하여 [F9] 셀까지 값을 채워보세요.

4. 함수명만 다를 뿐 월을 추출하는 방식도 동일합니다. [G4] 셀에 셀 포인터를 두고 =MONTH(입력 → [E4] 셀 클릭 →) 괄호를 닫고 Enter 를 눌러줍니다.

5. [자동 완성 제안사항]에서 [체크]를 클릭하거나 Ctrl + Enter 를 눌러 나머지 값을 채워보세요. 만약 박스가 나타나지 않는다면 [채우기 핸들]을 이용하면 되겠죠?

[E4:E9] 셀 범위에서 일자를 추출해 보세요.

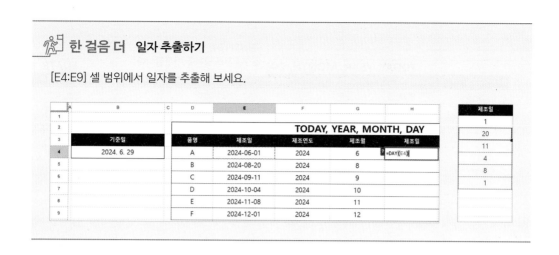

6. 제조일에서부터 1년이 지난 날짜는 어떻게 구해야 할까요? 매우 간단합니다. 많이 사용하는 방법은 2가지입니다. 함수 없이 구해볼까요? [I4] 셀에 셀 포인터를 두고 =E4+365를 입력한 뒤 Enter 를 누릅니다.

7. 함수를 이용하는 방법도 있습니다. [L4] 셀에 셀 포인터를 두고 =EDATE(입력 → [E4] 셀 클릭 → ,(쉼표) 입력 → 12 입력 →)를 입력하고 Enter 를 누릅니다.

여기서 12는 12개월을 의미합니다.

8. [채우기 핸들]을 이용하여 [L9] 셀까지 값을 채워주세요.

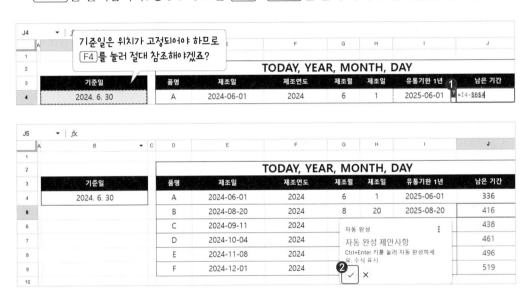

제조일	제조연도	제조월	제조일	유통기한 1년	남은 기간	유통기한(월)
2024-06-01	2024	6	1	2025-06-01		2025. 6. 1
2024-08-20	2024	8	20	2025-08-20		2025. 8. 20
2024-09-11	2024	9	11	2025-09-11		2025. 9. 11
2024-10-04	2024	10	4	2025-10-04		2025. 10. 4
2024-11-08	2024	11	8	2025-11-08		2025. 11. 8
2024-12-01	2024	12	1	2025-12-01		2025. 12. 1

> =EDATE(E4, -12)를 입력하면 12개월 전, 즉 1년 전의 날짜를 반환합니다.

9. 유통기한까지 남은 기간을 구해볼까요? ❶ [J4] 셀에 =I4-$B$4와 같이 수식을 입력한 뒤 Enter 를 눌러줍니다. ❷ [체크] 또는 Ctrl + Enter 를 눌러 나머지 셀에 값을 채워주세요.

> 기준일은 위치가 고정되어야 하므로 F4 를 눌러 절대 참조해야겠죠?

기준일		품명	제조일	제조연도	제조월	제조일	유통기한 1년	남은 기간
2024. 6. 30		A	2024-06-01	2024	6	1	2025-06-01	=I4-$B$4

기준일		품명	제조일	제조연도	제조월	제조일	유통기한 1년	남은 기간
2024. 6. 30		A	2024-06-01	2024	6	1	2025-06-01	336
		B	2024-08-20	2024	8	20	2025-08-20	416
		C	2024-09-11	2024					438
		D	2024-10-04	2024					461
		E	2024-11-08	2024					496
		F	2024-12-01	2024					519

자동 완성
자동 완성 제안사항
Ctrl+Enter 키를 눌러 자동 완성하세요. 수식 표시
❷ ✓ ✕

🚶 한 걸음 더 각 달의 마지막 날짜 구하기

다음 화면의 수식을 참조하여 각 달의 마지막 날짜를 구해보세요.

> EDATE 함수는 경과한 날짜를 구하는 함수이지만, EOMONTH 함수는 해당 월의 마지막 날 값을 반환하는 함수입니다.

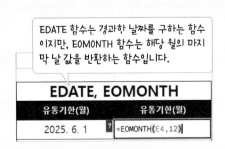

EDATE, EOMONTH

유통기한(월)	유통기한(월)
2025. 6. 1	=EOMONTH(E4,12)

유통기한(월)	유통기한(월)
2025. 6. 1	2025. 6. 30
2025. 8. 20	2025. 8. 31
2025. 9. 11	2025. 9. 30
2025. 10. 4	2025. 10. 31
2025. 11. 8	2025. 11. 30
2025. 12. 1	2025. 12. 31

근무일수, 개월수, 연수 구하기

DATEDIF 함수는 두 날짜 사이의 차이 값을 연수, 개월수, 일수로 반환해 주는 함수입니다.

사용할 함수	간단 설명
=DATEDIF(시작일, 종료일, 단위)	시작일과 종료일 두 날짜 사이의 일, 월 또는 연수를 계산합니다. [단위] • D: 전체 일의 수 • MD: 개월을 제외한 일의 수 • M: 전체 개월의 수 • YM: 연을 제외한 월의 수 • Y: 전체 연도의 수

DATEDIF 함수를 사용할 때 주의할 점이 있습니다. 바로 완전히 경과한 날짜만 계산에 반영한다는 점입니다. 예를 들어 1월 1일 ~ 1월 2일까지 근무했다면 근무자의 입장으로는 이틀을 근무한 것이지만, DATEDIF 함수는 1월 2일이 지나지 않았기 때문에 하루만 근무했다고 출력합니다.

근무일자	근속일수		근무일자	근속일수
2024. 01. 01	1		2024. 01. 01	2
2024. 01. 02	=datedif(B4,B5,"d")		2024. 01. 02	=datedif(B4,B5,"d")+1

> 따라서 상황에 맞게 +1을 입력해야 합니다.

이러한 특성을 가진 DATEDIF 함수를 알맞게 수정해 올바른 재직 일수를 계산하는 방법을 알아보겠습니다.

하면 된다! 〉 DATEDIF 함수 사용하기

√ 실습 파일 [04-3 근무일수 계산기] 시트

DATEDIF 함수로 재직 일수 계산하기

1. 재직 일수를 구하기 위해 [D12] 셀에 =DAT를 입력한 뒤 DATEDIF를 클릭해 함수를 호출합니다.

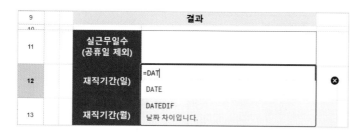

2. 시작일인 [D5] 셀 클릭 → ,(쉼표) 입력 → 종료일 [D7] 셀 클릭 → ,(쉼표) 입력 → 근무한 전체 일의 수를 얻기 위해 단위 "D" 입력 →) 괄호를 닫아 함수를 마무리합니다.

3. [Enter]를 눌러 결과를 확인하면 시작일(1) - 종료일(31)과 같이 숫자와 숫자를 뺄셈한 결과가 나옵니다. DATEDIF 함수는 완전히 경과한 날짜만 계산에 반영하기 때문입니다.

12	재직기간(일)	30

4. 올바른 결과를 위해 [D12] 셀을 더블클릭해 수식 가장 뒤에 +1을 입력하고 장식 문자로 사용할 단어를 &"일"과 같이 입력한 뒤 [Enter]를 눌러주세요.

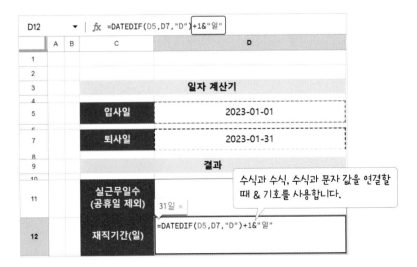

> 수식과 수식, 수식과 문자 값을 연결할 때 & 기호를 사용합니다.

DATEDIF 함수로 근무 개월수 계산하기

5. 근무 개월수도 구해볼까요? [D13] 셀에 DATEDIF 함수 호출 → 시작일 [D5] 셀 클릭 → ,(쉼표) 입력 → 종료일 [D7] 셀 클릭 → ,(쉼표) 입력 → 단위는 전체 개월수에 해당하는 "M" 입력 →) 괄호를 닫아 함수 마무리 → 마지막 위치에 장식 문자로 사용할 단어를 & "개월"과 같이 입력한 뒤 Enter 를 눌러주세요.

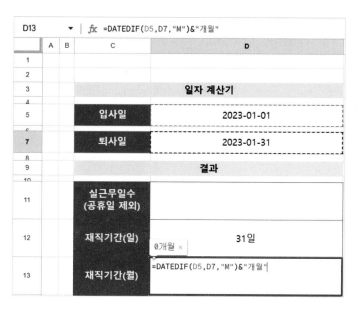

6. 근무를 시작한지 1개월이 지나지 않았기 때문에 개월수는 0개월로 출력됩니다. [D5] 셀을 클릭해 2020-01-01로 수정해 보세요.

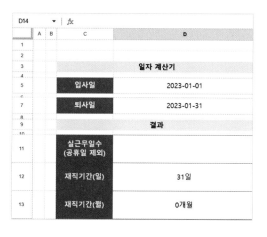
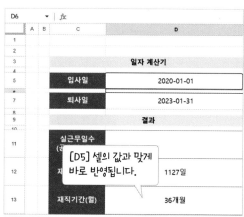

DATEDIF 함수로 재직 연수 계산하기

7. 재직 연수를 구하기 위해서는 어떤 단위를 쓰면 될까요? [D14] 셀에 DATEDIF 함수 호출 → 시작일 [D5] 셀 클릭 → ,(쉼표) 입력 → 종료일 [D7] 셀 클릭 → ,(쉼표) 입력 → 단위는 전체 연수에 해당하는 "Y" 입력 →) 괄호를 닫아 함수 마무리 → 마지막 위치에 장식 문자로 사용할 단어를 &"년"과 같이 입력한 뒤 Enter 를 눌러주세요.

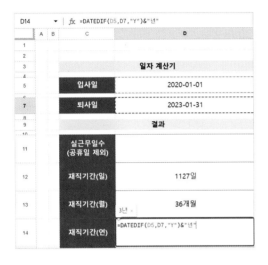
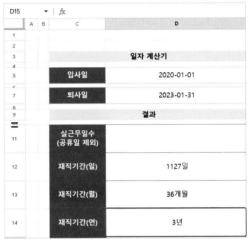

🏃 **한 걸음 더 근무연수, 연수를 뺀 개월수, 개월을 뺀 일수 표시하기**

[D15] 셀에 1년 2개월 10일과 같이 근무연수, 연수를 뺀 개월수, 개월을 뺀 일수를 표시하려면 어떻게 해야 할까요? 다음 수식을 참고해 완성해 보세요.

=DATEDIF(D5,D7,"Y")&"년"&DATEDIF(D5,D7,"YM")&"개월"&DATEDIF(D5,D7,"MD")&"일"

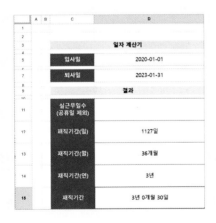

공휴일을 제외한 실근무일수 계산하기

주말+공휴일을 제외한 실근무일수는 NETWORKDAYS 함수를, 토요일과 일요일이 아닌 요일이 휴일인 경우에는 NETWORKDAYS.INTL 함수를 활용하면 빠르게 결괏값을 얻을 수 있습니다.

사용할 함수	간단 설명
=NETWORKDAYS (시작일, 종료일, [휴일])	• 시작일과 종료일 사이의 순 영업일수를 반환합니다. • 주말(토, 일)은 자동으로 제외됩니다.
=NETWORKDAYS.INTL (시작일, 종료일, [주말], [휴일])	• 지정된 주말과 휴일을 제외한 시작일과 종료일 사이의 순 영업일수를 반환합니다. • 주말을 직접 설정할 수 있습니다. [주말] 숫자 형식 • 1(또는 생략): 토요일/일요일 • 11: 일요일만 • 2: 일요일/월요일 • 12: 월요일만 • 3: 월요일/화요일 • 13: 화요일만 • 4: 화요일/수요일 • 14: 수요일만 • 5: 수요일/목요일 • 15: 목요일만 • 6: 목요일/금요일 • 16: 금요일만 • 7: 금요일/토요일 • 17: 토요일만

실습을 통해 실근무일수를 구하며 함수 사용법을 알아보겠습니다.

하면 된다! } NETWORKDAYS.INTL 함수 사용하기

√ 실습 파일 [04-3 근무일수 계산기], [공휴일] 시트

[이름이 지정된 범위] 기능으로 이름 정의하기

1. 실근무일수를 구하기 전, 휴일 범위가 [공휴일] 시트에 위치하고 있으므로 [이름이 지정된 범위] 기능을 이용해 수식에 참조하겠습니다. [공휴일] 시트를 클릭한 뒤 첫 번째 값이 있는 [B3] 셀을 클릭하고 Ctrl+Shift+↓을 눌러 연속된 범위를 지정해 주세요.

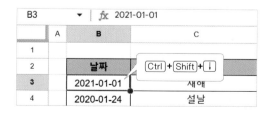

2. ❶ [데이터] → ❷ [이름이 지정된 범위]를 선택합니다.

❸ [범위 이름]을 공휴일로 입력하고 ❹ [완료]를 눌러 이름 지정을 완료합니다.

3. [04-3 근무일수 계산기] 시트를 클릭해 시트 전환을 한 뒤 ❶ [D11] 셀을 클릭해 =NET를 입력하고 Tab 을 클릭해 NETWORKDAYS 함수를 호출합니다.

❷ 시작일 [D5] 셀 클릭 → ,(쉼표) 입력 → 종료일 [D7] 셀 클릭 → ,(쉼표)를 입력합니다.

❸ 이름으로 성의한 범위의 앞 글자 공을 입력하고 Tab 을 누릅니다.

❹) 괄호를 닫아 함수를 마무리합니다.

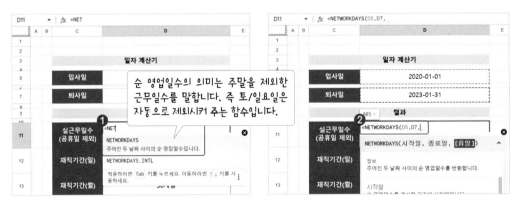

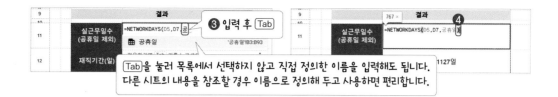

4. Enter 를 눌러 결과를 확인해 보세요. 주말(토/일)과 휴일을 제외한 실근무일수가 구해졌습니다.

D11	▼	fx =NETWORKDAYS(D5,D7,공휴일)	

일자 계산기 표:

	A	B	C	D
1				
2				
3			일자 계산기	
5			입사일	2020-01-01
7			퇴사일	2023-01-31
9			결과	
11			실근무일수 (공휴일 제외)	767

🏃 한 걸음 더 · 휴일이 다른 경우 주말 지정하기

만약 주말에 쉬지 않고 월요일/화요일이 휴일인 직장인이라면 어떻게 해야 할까요? NETWORKDAYS. INTL 함수를 사용해 직접 주말을 지정하면 됩니다.

1. [D11] 셀을 클릭해 =NET 입력 → NETWORKDAYS.INTL 함수 호출 → 시작일 [D5] 셀 클릭 → ,(쉼표) 입력 → 종료일 [D7] 셀 클릭 → ,(쉼표) 입력 → 월/화를 제외하는 주말 코드인 3 입력 → ,(쉼표) 입력 → 범위 이름 공휴일 입력 →) 괄호를 닫아 함수를 마무리합니다.

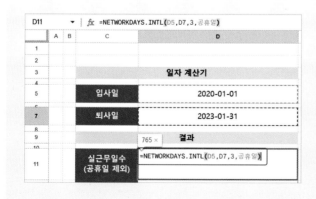

2. Enter 를 눌러 수식 작성을 마치면 결괏값이 구해집니다.

D11	▼	fx	=NETWORKDAYS.INTL(D5,D7,3,공휴일)

	A	B	C	D
1				
2				
3				**일자 계산기**
4				
5			입사일	2020-01-01
6				
7			퇴사일	2023-01-31
8				
9				**결과**
10				
11			실근무일수 (공휴일 제외)	765

논리 함수 활용하기

동영상 강의

이전 실습부터 종종 등장한 IF 함수는 논리 함수 범주에 속합니다. 논리 함수는 여러 조건을 논리적으로 판단하여 참값 또는 거짓값을 반환하는 함수를 말합니다. 대표적으로 IF, IFS, AND, OR, NOT과 같은 함수가 있습니다.

체크박스와 연동되는 논리 함수 활용법

스프레드시트에서는 [체크박스]를 버튼 하나만으로 이용할 수 있습니다. 이 기능을 엑셀에서 사용하려면 다소 번거로운 작업이 필요하죠. 엑셀과 다른 스프레드시트만의 주요한 기능이라 할 수 있습니다. 이 [체크박스] 기능을 IF 함수와 함께 활용하는 방법을 알아보겠습니다.

사용 함수	간단 설명
=IF(논리 표현식, TRUE 값, FALSE 값)	논리 표현식(조건)에 만족할 경우 TRUE 값(참값)을 출력하고, 그렇지 않으면 FALSE 값(거짓값)을 출력합니다.

하면 된다! } IF 함수와 체크박스 활용하기

✓ 실습 파일 [04-4 논리 함수] 시트

1. ❶ 체크박스가 삽입될 [I6:I19] 셀 범위를 지정한 뒤 ❷ [삽입] → ❸ [체크박스]를 선택해 체크박스를 삽입합니다. ❹ [I6] 셀의 체크박스를 클릭해 '선택됨' 상태로 변경해 보세요.

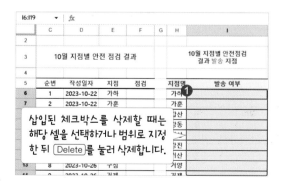

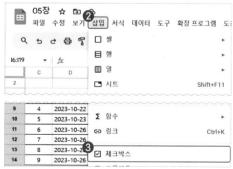

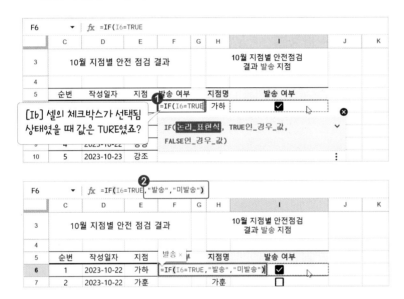

수식 입력줄에서 선택됨 상태는 TRUE, 선택 해제 상태는 FALSE로 표현되고 있는 것을 알 수 있습니다.

2. ❶ [F6] 셀에 =IF(를 입력한 뒤 [I6] 셀을 클릭하고 =TRUE를 입력해 조건을 작성합니다.

❷ ,"발송","미발송"을 입력한 뒤) 괄호를 닫아 함수를 마무리합니다. (Enter)를 눌러 결괏값을 확인해 보세요.

[Ib] 셀의 체크박스가 선택됨 상태였을 때 값은 TURE였죠?

3. ❶ [F6] 셀을 클릭하고 [채우기 핸들]을 더블클릭하여 나머지 값을 채웁니다.

❷ [I] 열의 체크박스를 임의로 클릭하여 함수가 제대로 작동하는지 확인해 보세요.

단순히 보면 아주 잘 작동되는 것처럼 보입니다. 하지만 [E10], [E13], [E18] 셀 지점들은 [H] 열에서 찾을 수 없는 지점입니다. 그렇다면 발송으로 표시되는 것이 아닌 오류 또는 지점 확인으로 표시해야 할 것 같습니다.

	C	D	E	F	G	H	I
3		10월 지점별 안전 점검 결과				10월 지점별 안전점검 결과 발송 지점	
4							
5	순번	작성일자	지점	발송 여부		지점명	발송 여부
6	1	2023-10-22	가하	발송		가하	☑
7	2	2023-10-22	가훈	미발송		가훈	☐
8	3	2023-10-22	갑산	미발송		갑산	☐
9	4	2023-10-22	강동	발송		강동	☑
10	5	2023-10-23	강조	발송		강산	☑
11	6	2023-10-26	강진	미발송		강진	☐
12	7	2023-10-26	거산	미발송		거산	☐
13	8	2023-10-26	구점	발송		거양	☑

> 없는 지점인데 발송 확인이 되면 큰일나겠죠?

다중 조건을 만족하는 수식 만들기

앞서 우리가 입력한 수식을 분석하면 다음과 같습니다.

수식 설명
=IF(I6=TRUE, "발송","미발송")
[I6] 셀이 TRUE일 때 참(TRUE)이면 발송, 거짓(FALSE)이면 미발송

체크박스만 누르면 발송, 미발송이 출력되는 아주 단순한 수식이었죠. 앞서 발견한 문제처럼 여러 조건을 충족한 상태에서 체크했을 때 발송, 미발송이 출력되도록 하려면 어떻게 해야 할 까요? 또 다른 '논리 함수'가 필요해지는 시점입니다.

이 문제를 해결하기 위해 필요한 함수를 소개합니다. 갑자기 많은 함수가 등장하지만, 당황하 지 마세요! 이 함수들이 왜 필요한지 하나씩 살펴보겠습니다.

사용 함수	간단 설명
=IFS(조건1, 참값1, [조건2, 참값2, …])	각 조건에 만족하는 참값을 반환합니다. 모든 조건에 만족하지 않을 경우 #N/A 값이 반환됩니다.
=AND(논리 표현식1, 논리 표현식2)	논리 표현식, 즉 조건이 모두 만족할 경우에는 TRUE, 조건이 하나라도 만족하지 않는 경우에는 FALSE를 반환합니다.
=IFERROR(값, 오류인 경우 출력할 값)	값이 오류값이 아닐 경우 값 자체를 출력하고, 오류값인 경우 오류인 경우 출력할 값을 출력합니다.
=COUNTIF(범위, 조건)	범위에서 조건에 맞는 개수를 반환합니다.

(1) 이 지점이 정말 있는 지점인가? — COUNTIF 함수로 조건 만들기

우리는 [E] 열과 [H] 열이 일치하는 지점에 대해 조건을 처리할 것이므로 조건에 만족하는 개수를 출력하는 함수인 COUNTIF 함수를 사용해야 합니다.

다음 화면을 살펴봅시다. COUNTIF 함수를 사용한다면 [E6] 셀 값은 1이고, [E10] 셀 값은 0이 됩니다. 즉 일치하는 지점이 있으면 1, 없으면 0으로 조건을 만드는 것이죠.

(2) 두 소건을 반족하면 TRUE, 아니면 FALSE인 AND 함수

이제 조건을 만들었습니다. 하지만 우리가 만들고자 하는 수식에서는 '지점이 일치하는가?'와 '체크박스가 선택되었는가?'라는 2개의 조건을 모두 만족해야 하죠. 이 경우 논리 함수 중 AND 함수를 사용해야 합니다.

[H] 열에 존재하는 지점이면서 체크박스가 선택된 경우

↑   ↑

2개의 조건을 모두 만족해야 함

(3) 여러 조건에 만족하는 참값을 반환하는 IFS 함수

그럼 2가지 경우로 나눌 수 있겠습니다. '지점 일치' + '체크박스 선택'의 경우와 '지점 일치' + '체크박스 미선택'인 경우죠. 이를 CASE A와 CASE B로 나누어 살펴보겠습니다.

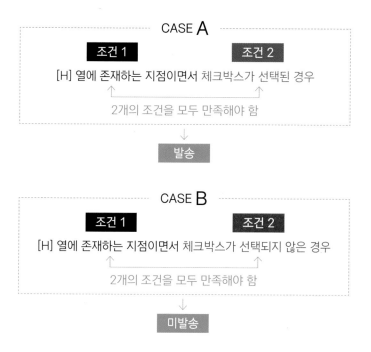

CASE A에 만족할 경우 발송을 출력해야 하고, CASE B에 만족할 경우 미발송을 출력해야겠죠? 이렇게 여러 조건에 만족하는 참값을 반환하는 함수는 IFS 함수입니다.

작성해야 하는 수식을 먼저 살펴볼까요?

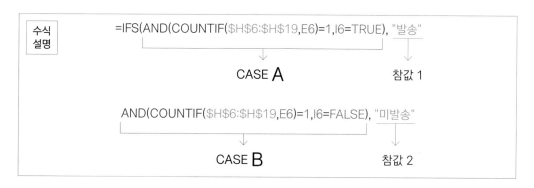

IFS 함수는 조건 1, 참값 1, 조건 2, 참값 2 … 와 같이 나열하는 형태입니다.

그럼 각 조건들을 의미를 알아보겠습니다. COUNTIF는 조건에 만족하는 개수를 출력하는 함수였죠? 값의 존재 여부를 알기 위해 다음과 같이 수식을 작성합니다.

수식 설명	COUNTIF($H$6:$H$19,E6)=1 → [H6:H19] 셀 범위에 [E6] 셀이 1과 같고
	([H6:H19] 셀 범위에 [E6] 셀의 값이 존재하고)

지점이 목록에 존재한다면 결과는 1이 나옵니다.

그렇다면 체크박스는 어떻게 수식을 작성하면 될까요? TRUE와 FALSE를 이용하여 간단하게 작성할 수 있습니다.

수식 설명	I6=TRUE → [I6] 셀이 TRUE	I6=FALSE → [I6] 셀이 FALSE
	([I6] 셀의 체크박스가 체크됨)	([I6] 셀의 체크박스가 체크되지 않음)

여러 수식이 연결되다 보니 복잡해 보일 뿐이지 하나씩 살펴보니 크게 어려운 함수는 아니죠?

(4) 이 외에 다른 오류가 발생하면? — IFERROR 함수로 오류 막기

수식을 사용하다 보면 다양한 오류가 발생하죠. 특히 IFS 함수를 사용하게 되면 IFS 함수의 조건에 부합하지 않은 경우에는 #N/A 오류를 출력합니다. 이때 오류값을 IFERROR 함수로 깔끔하게 정리할 수 있습니다.

이제 본격적으로 논리 함수와 체크박스를 활용해 수식을 완성해 보겠습니다.

하면 된다! } 여러 조건을 만족하는 체크박스 수식 만들기

✓ 실습 파일 [04-4 논리함수] 시트

1. 이전 실습에 사용한 ❶ [F6:F19] 셀 범위를 Delete 를 눌러 삭제합니다.

   ❷ [F6] 셀을 클릭하고 =AND(COUNTIF(를 입력합니다.

   ❸ 조건을 찾을 [H6:H19] 셀 범위를 드래그하고 F4 를 눌러 절대 참조하고 ❹ ,(쉼표)를 입력하여 인수를 구분합니다.

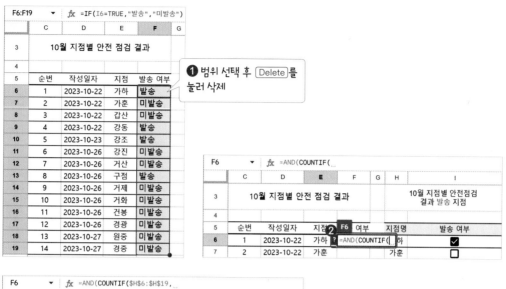

2. ❶ 찾을 값인 [E6] 셀을 클릭한 뒤) 괄호를 닫아 COUNTIF 함수를 마무리합니다.

　❷ 일치하는 지점이 반드시 있어야 하므로 =1을 연결하여 입력한 뒤 두 번째 조건을 위해 ,(쉼표)를 입력합니다.

3. 체크박스가 선택된 경우를 작성하기 위해 [I6] 셀을 클릭하고 =TRUE를 입력한 뒤) 괄호를 닫아 AND 함수를 마무리합니다. CASE A가 마무리되었습니다.

F6	▼	fx	=AND(COUNTIF($H$6:$H$19,E6)=1,I6=TRUE)				
	C	D	E	F	G	H	I
3		10월 지점별 안전 점검 결과					10월 지점별 안전점검 결과 발송 지점
4							
5	순번	작성일자	지점	F6 TRUE ×		지점명	발송 여부
6	1	2023-10-22	가하	=AND(COUNTIF($H$6:$H$19,E6)=1,I6=TRUE)			
7	2	2023-10-22	가훈			가훈	☐

4. CASE B에 활용하기 위해 방금 작성한 수식을 복사해 두겠습니다. 등호를 제외하고 AND 함수부터 마지막) 괄호까지 범위를 지정한 후 Ctrl+C를 눌러 복사합니다.

F6	▼	fx	=AND(COUNTIF($H$6:$H$19,E6)=1,I6=TRUE)				
	C	D	E	F	G	H	I
3		10월 지점별 안전 점검 결과					10월 지점별 안전점검 결과 발송 지점
4							
5	순번	작성일자	지점	F6 여부		지점 TRUE ×	발송 여부
6	1	2023-10-22	가하	=AND(COUNTIF($H$6:$H$19,E6)=1,I6=TRUE)			
7	2	2023-10-22	가훈			가훈	☐

Ctrl+C

현재까지 작성한 수식의 의미는 "[H6:H9] 셀 범위에서 [E6] 셀의 값을 찾은 개수가 1과 같으면서 [I6] 셀의 체크박스가 선택된 조건을 모두 만족한다면 TRUE, 모두 만족하지 않으면 FALSE를 출력한다."입니다. 여기서 TRUE, FALSE 대신 우리가 원하는 "발송", "미발송"이 출력되러면 IFS 함수가 필요합니다.

5. ❶ AND 함수 앞에 IFS(를 입력하여 함수를 호출한 뒤 ❷ 마지막 위치에 ,(쉼표)를 입력하고 조건에 만족할 경우 참값인 "발송"을 입력합니다.

F6	▼	fx	❶ =IFS(AND(COUNTIF($H$6:$H$19,E6)=1,I6=TRUE), ❷"발송"					
	C	D	E	F	G	H		J
3		10월 지점별 안전 점검 결괴					10월 지점별 안전점거 결과 발송 지점	
4								
5	순번	작성일자	지점	F6 발송 ×		지점명	발송 여부	
6	1	2023-10-22	가하	? =IFS(AND(COUNTIF($H$6:$H$19,E6)=1,I6=TRUE),"발송"				
7	2	2023-10-22	가훈			가훈	☐	

6. 체크박스를 선택하지 않은 경우에 대해 조건을 작성해야겠죠? ❶ ,(쉼표)를 입력하여 인수를 구분하고 Ctrl+V를 눌러 이전에 복사해 둔 함수를 불러온 뒤 ❷ TRUE를 FASLE로 수정합니다. ❸ ,(쉼표)를 입력하고 "미발송"을 입력한 뒤) 괄호를 닫아 함수를 마무리합니다.

	C	D	E	F	G	H	I	J	K	L	M	N
F6				fx	=IFS(AND(COUNTIF($H$6:$H$19,E6)=1,I6=TRUE),"발송",AND(COUNTIF($H$6:$H$19,E6)=1,I6=FALSE))							

	C	D	E	F6 여부	G	H	I		J	K	L	M	N
3	10월 지점별 안전 점검 결과					10월 지점별 안전점검 결과 발송 지점							
4													
5	순번	작성일자	지점	여부		지점명	발송 여부						
6	1	2023-10-22	가하	=IFS(AND(COUNTIF($H$6:$H$19,E6)=1,I6=TRUE),"발송",AND(COUNTIF($H$6:$H$19,E6)=1,I6=FALSE)									
7	2	2023-10-22	가훈			가훈	☐						

	C	D	E	F	fx	=IFS(AND(COUNTIF($H$6:$H$19,E6)=1,I6=TRUE),"발송",AND(COUNTIF($H$6:$H$19,E6)=1,I6=FALSE),"미발송")		J	K	L	M	N
						+ 새 함수를 추가합니다. Ctrl+Alt+N ⋮ ⊗						
3	10월 지점별 안전 점검 결과					10월 지점별 안전점검 결과 발송 지점						
4												
5	순번	작성일자	지점	F6 여부		지점명	발송 여부					
6	1	2023-10-22	가하	=IFS(AND(COUNTIF($H$6:$H$19,E6)=1,I6=TRUE),"발송",AND(COUNTIF($H$6:$H$19,E6)=1,I6=FALSE),"발송")								
7	2	2023-10-22	가훈									

7. Enter 를 눌러 결과를 확인해 보세요.

	C	D	E	F	G	H	I
3	10월 지점별 안전 점검 결과					10월 지점별 안전점검 결과 발송 지점	
4							
5	순번	작성일자	지점	발송 여부		지점명	발송 여부
6	1	2023-10-22	가하	**발송**		가하	☑
7	2	2023-10-22	가훈	**미발송**		가훈	☐
8	3	2023-10-22	갑산	**미발송**		갑산	☐
9	4	2023-10-22	강동	**발송**		강동	☑
10	5	2023-10-23	강조	#N/A		강산	☑
11	6	2023-10-26	강진	**미발송**		강진	☐
12	7	2023-10-26	거산	**미발송**		거산	☐
13	8	2023-10-26	구점	#N/A		지점이 존재하지 않아 오류가 발생하였습니다.	
14	9	2023-10-26	거제	**미발송**			
15	10	2023-10-26	거화	**미발송**			
16	11	2023-10-26	건봉	**미발송**		건봉	☐
17	12	2023-10-26	경광	**미발송**		경광	☐
18	13	2023-10-27	원중	#N/A		경기	☐
19	14	2023-10-27	경중	**미발송**		경중	☐

8. 오류값을 "지점확인"으로 표현하기 위해 ❶ [F6] 셀을 더블클릭하여 수식 편집 상태로 전환해 주세요. ❷ IFS 함수 앞에 IFERROR(를 입력하여 함수를 호출하고 ❸ 수식의 끝에 ,(쉼표)와 "지점확인"을 입력한 뒤) 괄호를 닫아 함수를 마무리하고 Enter 를 눌러 수식을 적용합니다. ❹ [채우기 핸들]을 이용해 나머지 수식도 완성합니다.

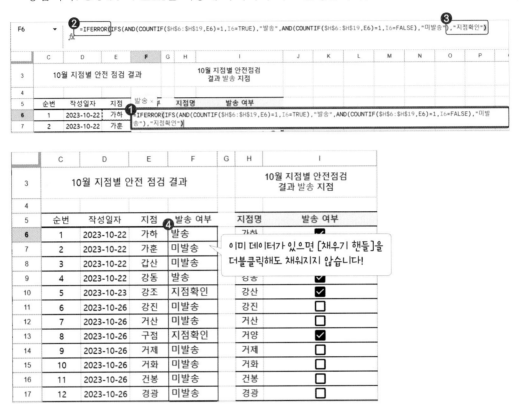

지금까지 IFS, AND, COUNTIF, IFERROR 함수를 이용하여 [H] 열에 존재하는 지점에 대해 체크가 선택된 지점은 "발송", 그렇지 않은 지점은 "미발송", 존재하지 않는 지점은 "지점확인"으로 출력되도록 수식 작성을 하였습니다.

찾기, 참조 함수 활용하기

동영상 강의

데이터를 다룰 때 빠르고 정확한 검색은 필수입니다. 많은 사람들이 익숙하게 사용하는 VLOOKUP 함수가 있지만, 그보다 훨씬 강력한 도구가 있다는 사실, 알고 계셨나요? 바로 XLOOKUP 함수입니다. 데이터의 위치나 형식에 제한받지 않고 원하는 정보를 손쉽게 찾을 수 있는 XLOOKUP 함수에 대해 알아보겠습니다.

VLOOKUP 대신 XLOOKUP 함수를 사용하세요!

VLOOKUP 함수는 범위의 첫 번째 열에서 기준값을 찾아 기준값의 오른쪽에 있는 데이터를 추출하는 특성이 있습니다. 따라서 다음 예시 화면과 같이 추출하려는 데이터(거래지점)가 기준값(품목)의 왼쪽에 위치한 경우 VLOOKUP 함수로는 원하는 결과를 얻을 수 없다는 큰 단점이 있죠.

품목별 거래지점을 호출할 경우 VLOOKUP 수식

=VLOOKUP(D3,D3:F7,?)

> VLOOKUP 함수는 첫 시작 열 왼쪽의 데이터는 가져올 수 없어요!

	A	B	C			
1						
2		순번	거래지점	품목	단가	수량
3		1	경기	A	1,000	5
4		2	부산	B	1,000	6
5		3	서울	C	2,500	5
6		4	대전	D	2,500	3
7		5	대구	E	3,000	2

따라서 VLOOKUP 함수의 단점을 보완한 XLOOKUP 함수를 사용하는 것을 추천합니다. 스프레드시트뿐만 아니라 엑셀에서도 오피스 2021 버전 이상이라면 XLOOKUP 함수를 사용할 수 있습니다.

사용 함수	간단 설명

= XLOOKUP(기준값, 기준값 조회 범위, 결과 범위, [누락 값], [일치 모드], [검색 모드])	기준값을 기준값 조회 범위에서 찾아 해당하는 결과 범위의 값을 반환합니다.
	
	 [누락 값]
	 • 선택 사항: 기본적으로 #N/A
	 • 일치하는 항목이 없으면 반환되는 값입니다.
	
	 [일치 모드]
	 • 0은 일치 검색 항목입니다.
	 • 1은 일치 검색 항목 또는 검색 값보다 큰 다음 값입니다.
	 • -1은 일치 검색 항목 또는 검색 값보다 작은 다음 값입니다.
	 • 2는 와일드카드 일치 항목입니다.
	
	 [검색 모드]
	 • -1은 정확하게 일치하는 값이 없을 경우 가장 가까운 큰 항목을 반환합니다.
	 • --1은 정확하게 일치하는 값이 없을 경우 가장 가까운 작은 항목을 반환합니다.
	 • 2는 바이너리 검색을 사용하여 범위를 검색합니다.
	   먼저 범위를 오름차순으로 정렬해야 합니다.
	 • -2는 바이너리 검색을 사용하여 범위를 검색합니다.
	   먼저 범위를 내림차순으로 정렬해야 합니다.

실습하게 될 수식을 먼저 살펴볼까요? XLOOKUP 함수는 기준값을 기준값 조회 범위에서 찾은 뒤 기준값에 해당하는 결과 범위를 반환하는 함수입니다.

수식 설명	=XLOOKUP(D5,$Q$5:$Q$12,$R$5:$R$12) [D5] 셀 값을 [Q5:Q12] 셀 범위에서 찾아 [R5:R12] 셀 범위에서 [D5] 셀 값에 해당하는 값을 반환합니다.

하면 된다! ﹜ XLOOKUP 함수로 왼쪽에 있는 셀 참조하기

✓ 실습 파일 [04-5 논리함수&참조함수] 시트

1. ❶ 단가를 가져올 [E5] 셀에 =XL을 입력한 뒤 Tab 을 눌러 XLOOKUP 함수를 호출합니다.

❷ 기준값인 [D5] 셀을 클릭한 뒤 ,(쉼표)를 입력하여 인수를 구분합니다.

2. ➊ 기준값 조회 범위인 [Q5:Q12] 셀 범위를 드래그한 뒤 `F4`를 눌러 절대 참조합니다.

➋ ,(쉼표)를 입력하여 인수 구분을 해주세요.

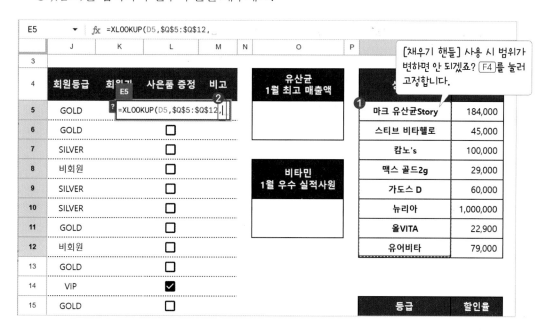

3. ➊ 호출할 값인 결과 범위인 [R5:R12] 셀 범위를 드래그한 뒤 마찬가지로 `F4`를 눌러 절대 참조합니다. ➋)괄호를 닫고 `Enter`를 눌러 수식을 마무리합니다.

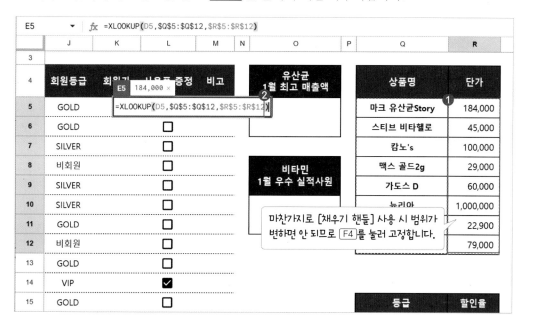

4. 자동 완성의 [체크 표시]를 클릭하거나 `Ctrl`+`Enter`를 눌러 나머지 셀을 채워주세요.

	E 단가	F 수량	G 세일	H 할인금액	I 담당자	J 회원등급	K 회원가	L 사은품 증정
5	184,000	1	67%		김송희	GOLD		☐
6	45,000	5	33%		강은지	GOLD		☐
7	100,000				김송희	SILVER		☐
8	184,000				최일준	비회원		☐
9	29,000				이연희	SILVER		☐
10	60,000				박송해	SILVER		☐
11	1,000,000		92%		김송희	GOLD		☐
12	22,900	2	30%		김은주	비회원		☐
13	79,000	1	48%		박송해	GOLD		☐
14	60,000	1	55%		이연희	VIP		☑
15	184,000	1	67%		김송희	GOLD		☐

(자동 완성 팝업)
자동 완성
자동 완성 제안사항
Ctrl+Enter 키를 눌러 자동 완성하세요. 수식 표시
✓ ✕

🏃 **한 걸음 더 XLOOKUP 함수를 조건으로 활용해 보세요!**

사은품 증정 체크박스와 회원등급마다 할인율을 다르게 적용한 회원가로 채워 보세요!

	E 단가	F 수량	G 세일	H 세일가	I 담당자	J 회원등급	K 회원가	L 사은품 증정	M 비고
5	184,000	1	67%	60,720	김송희	GOLD	54,648	☐	
6	45,000	5	33%	150,750	강은지	GOLD	135,675	☐	
7	100,000	2	5%	190,000	김송희	SILVER	180,500	☐	
8	184,000	1		184,000	최일준	비회원	184,000	☐	
9	29,000	10	55%	130,500	이연희	SILVER	123,975	☐	
10	60,000	5	45%	165,000	박송해	SILVER	156,750	☐	
11	1,000,000	1	92%	80,000	김송희	GOLD	72,000	☐	
12	22,900	2	30%	32,060	김은주	비회원	32,060	☐	
13	79,000	1	48%	41,080	박송해	GOLD	36,972	☐	
14	60,000	1	55%	27,000	이연희	VIP	22,950	☑	
15	184,000	1	67%	60,720	김송희	GOLD	54,648	☐	
16	100,000	2		200,000	김송희	VIP	170,000	☑	
17	1,000,000	1	92%	80,000	이연희	GOLD	72,000	☐	

여러 조건에 활용할 수 있는 XLOOKUP 함수

이렇게 활용도가 높은 XLOOKUP 함수를 조건에 맞는 최댓값을 구할 수 있는 MAXIFS 함수와 함께 사용해 보겠습니다.

이번 실습에 사용할 함수는 다음과 같습니다.

사용 함수	간단 설명
=MAXIFS(범위, 조건 범위1, 조건1, [조건 범위2, …], [조건2, …])	조건 범위에서 조건에 만족하는 값에 해당하는 최댓값을 반환합니다.

하면 된다! } 조건에 만족하는 값 찾고 최댓값 구하기

✓ 실습 파일 [04-5 논리함수&참조함수] 시트

1. ❶ 최고 매출액을 추출할 [O5] 셀에 =MA를 입력해 MAXIFS 함수를 호출합니다.

❷ 범위의 첫 번째 셀인 [K5] 셀을 클릭한 뒤 (Ctrl)+(Shift)+(↓)를 눌러 [K38] 셀까지 연속된 범위를 지정하고 인수 구분을 위해 ,(쉼표)를 입력합니다.

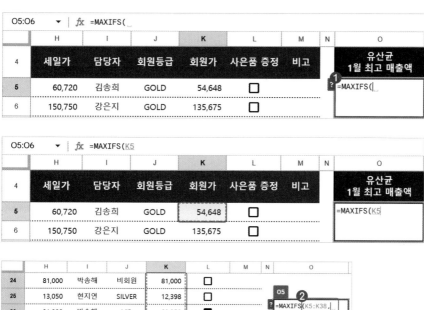

2. ❶ 조건 '유산균'을 찾을 범위인 [C5] 셀을 클릭한 뒤 Ctrl + Shift + ↓를 이용하여 [C38] 셀까지 범위를 지정합니다. ❷ 조건 처리를 하기 위해 ,(쉼표)를 입력한 뒤 조건인 "유산균" 을 입력하고) 괄호를 닫아주세요. ❸ Enter를 눌러 결괏값을 확인합니다.

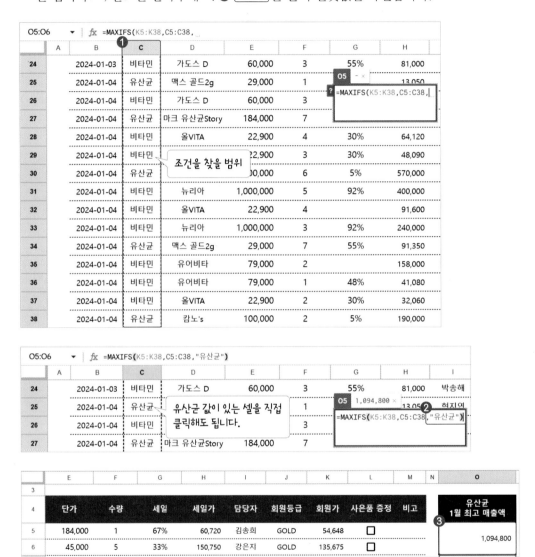

유산균 조건에 만족하는 최대 매출액을 구했습니다. MAXIFS 함수는 어렵지 않죠? 이번에는 XLOOKUP 함수와 함께 최고 매출액을 달성한 직원의 이름을 호출해 보겠습니다.

3. 우수 실적 사원을 추출하기 위해 ❶ [O10] 셀에 =XL를 입력해 XLOOKUP 함수를 호출한 뒤 ❷ MAX를 입력해 MAXIFS 함수를 호출합니다.

4. 최고 매출액을 찾기 위해 ❶ 회원가의 첫 번째 [K5] 셀을 클릭한 뒤 [Ctrl]+[Shift]+[↓]를 눌러 [K38] 셀까지 범위를 지정합니다. ❷ 인수 구분을 위해 ,(쉼표)를 입력해 주세요.

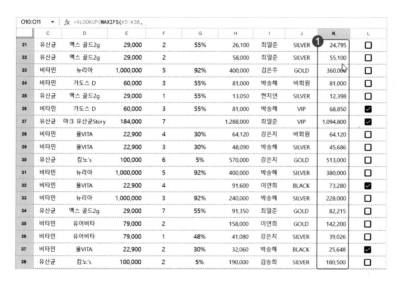

5. ❶ [C5] 셀을 클릭하고 [Ctrl]+[Shift]+[↓]를 눌러 [K38] 셀까지 범위를 지정한 뒤 ❷ ,(쉼표)를 입력합니다. ❸ 조건을 "비타민"으로 입력하고) 괄호를 닫아 MAXIFS 함수를 마무리한 다음 XLOOKUP 함수가 아직 마무리되지 않았으므로 ,(쉼표)를 입력합니다.

O10:O11 ▼ | fx =XLOOKUP(MAXIFS(K5:K38,C5:C38,

	C	D	E	F	G	H	I	J	K	L
21	유산균	맥스 골드2g	29,000	2	55%	26,100	최일준	SILVER	24,795	☐
22	유산균	맥스 골드2g	29,000	2		58,000	최일준	SILVER	55,100	☐
23	비타민	뉴리아	1,000,000	5	92%	400,000	김은주	GOLD	360,000	☐
24	비타민	가도스 D	60,000	3	55%	81,000	박송해	비회원	81,000	☐
25	유산균	맥스 골드2g	29,000	1	55%	13,050	현지연	SILVER	12,398	☐
26	비타민	가도스 D	60,000	3	55%	81,000	박송해	VIP	68,850	☑
27	유산균	마크 유산균Story	184,000	7		1,288,000	최일준	VIP	1,094,800	☑
28	비타민	올VITA	22,900	4	30%	64,120	강은지	비회원	64,120	☐
29	비타민	올VITA	22,900	3	30%	48,090	박송해	SILVER	45,686	☐
30	유산균	킴노's	100,000	6	5%	570,000	강은지	GOLD	513,000	☐
31	비타민	뉴리아	1,000,000	5	92%	400,000	박송해	SILVER	380,000	☐
32	비타민	올VITA	22,900	4		91,600	이연희	BLACK	73,280	☑
33	비타민	뉴리아	1,000,000	3	92%	240,000	박송해	SILVER	228,000	☐
34	유산균	맥스 골드2g	29,000	7	55%	91,350	최일준	GOLD	82,215	☐
35	비타민	유어비타	79,000	2		158,000	이연희	GOLD	142,200	☐
36	비타민	유어비타	79,000	1	48%	41,080	강은지	SILVER	39,026	☐
37	비타민	올VITA	22,900	2	30%	32,060	박송해	BLACK	25,648	☑
38	유산균	킴노's	100,000	2	5%	190,000	김송희	SILVER	180,500	☐

O10

=XLOOKUP(MAXIFS(K5:
K38,C5:C38,❷

O10:O11 ▼ | fx =XLOOKUP(MAXIFS(K5:K38,C5:C38,"비타민"),

	C	D	E	F	G	H	I	J	K	L
4	구분	상품명	단가	수량	세일	세일가	담당자	회원등급	회원가	사은품 증정
5	유산균	마크 유산균Story	184,000	1	67%	60,720	김송희	GOLD	54,648	☐
6	유산균	스티브 비타챌로	45,000	5	33%	150,750	강은지	GOLD	135,675	☐
7	유산균	킴노's	100,000	2	5%					☐
8	유산균	마크 유산균Story	184,000	1						
9	유산균	맥스 골드2g	29,000	10	55%					
10	비타민	가도스 D	60,000	5	45%					
11	비타민	뉴리아	1,000,000	1	92%	80,000	김송희	GOLD	72,000	☐

XLOOKUP함수의 첫 번째 인수인 기준값에
입력되는 값은 구분이 비타민인 것들 중
가장 높은 회원가 380,000입니다.

비타민
1월 우수 실적사원

=XLOOKUP(MAXIFS(K5:
K38,C5:C38,❸"비타
민"),

6. 최고값을 이용하여 담당자를 호출하기 위해 회원가의 범위를 지정합니다. ❶ [K5] 셀을 클릭하고 Ctrl + Shift + ↓ 를 눌러 [K38] 셀까지 범위를 지정한 뒤 ❷ ,(쉼표)를 입력합니다.

O10:O11 ▼ | fx =XLOOKUP(MAXIFS(K5:K38,C5:C38,"비타민"),K5:K38,

	C	D	E	F	G	H	I	J	K	L
21	유산균	맥스 골드2g	29,000	2	55%	26,100	최일준	SILVER	❶24,795	☐
22	유산균	맥스 골드2g	29,000	2		58,000	최일준	SILVER	55,100	☐
23	비타민	뉴리아	1,000,000	5	92%	400,000	김은주	GOLD	360,000	☐
24	비타민	가도스 D	60,000	3	55%	81,000	박송해	비회원	81,000	☐
25	유산균	맥스 골드2g	29,000	1	55%	13,050	현지연	SILVER	12,398	☐
26	비타민	가도스 D	60,000	3	55%	81,000	박송해	VIP	68,850	☐
27	유산균	마크 유산균Story	184,000	7		1,288,000	최일준	VIP	1,094,800	☑
28	비타민	올VITA	22,900	4	30%	64,120	강은지	비회원	64,120	☐
29	비타민	올VITA	22,900	3	30%	48,090	박송해	SILVER	45,686	☐
30	유산균	킴노's	100,000	6	5%	570,000	강은지	GOLD	513,000	☐
31	비타민	뉴리아	1,000,000	5	92%	400,000	박송해	SILVER	380,000	☐
32	비타민	올VITA	22,900	4		91,600	이연희	BLACK	73,280	☑
33	비타민	뉴리아	1,000,000	3	92%	240,000	박송해	SILVER	228,000	☐
34	유산균	맥스 골드2g	29,000	7	55%	91,350	최일준	GOLD	82,215	☐
35	비타민	유어비타	79,000	2		158,000	이연희	GOLD	142,200	☐
36	비타민	유어비타	79,000	1	48%	41,080	강은지	SILVER	39,026	☐
37	비타민	올VITA	22,900	2	30%	32,060	박송해	BLACK	25,648	☑
38	유산균	킴노's	100,000	2	5%	190,000	김송희	SILVER	180,500	☐

O10

=XLOOKUP(MAXIFS(K5:
K38,C5:C38❷"비타
민"),K5:K38,

7. 최고 회원가에 해당하는 담당자를 호출하기 위해 ❶ [I5] 셀을 클릭하고 Ctrl + Shift + ↓ 를 눌러 [I38] 셀까지 범위를 지정한 뒤 ❷) 괄호를 닫아줍니다. ❸ Enter 를 눌러 담당자의 이름을 확인해 보세요.

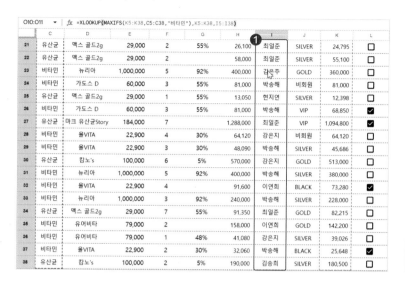

	C	D	E	F	G	H	I	J	K	L	M	N	O
4	**구분**	**상품명**	**단가**	**수량**	**세일**	**세일가**	**담당자**	**회원등급**	**회원가**	**사은품 증정**	**비고**		**유산균 1월 최고 매출액**
5	유산균	마크 유산균Story	184,000	1	67%	60,720	김송희	GOLD	54,648	☐			
6	유산균	스티브 비타첼로	45,000	5	33%	150,750	강은지	GOLD	135,675	☐			1,094,800
7	유산균	캄노's	100,000	1	5%	190,000	김송희	SILVER	180,500	☐			
8	유산균	마크 유산균Story	184,000	1		184,000	최일준	비회원	184,000	☐			
9	유산균	맥스 골드2g	29,000	10	55%	130,500	이연희	SILVER	123,975	☐			**비타민 1월 우수 실적사원**
10	비타민	가도스 D	60,000	5	45%	165,000	박송해	SILVER	156,750	☐			
11	비타민	뉴리아	1,000,000	1	92%	80,000	김송희	GOLD	72,000	☐			박송해
12	비타민	올VITA	22,900	2	30%	32,060	김은주	비회원	32,060	☐			
13	비타민	유어비타	79,000	1	48%	41,080	박송해	GOLD	36,972	☐			

#배열 #수식 #배열수식 #배열함수

범위를 참조하는 배열 활용법

동영상 강의

✓ **실습 파일** [04-6 ARRAYFORMULA 함수] 시트

배열은 왜 사용할까?

예시 화면을 살펴볼까요? 단가와 수량이 있는 표의 총 금액을 계산한다고 할 때 지금까지 배운 방법을 활용한다면 보통 다음과 같이 계산할 것입니다.

	A	B	C	D
1				
2		일반수식		
3		총 판매금액		=SUM(D6:D9)
4				
5		단가	수량	금액
6		15,000	20	=B6*C6
7		20,000	50	=B7*C7
8		10,000	70	=B8*C8
9		30,000	80	=B9*C9

❷ 셀 범위를 함수로 계산

❶ 단일 셀을 사용해 수식을 만들어 계산

[D3] 셀에 총 판매금액을 구하기 위해 ❶ 단가*수량을 개별적으로 계산하고 ❷ 합계를 출력하는 총 두 번의 단계를 거쳐야 하죠. 단순한 작업일 때에는 이렇게 하는 것이 빠르겠지만, 만약 수천, 수만의 데이터를 이렇게 계산한다면 문제가 생길 수도 있습니다. 이때 필요한 개념이 '배열'입니다.

F	G	H
배열수식		
총 판매금액		=ArrayFormula(sum(F6:F9*G6:G9))
단가	수량	
15,000	20	
20,000	50	
10,000	70	
30,000	80	

대표적인 배열 함수 ARRAYFORMULA를 사용해 계산한 경우

대부분의 수식은 =B6*C6과 같이 단일 셀을 사용하는 반면, =F6:F9*G6:G9처럼 수식에 배열을 활용하는 형태도 있습니다. 이를 '배열 수식'이라고 하며, 함수에서 배열을 사용한다면 '배열 함수'라고 합니다. 이처럼 일반 수식이나 함수로 해결할 수 없는 문제 해결과 계산 과정의 간소화를 위해 배열 수식을 사용할 때가 많습니다.

	A	B	C	D	E	F	G	H
1								
2		일반수식				배열수식		
3		총 판매금액		4,400,000		총 판매금액		4,400,000
4								
5		단가	수량	금액		단가	수량	
6		15,000	20	300,000		15,000	20	일반 수식의 중간 과정을 생략하고 한번에 결과를 얻을 수 있어요!
7		20,000	50	1,000,000		20,000	50	
8		10,000	70	700,000		10,000	70	
9		30,000	80	2,400,000		30,000	80	

▶ 엑셀에서의 배열이 궁금하다면 hantip.net/236 사이트를 참고하세요!

스프레드시트에서 ARRAYFORMULA 함수로 배열 수식 활용하기

Google Support에서는 ARRAYFORMULA 함수에 대해 다음과 같이 설명합니다.

> (1) 배열 수식에서 여러 행 및 열에 반환된 값을 표시하고,
> (2) 배열 함수가 아닌 함수에 배열을 사용할 수 있다.

ARRAYFORMULA 함수를 이해하기 위한 핵심은 2가지로, 실습을 통해 각 항목이 말하는 의미를 알아보겠습니다.

(1) '배열 수식에서 여러 행 및 열에 반환된 값을 표시한다'의 의미

〈상품1〉과 〈상품2〉의 데이터는 판매 상황에 따라 품명이 추가될 것이고, 수량의 변동이 있을 예정이며, 변경된 내용을 〈취합〉에 즉시 업데이트해야 하는 상황이라고 가정해 보겠습니다. 이러한 작업을 위해 내용이 변경될 때마다 매번 복사하여 붙여넣는 것은 상당히 비효율적입니다. 이럴 때 ARRAYFORMULA 함수의 특성인 배열 수식에서 행 및 열에 반환 기능을 활용하면 효율적인 작업이 가능합니다.

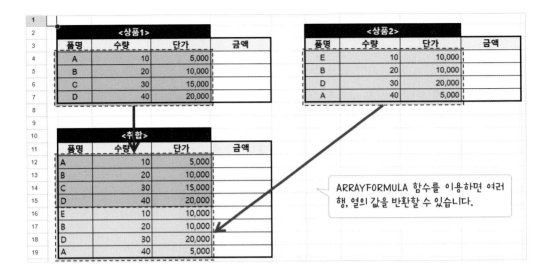

실습 전 배열 수식에서 사용하는 기호들을 살펴보겠습니다. 대부분의 배열 수식은 { }(중괄호) 안에 작성해야 하며, 데이터를 열 방향(가로, 오른쪽)으로 배열하고 싶다면 ,(쉼표)를, 행 방향 (세로, 아래쪽)으로 배열하고 싶다면 ;(세미콜론)을 이용하여 작성합니다. Google Support에 서는 배열 수식에서 사용하는 기호를 다음과 같이 소개하고 있습니다.

- ,(쉼표): 배열에 한 개의 데이터 행을 쓸 수 있도록 열을 분리합니다. 예를 들어 ={1, 2}를 입력하면 첫 번째 셀에 숫자 1이 배치되고, 첫 번째 셀의 오른쪽에 있는 새로운 열의 셀에 숫자 2가 배치됩니다.
- ;(세미콜론): 배열에 한 개의 데이터 열을 쓸 수 있도록 행을 분리합니다. 예를 들어 ={1; 2}를 입력하면 첫 번째 셀에 숫자 1이 배치되고, 첫 번째 셀의 아래에 있는 새로운 행의 셀에 숫자 2가 배치됩니다.

본격적인 실습에 앞서 이번에 활용할 함수를 간단하게 설명하겠습니다.

사용 함수	간단 설명
=ARRAYFORMULA(배열 수식)	배열 수식에서 여러 행 및 열에 반환된 값을 표시하고, 배열 함수가 아닌 함수에 배열을 사용할 수 있습니다
=FILTER(범위1, 조건1, [조건2 , …])	원본 데이터에서 조건에 충족하는 열 또는 행을 반환합니다. • 범위 - 원본 데이터 • 조건1 - 범위에서 추출할 값들에 대한 조건을 말합니다. • 추가 조건이 필요하다면 쉼표로 인수 구분하여 조건을 작성합니다. 조건은 하나의 행이나 열 배열에 사용하며 범위와 크기(길이)가 같아야 합니다.

하면 된다! } ARRAYFORMULA 함수로 데이터 취합하기

✓ 실습 파일 [04-6 ARRAYFORMULA 함수] 시트

배열 수식에 필요한 기호를 간단히 연습한 뒤 문단에 대한 실습을 진행해 보겠습니다.

배열 수식의 기호 확인하기

1. [B3:E4] 셀 범위에 1에서부터 4까지 배열 기호를 이용하여 입력해 보겠습니다.

❶ [B3] 셀에 셀 포인터를 두고 ={1,2,3,4}를 입력한 뒤 Ctrl + Shift + Enter 를 누릅니다.

❷ ARRAYFORMULA 함수가 호출된 것을 확인한 뒤 Enter 를 누릅니다.

❸ 결과를 확인해 보면 열 방향으로 숫자가 작성된 것을 알 수 있습니다.

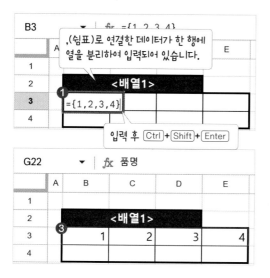

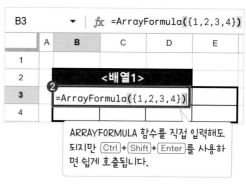

▶ 엑셀에서의 배열 수식은 Ctrl + Shift + Enter 를 누르면 {} (중괄호)가 자동 생성되어 배열 수식으로 변경되지만, 구글 스프레드시트에서는 Ctrl + Shift + Enter 를 누르면 ARRAY FORMULA 함수가 호출됩니다.

2. 다음 행에 5~8까지 입력되도록 만들어 볼까요?

❶ 수식이 입력된 [B3] 셀을 더블클릭하여 =ARRAYFORMULA({1,2,3,4;5,6,7,8})와 같이 수정합니다. ❷ Enter 를 눌러 결과를 확인해 보세요.

ARRAYFORMULA 함수 사용하기

3. 이제 셀 참조를 활용한 실습을 진행해 볼까요? 〈상품1〉의 값 아래(행 방향) 〈상품2〉의 값들을 추가하고자 합니다. ❶ 상품을 취합할 [Q4] 셀에 ={를 입력한 뒤 ❷ 첫 번째 항목인 [G4:I10] 셀 범위를 드래그합니다. 행 방향으로 추가하기 위해 ❸ ;(세미콜론)을 입력한 뒤 [L4:N10] 셀 범위를 드래그하고 }(중괄호)를 닫아주세요. ❹ Ctrl + Shift + Enter 를 눌러 ARRAYFORMULA 함수를 호출한 뒤 Enter 를 눌러줍니다.

▶ 직관적으로 결과물을 확인하기 위해 10행까지 참조하고 있지만, 앞으로 추가될 데이터가 일정하지 않다면 [G4:I]와 같이 오픈 참조를 활용하면 됩니다.

> 💡 **알아 두면 좋아요** **열린 참조를 이용하였더니 [결과가 자동으로 펼쳐지지 않았습니다. 행(2)을 더 삽입하세요.]와 같은 오류가 발생했을 경우**

실습 결과물을 살펴보면 [G4:I10] 셀 범위를 참조하였으므로 빈 행이 함께 호출됐습니다. 실무에선 [G4:I]와 같이 열린 참조를 이용하는 것을 추천하지만, FILTER 함수 없이 열린 참조를 할 경우 〈상품1〉의 모든 빈 행(약 50,000행)이 호출된 다음 〈상품2〉가 호출될 행이 부족하여 #REF 오류가 출력됩니다. 범위를 제한하여 실습한 뒤 FILTER 함수를 학습하고 열린 참조를 활용하세요.

▶ 원본으로 참조한 값이 변경될 경우 즉시 업데이트되므로 ARRAY FORMULA 수식이 입력된 [Q4] 셀을 제외한 나머지 셀의 값은 삭제되지 않습니다. 삭제 또는 수정을 하고 싶은 경우 원본 값을 변경해야 합니다.

임의로 〈상품1〉과 〈상품2〉의 수량이나 단가를 변경하고 새로운 품목을 추가해 보세요. 〈취합〉에 즉각 반영되는 것을 확인할 수 있습니다. 여러 행, 열에 입력된 값을 배열로 반환해 주는 ARRAYFORMULA 함수의 첫 번째 특징을 이해하셨나요?

빈 행은 제외하고 취합하려면 — FILTER 함수 사용하기

하지만 실습 결과물이 썩 마음에 드는 상태가 아닙니다. 〈상품1〉과 〈상품2〉의 빈 행이 함께 호출되어 정리가 필요할 것 같습니다. FILTER 함수를 이용하여 빈 행을 제외하고 취합해 볼까요?

FILTER 함수는 조건에 만족하는 범위만 추출해 주는 함수입니다. 실습 전 FILTER 함수를 현재 수식의 어느 부분에 적용해야 하는지 살펴보겠습니다.

실습에 사용한 배열 수식은 다음과 같이 2개의 범위(배열이지만 FILTER 함수 소개를 위해 범위라고 지칭)를 사용하고 있습니다. FILTER 함수는 행 방향으로 연결된 2개의 범위를 한꺼번에 필터링할 수 없으므로 범위1, 범위2에 각각 적용해야 합니다.

하면 된다! } FILTER 함수로 데이터 취합하기

✓ 실습 파일 [04-6 ARRAYFORMULA 함수] 시트

1. ❶ 첫 번째 범위에 FILTER(G4:I10과 같이 함수를 입력합니다. 이제 조건을 작성해야겠죠?
   ❷ ,G4:G10<>"")을 연결하여 조건을 직접 작성합니다. 작성한 수식이 FILTER(G4:I10, G4:G10<>"")와 같나요? 두 번째 범위도 같은 방식으로 수식을 입력하면 됩니다.

▶ 조건은 하나의 행이나 열 배열을 사용해야 하므로 [G] 열을 이용합니다. 범위(G4:I10)와 조건의 크기(길이)가 같아야 하므로 동일한 행 범위(G4:G10)를 조건 범위로 사용합니다.

4장 ◆ 구글 스프레드시트의 수식과 함수 **231**

2. 두 번째 범위에 FILTER 함수를 적용해 볼까요? ❶ 두 번째 범위에 FILTER(L4:N10과 같이 함수를 추가합니다. ❷ ,L4:L10<>"")를 범위 뒤편에 연결하여 직접 작성합니다. ❸ Enter 를 눌러 결과를 확인해 보세요.

P	Q	R	S	T	U	V	W
1							
2		<취합>				<ArrayFormula + Sumif>	
3	품명	수량	단가	금액		품명	금액
4	=ArrayFormula({ filter(G4:I10,G4:G10<>"");❶filter(L4:N10)})						

P	Q	R	S	T	U	V	W
1							
2		<취합>				<ArrayFormula + Sumif>	
3	품명	수량	단가	금액		품명	금액
4	=ArrayFormula({ filter(G4:I10,G4:G10<>"");filter(L4:N10❷,L4:L10<>"")})						

Q4 ▼ | fx =ArrayFormula({ filter(G4:I10,G4:G10<>"");filter(L4:N10,L4:L10<>"")})

	P	Q	R	S	T	U	V	W	X
1									
2			<취합>				<ArrayFormula + Sumif>		
3		❸품명	수량	단가	금액		품명	금액	
4		A	10	5,000			A		
5		B	20	10,000			B		
6		C	30	15,000					
7		D	40	20,000					
8		E	10	10,000					
9		B	20	10,000					
10		D	30	20,000					
11		A	40	5,000					
12									

> 〈상품1〉과 〈상품2〉 사이의 빈 행을 제외하고 취합되었습니다.

〈상품1〉에 품목을 추가해 보세요. 자동으로 업데이트되나요? '배열 수식에서 여러 행 및 열에 반환된 값을 표시한다'는 ARRAYFORMULA 함수의 첫 번째 특징을 살펴보며 빈 행도 함께 호출하는 문제점을 해결하기 위해 FILTER 함수를 함께 학습해 보았습니다.

💡 **알아 두면 좋아요** 품목이 지속적으로 추가되어 범위를 특정할 수 없을 경우 열린 참조를 이용해 보세요!

열린 참조를 이용하여 =ARRAYFORMULA({FILTER(G4:I,G4:G<>"");FILTER(L4:N,L4:L<>"")})와 같이 수식을 수정해 보세요. FILTER 함수 적용 전의 =ARRAYFORMULA({G4:I;L4:N }) 수식은 참조 오류(#REF)가 발생하지만 빈 행을 제외하고 호출하는 조건을 적용하였으므로 오류 없이 데이터를 호출할 수 있습니다. 열린 참조이므로 앞으로 품목이 1,000개 이상 추가되더라도 즉시 반영됩니다.

(2) '배열 함수가 아닌 함수에 배열을 사용할 수 있다'의 의미

ARRAYFORMULA 함수를 설명하는 두 번째 문단 '배열 함수가 아닌 함수에 배열을 사용할 수 있다'는 어떤 의미일까요? 배열 함수가 아닌 다른 함수 SUMIF 함수를 먼저 설명하겠습니다.

사용 함수	간단 설명
=ARRAYFORMULA(배열 수식)	배열 수식에서 여러 행 및 열에 반환된 값을 표시하고, 배열 함수가 아닌 함수에 배열을 사용할 수 있습니다.
=SUMIF(조건을 찾을 범위, 조건, 합을 구할 범위)	범위에서 조건에 해당되는 값의 합을 반환해 주는 함수

SUMIF 함수는 =SUMIF(조건을 찾을 범위, 조건, 합을 구할 범위)와 같은 형태를 가지고 있으며, 보통 조건 인수는 배열이 아닌 단일 셀을 사용합니다. 실습은 배열 함수가 아닌 SUMIF 함수의 조건에 배열을 사용하는 방법을 학습할 예정입니다.

이 과정에서 굳이 조건에 단일 셀을 사용하지 않고 배열을 이용하는 이유는 뭘까요? 한 건의 합만 구하는 것이 아닌, 여러 건의 내용을 함수 한번에 처리하여 업무 시간을 단축하고 싶거나, 조건이 계속 추가되어 매번 [채우기 핸들]로 업데이트하는 상황을 해결하기 위해서입니다. 실습을 통해 자세히 알아보겠습니다.

▶ ARRAYFORMULA 함수가 만능은 아닙니다. 많은 양의 데이터를 사용할 경우 처리 속도가 늦어질 수 있으며, 모든 함수를 배열 함수화시키지는 못 한다는 점을 기억해 주세요.

하면 된다! ▶ 배열 함수가 아닌 함수에 배열 사용하기

✓ 실습 파일 [04-6 ARRAYFORMULA 함수] 시트

우선 SUMIF 함수의 합을 구할 범위가 될 금액을 배열 수식을 활용하여 작성해 보겠습니다.

1. ❶ [T4] 셀에 셀 포인터를 두고 ={를 입력합니다.

❷ 수량 값이 위치한 [R4:R11] 셀 범위를 드래그한 뒤 ❸ *(곱하기)를 입력합니다.

❹ 대응되는 배열인 [S4:S11] 셀 범위를 드래그한 뒤 ❺ }(중괄호)를 닫아주세요.

T4 ▾ | *fx* ={R4:R11*S4:S11}

	<취합>			<ArrayFormula + Sumif>	
품명	수량	단가	금액	품명	금액
A	10	5,000	={R4:R11*S4:S11}	A	
B	20	10,000		B	
C	30	15,000			
D	40	20,000			
E	10	10,000			
B	20	10,000			
D	30	20,000			
A	40	5,000			

> 셀*셀의 형태가 아닌 범위*범위의 형태로 수식을 작성할 때 { }(중괄호) 안에 작성해야 배열로 인식합니다.

T4 ▾ | *fx* =ArrayFormula({R4:R11*S4:S11})

	<취합>			<ArrayFormula + Sumif>	
품명	수량	단가	금액	품명	금액
A	10	5,000	=ArrayFormula({R4:R11*S4:S11})		
B	20	10,000		B	
C	30	15,000		D	
D	40	20,000			
E	10	10,000			
B	20	10,000			
D	30	20,000			
A	40	5,000			

2. Ctrl + Shift + Enter 를 눌러 ARRAYFORMULA 함수를 호출한 뒤 Enter 를 눌러 결과를 확인해 보세요.

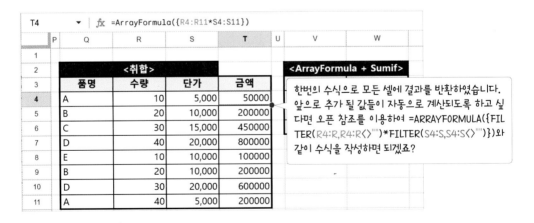

3. SUMIF 함수에 배열을 조건으로 활용하는 방법을 알아볼까요?

❶ [W4] 셀에 =SUMIF(를 입력하여 함수를 호출합니다.

❷ 조건을 찾을 범위 [Q4:Q11], 조건 [V4:V6], 합을 구할 범위 [T4:T11]을 차례로 드래그
하여 =SUMIF(Q4:Q11,V4:V6,T4:T11)와 같이 작성합니다.

4. SUMIF 함수의 조건에 배열을 사용하였으므로 Ctrl + Shift + Enter 를 눌러 ARRAY
FORMULA 함수를 추가한 뒤 Enter 를 눌러 결과를 확인해 보세요.

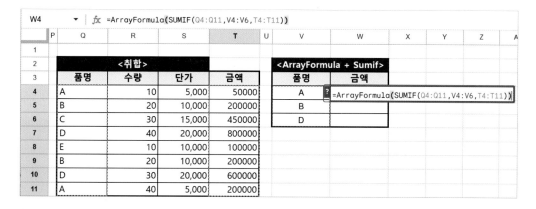

| W4 | | ▼ | fx | =ArrayFormula(SUMIF(Q4:Q11,V4:V6,T4:T11)) | | | | |

	P	Q	R	S	T	U	V	W	X	Y	Z	A
1												
2			**<취합>**					**<ArrayFormula + Sumif>**				
3			품명	수량	단가	금액		품명	금액			
4			A	10	5,000	50000		A	250000			
5			B	20	10,000	200000		B	400000			
6			C	30	15,000	450000		D	1400000			
7			D	40	20,000	800000						
8			E	10	10,000	100000						
9			B	20	10,000	200000						
10			D	30	20,000	600000						
11			A	40	5,000	200000						

▶ 앞으로 추가될 데이터가 많은 경우 오픈 참조를 이용하면 됩니다.

이렇게 ARRAYFORMULA 함수의 두 번째 특징인 '배열 함수가 아닌 함수에 배열을 사용할 수 있다'를 이해하기 위해 SUMIF 함수에 ARRAYFORMULA 함수를 함께 사용하는 실습을 진행해 보았습니다.

ARRAYFORMULA 함수를 이해하기 위해 여기에서는 SUMIF 함수를 예로 들고 있지만, IF, VLOOKUP 등 실무에 자주 사용하는 함수에도 배열을 이용하는 경우가 많습니다. 수만 건의 데이터에 대한 결과를 수식 한번에 해결할 수 있어 상당히 효율적이기 때문입니다.

🚶 **한 걸음 더** **조건이 계속 추가되는 경우 [W4] 셀에 다음 수식을 적용해 보세요!**

=ARRAYFORMULA(IF(V4:V="","",SUMIF(Q4:Q,V4:V,T4:T)))

• [V] 열의 값이 비어 있는 경우 빈칸을 출력하고, 그렇지 않으면 SUMIF 수식의 결과를 호출해 주는 수식입니다.

• SUMIF 함수의 범위들과 조건은 오픈 참조를 이용하고 있습니다. 조건([V] 열)에 값이 입력되지 않은 셀은 0이 반환되므로 0 대신 빈칸으로 처리하기 위해 IF 함수를 사용합니다.

• IF 함수는 배열 함수가 아니지만 ARRAYFORMULA 함수를 이용하였으므로 조건에 배열을 사용할 수 있게 됩니다.

엑셀에서는 못 쓰는
구글 스프레드시트만의 함수

05-1 | #Import함수 #IMPORTRANGE함수 #QUERY함수 #URL가져오기

인터넷의 데이터를 불러오는 IMPORT 함수

동영상 강의

구글 스프레드시트의 셀 범위를 가져오는 IMPORTRANGE 함수

구글 스프레드시트는 웹 브라우저 기반의 프로그램으로, 각 셀, 시트 파일은 고유한 URL (Uniform Resource Locator) 을 가지고 있습니다.

그래서 이번에는 스프레드시트의 URL을 활용하여 특정 시트의 내용을 호출하고, 여러 시트의 데이터를 취합하며, 실시간으로 반영되는 데이터를 확인하는 방법과, 조건에 따라 필요한 값을 불러오는 IMPORTRANGE 함수에 대해 알아보겠습니다.

사용 함수	간단 설명
=IMPORTRANGE ("스프레드시트_URL", "시트명! 셀 주소")	지정된 스프레드시트에서 셀 범위를 가져옵니다.

수식 설명	=IMPORTRANGE("https://docs.google.com/spreadsheets/d/1Wecrz5bvsuZ_ nOLqcByNOB7Wi09HhTByOQ4pruK64XA/edit#gid=77260423","직원1!B2:K")

- URL에서 [B2:K] 범위의 데이터를 삽입합니다.
- [K] 열이 열린 참조이므로 앞으로 추가되는 모든 데이터가 업데이트됩니다.

하면 된다! } 다른 시트에 있는 업무 데이터 실시간 반영하기

√ 실습 파일 [직원 1], [05 - 1 IMPORTRANGE 함수] 시트

1. IMPORTRANGE 함수를 사용하기 위해선 데이터를 가져올 URL을 복사해야 합니다.

❶ [직원1] 시트를 선택한 후 ❷ 주소 표시줄의 주소를 클릭하여 블록으로 지정하고 [Ctrl] +[C]를 눌러 복사하세요.

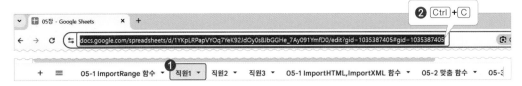

2. [05-1 IMPORTRANGE 함수] 시트의 [B3] 셀에 =IMPORTRANGE(함수를 호출한 뒤 ""(큰
따옴표) 안에 Ctrl + V 를 눌러 주소를 붙여넣고 인수 구분을 위해 ,(쉼표)를 입력합니다.

| B3 | ▼ | *fx* | =IMPORTRANGE("https://docs.google.com/spreadsheets/d/1Wecrz5bvsuZ_nOLqcByNOB7Wi09HhTByOQ4pruK64XA/edit#gi |

(스프레드시트 화면: B3 셀에 =IMPORTRANGE("https://docs.google.com/spreadsheets/d/1Wecrz5bvsuZ_nOLqcByNOB7Wi09HhTByOQ4pruK64XA/edit#gid=772604234", 입력)

헤더: 일자 구분 상품명 단가 수량 세일 세일가 담당자 회원등급 회원가

3. [직원1] 시트에 현재 입력된 값은 [B2:K7]까지이지만 앞으로 데이터가 계속 추가될 예정
이므로 열린 참조를 활용하겠습니다. 간단 설명에서 소개하는 가져오기 방식은 시트명!셀
범위였죠? "직원1!B2:K")와 같이 ""(큰따옴표) 안에 시트명과 셀 범위를 !(느낌표)로 구분하
여 직접 입력합니다.

| B3 | ▼ | *fx* | =IMPORTRANGE("https://docs.google.com/spreadsheets/d/1Wecrz5bvsuZ_nOLqcByNOB7Wi09HhTByOQ4pruK64XA/edit#gi |

(스프레드시트 화면: B3 셀에 =IMPORTRANGE("https://docs.google.com/spreadsheets/d/1Wecrz5bvsuZ_nOLqcByNOB7Wi09HhTByOQ4pruK64XA/edit#gid=772604234", "직원1!B2:K") 입력)

헤더: 일자 구분 상품명 단가 수량 세일 세일가 담당자 회원등급 회원가

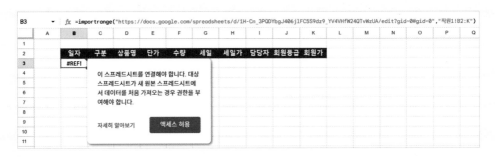

4. [직원1] 시트로 돌아가 마지막 행에 임의로 값을 추가한 뒤 [05-1 IMPORTRANGE 함수] 시트를 확인해 보세요. 값이 업데이트된 것을 확인할 수 있습니다.

	A	B	C	D	E	F	G	H	I	J	K	L
1												
2		일자	구분	상품명	단가	수량	세일	세일가	담당자	회원등급	회원가	
3		2024-01-01	유산균	마크 유산	184,000	1	67%	60,720	김송희	GOLD	54,648	
4		2024-01-01	유산균	캄노's	100,000	2	5%	190,000	김송희	SILVER	180,500	
5		2024-01-02	비타민	뉴리아	1,000,000	1	92%	80,000	김송희	GOLD	72,000	
6		2024-01-02	유					60,720	김송희	GOLD	54,648	
7		2024-01-02	유					200,000	김송희	VIP	170,000	
8		2024-01-04	유					190,000	김송희	SILVER	180,500	
9		2024-01-05										
10												

> [직원1] 시트에 임의로 날짜를 추가하였더니 [05-1 IMPORTRANGE 함수] 시트에 즉시 반영된 것을 확인할 수 있습니다.

여러 데이터를 가져오는 방법

하나의 시트 내용만 옮겨서 사용한다면 간단하게 [복사] 기능을 사용해도 되는 것 아닐까 하는 의문이 들 수 있습니다. 사실 맞습니다. 하지만 동시에 여러 명이 판매 현황을 각 시트에 작성하고 있고 이 내용을 매번 복사하여 사용해야 한다면 상당히 번거롭지 않을까요?

이 작업을 한번에 해결할 수 있는 방법이 있습니다. 바로 앞서 배웠던 [배열]을 이용하는 것이죠. 일단 어떻게 구성할지 다음 화면을 통해 살펴보겠습니다.

[05-1 IMPORTRANGE 함수] 시트의 [B3] 셀에 [직원1], [직원2], [직원3]의 데이터를 가져오고, 추가되는 내용이 즉시 업데이트되는 방식을 살펴보겠습니다.

04-6절의 배열 수식 실습에서 배열 수식은 { }(중괄호) 안에 작성해야 하며, 행 방향(세로, 아래쪽) 배열은 ;(세미콜론)으로 구분한다고 배웠죠. 이 내용을 실습에 적용해 보자면 [직원1] 시트의 값 아래로 [직원2], [직원3] 시트 내용을 호출하기 위한 수식은 다음과 같은 형식으로 작성될 것입니다.

={IMPORTRANGE("직원1URL", "범위"); IMPORTRANGE("직원2URL", "범위");
IMPORTRANGE("직원3URL", "범위")}

실습을 통해 이러한 문제를 해결해 보겠습니다.

하면 된다! } IMPORTRANGE 함수로 여러 데이터를 한번에 가져오기

✔ 실습 파일 [직원1], [직원2], [직원3], [05 - 1 IMPORTRANGE 함수] 시트

1. ❶ [B3] 셀을 클릭한 뒤 수식 입력줄에서 등호를 뺀 나머지 수식을 Ctrl + C 를 눌러 복사합니다. ❷ 함수가 시작되는 부분에 {(중괄호)를 입력하고 ❸ 마지막 부분에 ;(세미콜론)을 입력합니다.

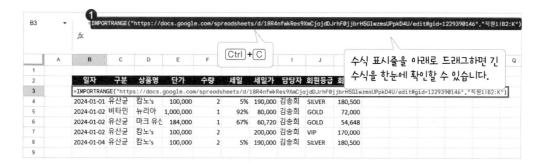

2. ❶ `Ctrl`+`V`를 눌러 복사한 수식을 붙여넣습니다. ❷ 시트의 이름을 직원2로 수정한 뒤
❸ 마지막 지점에 ;(세미콜론)을 입력합니다. ❹ 한번 더 `Ctrl`+`V`를 눌러 수식을 추가하고
❺ 시트명을 직원3으로 수정한 뒤 ❻ }(중괄호)를 닫고 `Enter`를 눌러 수식을 적용합니다.

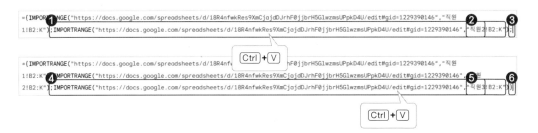

3. 약간의 문제가 발생합니다. 수식에서 사용한 열린 참조로 인해 각 시트에서 데이터가 입
력되지 않은 빈 행까지 모두 호출되었습니다. [B9] 셀에서 `Ctrl`+`↓`를 눌러보면 두 번째
로 호출한 [직원2]의 값들은 1002행부터 호출된 것을 확인할 수 있죠? [직원3] 시트의 내
용은 2001행에 호출되었네요.

	A	B	C	D	E	F	G	H	I	J	K	L
999												
1000												
1001												
1002		2024-01-01	유산균	스티브 버	45,000	5	33%	150,750	강은지	GOLD	135,675	
1003		2024-01-04	비타민	올VITA	22,900	4	30%	64,120	강은지	비회원	64,120	
1004		2024-01-04	유산균	캄노's	100,000	6	5%	570,000	강은지	GOLD	513,000	
1005		2024-01-04	비타민	유어비타	79,000	1	48%	41,080	강은지	SILVER	39,026	
1006												

	A	B	C	D	E	F	G	H	I	J	K	L
1999												
2000												
2001		2024-01-01	유산균	마크 유산	184,000	1		184,000	최일준	비회원	184,000	
2002		2024-01-03	유산균	맥스 골드	29,000	2	55%	26,100	최일준	SILVER	24,795	
2003		2024-01-03	유산균	맥스 골드	29,000	2		58,000	최일준	SILVER	55,100	
2004		2024-01-04	유산균	마크 유산	184,000	7		1,288,000	최일준	VIP	1,094,800	
2005		2024-01-04	유산균	맥스 골드	29,000	7	55%	91,350	최일준	GOLD	82,215	
2006												

중간의 빈 셀을 제거하는 조건을 처리하고 싶다면 FILTER 함수나 QUERY 함수를 이용하여 작업해야 합니다. 문제점을 해결하기 위해 QUERY 함수를 이용하여 작업해 보겠습니다.

4. ❶ [B3] 셀을 선택한 뒤 수식 표시줄의 가장 앞에 QUERY 함수를 추가하고 ❷ 가장 마지막에 ,(쉼표)를 입력하여 인수를 구분합니다. ❸ "where Col1 is not null"과 같이 ""(큰따옴표) 안에 대/소문자를 구분하여 조건을 작성하고) 괄호를 닫고 Enter 를 눌러 수식을 적용합니다.

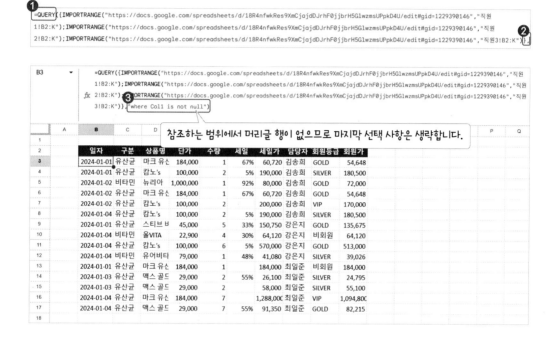

갑자기 QUERY 함수가 등장해 당황했나요? 책의 순서대로 실습을 따라했다면 QUERY 함수 사용법을 아직 배우지 않은 단계입니다. 이후 QUERY 함수에 대해 학습할 예정이니 큰따옴표 안의 내용은 '조건을 처리하기 위한 구문'이다 정도로 알고 넘어가겠습니다.

사용 함수	간단 설명
=QUERY(범위, 검색어, [헤더])	• 범위에서 Google Visualization API 검색 언어로 검색을 실행합니다. • 범위: 검색을 수행할 셀 범위, 즉 원본 데이터를 말합니다. • 검색어: 쿼리(질의어). 원본 데이터에서 수행할 명령어. ""(큰따옴표) 안에 작성해야 합니다. • [헤더]: 데이터 상단의 머리글 수(제목행)

조건으로 작성된 "where Col1 is not null"의 의미는 첫 번째 열이 빈 값이 아닌 경우, 즉 값이 있는 데이터만 추출하라는 의미가 됩니다. 이때 Col은 대/소문자를 구분해 주세요. "where B is not null"과 같이 열 머리글을 직접 입력하면 #VALUE! 오류가 발생하니 주의하세요.

5. 실습이 마무리되었습니다. [직원1] 시트의 마지막 셀에 임의로 2024-01-05를 입력한 뒤 Enter 를 눌러주고 [05-1 IMPORTRANGE 함수] 시트에서 값이 입력되는 위치를 확인해 보세요. 새로운 데이터가 입력되었을 때 값이 즉시 업데이트되며 현재 화면의 다른 시트의 값들이 자동으로 위치가 조정됩니다.

B9		fx 2024-01-05								
	A	B	C	D	E	F	G	H	I	J	K
1											
2		일자	구분	상품명	단가	수량	세일	세일가	담당자	회원등급	회원가
3		2024-01-01	유산균	마크 유신	184,000	1	67%	60,720	김송희	GOLD	54,648
4		2024-01-01	유산균	캄노's	100,000	2	5%	190,000	김송희	SILVER	180,500
5		2024-01-02	비타민	뉴리아	1,000,000	1	92%	80,000	김송희	GOLD	72,000
6		2024-01-02	유산균	마크 유신	184,000	1	67%	60,720	김송희	GOLD	54,648
7		2024-01-02	유산균	캄노's	100,000	2		200,000	김송희	VIP	170,000
8		2024-01-04	유산균	캄노's	100,000	2	5%	190,000	김송희	SILVER	180,500
9		2024-01-05									
10		2024-01-01	유산균	스티브 ㅂ	45,000	5	33%	150,750	강은지	GOLD	135,675
11		2024-01-04	비타민	올VITA	22,900	4	30%	64,120	강은지	비회원	64,120
12		2024-01-04	유산균	캄노's	100,000	6	5%	570,000	강은지	GOLD	513,000
13		2024-01-04	비타민	유어비타	79,000	1	48%	41,080	강은지	SILVER	39,026
14		2024-01-01	유산균	마크 유신	184,000	1		184,000	최일준	비회원	184,000
15		2024-01-03	유산균	맥스 골드	29,000	2	55%	26,100	최일준	SILVER	24,795
16		2024-01-03	유산균	맥스 골드	29,000	2		58,000	최일준	SILVER	55,100
17		2024-01-04	유산균	마크 유신	184,000	7		1,288,00C	최일준	VIP	1,094,80C
18		2024-01-04	유산균	맥스 골드	29,000	7	55%	91,350	최일준	GOLD	82,215
19											
20											
21											

💡 알아 두면 좋아요 FILTER 함수를 사용해 데이터를 불러온다면?

FILTER 함수를 이용하여 빈 셀을 제거하고 싶다면 다음 수식처럼 작성하면 됩니다.
={FILTER('직원1'!B2:K,'직원1'!B2:B<>"");FILTER('직원2'!B2:K,'직원2'!B2:B<>""); FILTER('직원3'!B2:K,'직원3'!B2:B<>"")}

웹 페이지 정보를 구글 스프레드시트로 가져오는 IMPORTHTML 함수

주식에 관심이 있나요? 어디선가 엑셀로 주식 관련 작업을 해서 자동화를 완성했다는 이야기를 들어봤을 거예요. 엑셀로 이런 주식 데이터를 만드는 것은 정말 복잡하고 귀찮은 작업이지만, 스프레드시트를 활용한다면 손쉽게 실시간 데이터를 불러오고 분석할 수 있습니다.

우선 이번 실습에 필요한 함수를 알아보겠습니다.

사용 함수	간단 설명
=IMPORTHTML(URL, 검색어, 색인, 언어)	• HTML 웹 페이지에서 표(Table) 또는 목록(List)에 있는 데이터를 가져옵니다. • URL: 검토할 페이지의 URL이며 프로토콜(예: http://)을 포함합니다. URL 값은 ""(큰따옴표)로 묶거나 적절한 텍스트를 포함하는 셀에 대한 참조여야 합니다. • 검색어(쿼리): 원하는 데이터가 어떤 구조에 포함되었는지에 따라 List 또는 Table입니다. • 색인: HTML 소스에 정의된 표 또는 목록 중 반환되어야 하는 것을 확인하는 색인으로 1부터 시작합니다. • 언어: 지정하지 않으면 웹 문서의 언어가 반영됩니다.

IMPORTHTML은 HTML(Hyper Text Markup Language)로 작성된 웹 페이지에서 원하는 데이터를 추출하는 함수입니다. 프로그래밍에 대한 지식이 없어도 사용 방법만 익히면 빠르게 데이터를 추출할 수 있다는 장점이 있습니다.

학습할 IMPORTHTML은 테이블(Table)과 리스트(List) 구조만 불러올 수 있으며, 테이블과 리스트로 작성되었더라도 자바스크립트인 경우에는 불러올 수 없습니다.

자바스크립트는 웹의 동적 기능을 구현하기 위한 프로그래밍 언어입니다. 좀 더 쉽게 설명하자면 웹 페이지에 움직임과 반응을 추가하는 프로그래밍 언어입니다. 사용자가 버튼을 클릭하면 다음 문항이 나오는 반응을 하도록, 마우스 포인터를 위치하면 광고가 확대되는 움직임이 있도록 만드는 등, 웹 페이지의 동적 기능을 구현하기 위해 자바스크립트를 사용한다는 것입니다. 많은 부분에서 사용하고 있는 자바스크립트는 IMPORTHTML로는 호출할 수 없는 구조입니다. 그러므로 굳이 프로그래밍에서 사용하는 용어인 웹 크롤링, 웹 스크래핑이라는 단어는 사용하지 않겠습니다.

우선 IMPORTHTML이 가져올 수 있는 구조인 테이블과 리스트를 살펴볼까요?
웹 페이지에서 표로 작성된 데이터는 〈table〉 태그로 작성되며, 소스 코드의 형태는 〈table〉로 시작하여 〈/table〉로 끝납니다. 〈th〉 태그는 테이블의 헤더 셀을 정의하며, 〈tr〉 태그로 행을, 〈td〉 태그로 셀을 정의합니다. 태그가 화면에 표현될 때는 아래와 같이 표의 형태로 보이게 됩니다.

─── 코드 ───
```
<table>
 <tr>
  <th>과일</th> <!--헤더 셀: "과일" -->
  <th>가격</th> <!--헤더 셀: "가격" -->
 </tr>
 <tr>
  <td>사과</td> <!--데이터 셀: "사과" -->
  <td>가격</td> <!--데이터 셀: "5000원" -->
 </tr>
 <tr>
  <td>바나나</td> <!--데이터 셀: "바나나" -->
  <td>500원</td> <!--데이터 셀: "10000원" -->
 </tr>
</table>
```

결과

과일	가격
사과	5000원
바나나	10000원

웹 페이지에서 목록을 작성할 때 순서가 있는 목록은 〈ol〉(ordered list) 태그를 사용하고, 순서가 없는 목록은 〈ul〉(unordered list) 태그를 사용합니다. 각 목록 항목은 〈li〉 태그로 정의하며, 이러한 태그들이 화면에 표시될 때는 다음과 같은 형태로 나타납니다.

코드	결과	코드	결과
<ol> <li>사과</li> <li>바나나</li> <li>포도</li> </ol>	1. 사과 2. 바나나 3. 포도	<ul> <li>사과</li> <li>바나나</li> <li>포도</li> </ul>	• 사과 • 바나나 • 포도

그럼 IMPORTHTML 함수를 이용하여 데이터를 불러오는 방법을 알아보겠습니다.

하면 된다! ﹜ 웹 페이지에서 데이터 추출하기 ─ IMPORTHTML 기본 사용법

✓ 실습 파일 [05-1 IMPORTHTML 함수] 시트

자바스크립트가 아닌 웹 페이지인지 알아보기

1. 실습에 사용할 웹 페이지 주소(네이버페이 증권)를 [C2] 셀에 입력해 두었습니다.

❶ [C2] 셀에 마우스 포인터를 가져가면 다음 화면과 같이 말풍선 도움말이 팝업됩니다.

❷ 국내증시를 클릭하여 해당 페이지로 이동해 주세요.

> 말풍선 도움말이 팝업되지 않는다면 [C2] 셀을 더블클릭하고 임의의 셀을 클릭한 뒤 다시 [C2] 셀에 마우스 포인터를 가져가 보세요.

2. 해당 웹 페이지에서 IMPORTHTML 함수로 가져올 수 있는 부분을 먼저 알아보겠습니다. 주소 표시줄에서 ❶ [사이트 정보 보기] → ❷ [사이트 설정]을 클릭합니다. ❸ 자바스크립트를 차단한 뒤 ❹ 국내증시 : 네이버페이 증권 탭으로 돌아가 F5를 눌러 새로고침 합니다.

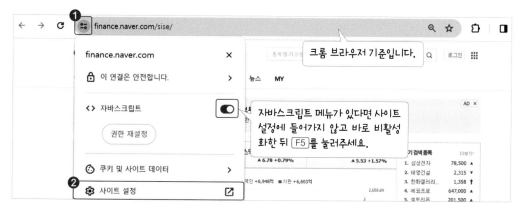

> 크롬 브라우저 기준입니다.

> 자바스크립트 메뉴가 있다면 사이트 설정에 들어가지 않고 바로 비활성화한 뒤 F5를 눌러주세요.

3. 자바스크립트를 차단하니 화면에 보이던 광고가 사라졌네요? 즉 광고를 제외하고는 모든 항목을 가져갈 수 있는 상태로 보입니다. 다시 ❶ 주소 표시줄에서 [사이트 정보 보기]를 클릭한 뒤 ❷ 자바스크립트 메뉴를 허용으로 변경하고 F5 를 눌러 새로고침 합니다.

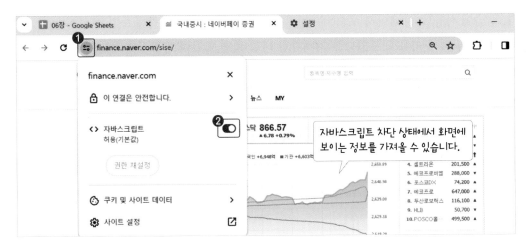

웹 페이지에서 테이블과 리스트 확인하기

4. 앞서 함수 설명에서 IMPORTHTML 함수는 테이블 또는 리스트 구조만 추출할 수 있다고 했습니다. 그럼 웹 페이지의 내용이 테이블인지 리스트인지 어떻게 확인하는 걸까요? 코스피, 코스닥, 코스피200의 투자자별 매매 동향의 구조를 우선 알아보겠습니다.

   ❶ 개인에서 마우스 오른쪽 버튼을 누른 뒤 ❷ 검사를 선택합니다.

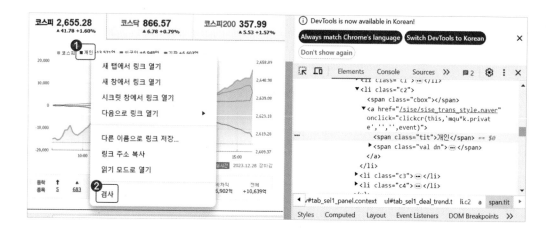

5. 화면 오른쪽에 개발자 도구가 나타나며 특정 태그(Tag) 부분이 선택되어 있습니다. 마우스 포인터를 강조 표시된 태그 쪽으로 가져가면 개인에 해당한다는 것을 알 수 있도록 왼쪽의 웹 페이지도 강조 표시를 해줍니다.

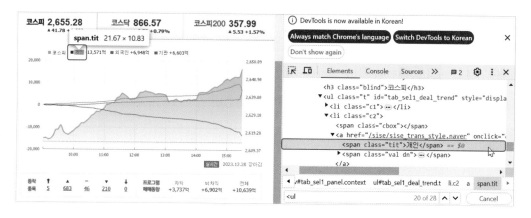

6. ⟨ul class="t" id="tab_sel1_deal_trend"⟩~로 작성된 상위 태그를 클릭해 보세요. 우리가 추출할 지점이 선택되는 것을 알 수 있습니다. 이때 태그는 ⟨ul로 작성되어 있죠? 리스트 구조라는 의미입니다.

그럼 몇 번째에 위치한 리스트인 걸까요? [Ctrl]+[F]를 이용하여 코드를 검색하더라도 정확한 위치값을 찾아내긴 힘드니 직접 테스트해 보는 방법이 가장 빠릅니다.

7. 05장 탭으로 돌아와서 ❶ [B4] 셀에 IMPORTHTML 함수를 호출합니다. 사용할 URL은 [C2] 셀에 입력되어 있고 가져올 타입은 리스트 형식이죠? 테스트로 두 번째 리스트를 불러와 보겠습니다. ❷ =IMPORTHTML(C2, "List", 2)와 같이 함수를 완성하고 [Enter]를 눌러 결과를 확인해 보세요.

B4	▼	*fx*	=IMPORTHTML(C2,"List",2)				
	A	**B**	C	D	E	F	G	H
1								
2		**링크**	https://finance.naver.com/sise/				
3								
4		❷ =IMPORTHTML(C2,"List",2)					
5								

> 셀 참조를 하지 않을 때는 URL을 " "(큰따옴표) 안에 작성하면 됩니다.
> =IMPORTHTML("https://finance.naver.com/sise/","List",2)

B2	▼	*fx*	링크				
	A	**B**	C	D	E	F	G	H
1								
2		**링크**	https://finance.naver.com/sise/				
3								
4		증권 홈						
5		국내증시선택됨						
6		해외증시						
7		시장지표						
8		리서치						
9		뉴스						
10		MY						

> 데이터가 호출되지 않을 경우 [엑세스 허용] 버튼을 클릭해 주세요.

8. 두 번째 리스트는 웹 페이지 가장 상단 메뉴였네요. 마지막 인수인 색인번호를 바꿔가며 투자자별 매매 동향 값을 찾아보았더니 8, 9, 10번에 위치하고 있었습니다. 우선 [B4] 셀에 작성한 값부터 수정하여 코스닥부터 찾아오겠습니다.

❶ [B4] 셀을 더블클릭하여 [C2] 셀을 절대 참조하고 ❷ 색인번호는 8로 변경한 뒤 [Enter]를 눌러 결과를 확인해 주세요.

B4	▼	*fx*	=IMPORTHTML($C$2,"List",8)			
	A	**B**				
1						
2		**링크**	https://finance.naver.com/sise/			
3						
4		? =IMPORTHTML(❶$C$2,"List",❷8)				

> 나머지 값을 수월하게 가져오기 위해 절대 참조합니다.

9. ❶ [B4] 셀의 수식을 [채우기 핸들]을 이용하여 [D4] 셀까지 채워줍니다.

❷ [C4] 셀을 더블클릭한 뒤 색인번호를 9로 변경하고 Enter 를 누릅니다.

❸ 마찬가지로 [D4] 셀을 더블클릭하여 색인번호를 10으로 수정하고 Enter 를 눌러줍니다.

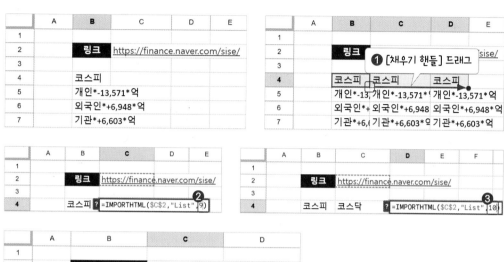

> 실시간 정보이므로 수치는 예시 화면과 같지 않습니다. 코스피, 코스닥, 코스피200의 정보가 구글 시트로 제대로 추출되면 성공한 것입니다.

💡 알아 두면 좋아요 리스트가 아닌 테이블은 어떻게 추출하나요?

개발자 도구에서 검사한 태그가 ⟨Table ~ 또는 ⟨tbody⟩ 로 시작하는 경우 검색어를 "table"로 입력하여 추출하면 됩니다.

다음은 [G3] 셀에 수식을 입력한 결과입니다. =IMPORTHTML(C2,"table",1)

	A	B	C	D	E	F	G	H	I
G4	▼	f_x =IMPORTHTML(C2,"table",1)							
1									
2		링크	https://finance.naver.com/sise/						
3									
4		코스피	코스닥	코스피200			업종명	전일대비	등락그래프
5		개인*+7,8	개인*-22!	개인*+7,209*억					
6		외국인*-	외국인*-	외국인*-3,491*억			복합유틸리티	+5.29%	100%
7		기관*-3,6	기관*+65	기관*-3,775*억			에너지장비및서비스	+3.74%	70%
8							생물공학	+3.17%	59%

웹 자료 추출하여 차트 생성하기

우선 추출한 데이터를 먼저 살펴볼까요? 차트를 만들기 위해서는 계열, 항목, 값이 필요한데 값으로 사용할 부분인 수치가 순수한 숫자가 아닌 '개인*−13,571*억'과 같이 문자+숫자 형태로 추출되었습니다. 우리는 별표(*) 사이의 숫자만 필요하죠?

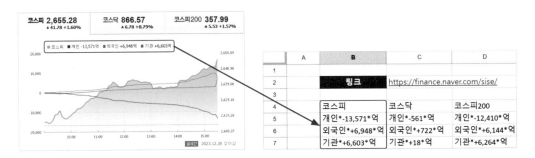

03-3절에서 배웠던 정규 표현식을 이용하여 필요한 값만 추출해 보겠습니다. 대신 이번 실습은 찾기 및 바꾸기가 아닌 함수를 이용하겠습니다.

이번 실습을 하기 위해 알아둬야 할 함수는 다음과 같습니다.

사용 함수	간단 설명
=REGEXEXTRACT(문자열, 정규 표현식)	문자열에서 정규 표현식에 따라 일치하는 부분 문자열을 추출합니다.

하면 된다! } IMPORTHTML로 추출한 자료를 활용해 차트 만들기

√ 실습 파일 [05-1 IMPORTHTML 함수] 시드

1. 차트를 생성하기 위해 계열과 항목을 [A10:A12]과 [B9:D9] 셀 범위에 다음과 같이 직접 입력합니다.

	A	B	C	D
1				
2		링크	https://finance.naver.com/sise/	
3				
4		코스피	코스닥	코스피200
5		개인*-13,571*억	개인*-561*억	개인*-12,410*억
6		외국인*+6,948*억	외국인*+722*억	외국인*+6,144*억
7		기관*+6,603*억	기관*+18*억	기관*+6,264*억
8				
9		코스피	코스닥	코스피200
10	개인			
11	외국인			
12	기관			

2. 원본에서 필요한 값만 추출하기 위해 ❶ [B10] 셀에 REGEXEXTRACT 함수를 호출합니다. 값을 추출할 텍스트와 정규 표현식을 ❷ =REGEXEXTRACT(B5,"*(.*?)*")와 같이 작성한 뒤 ⌈Enter⌋를 누릅니다.

	A	B	C	D
1				
2		**링크**	https://finance.naver.com/sise/	
3				
4		코스피	코스닥	코스피200
5		개인*-13,571*억	개인*-561*억	개인*-12,410*억
6		외국인*+6,948*억	외국인*+722*억	외국인*+6,144*억
7		기관*+6,603*억	기관*+18*억	기관*+6,264*억
8				
9		**코스피**	**코스닥**	**코스피200**
10	개인	❶=REGEXEXTRACT(		
11	외국인			
12	기관			

	A	B	C	D
1				
2		**링크**	https://finance.naver.com/sise/	
3				
4		코스피	코스닥	코스피200
5		개인*-13,571*억	개인*-561*억	개인*-12,410*억
6		외국인*+6,948*억	외국인*+722*억	외국인*+6,144*억
7		기관*+6,603*억	기관*+18*억	기관*+6,264*억
8				
9		-13,571 × 피	**코스닥**	**코스피200**
10	개인	❷=REGEXEXTRACT(B5,"*(.*?)*")		
11	외국인			
12	기관			

3. [B10:B12] 열을 채우기 위해 자동 완성 제안사항에 [체크 표시]하거나 ⌈Ctrl⌋+⌈Enter⌋를 누릅니다.

		코스피	코스닥	코스피200
8				
9		**코스피**	**코스닥**	**코스피200**
10	개인	-13,571		
11	**외국인**	+6,948		
12	기관	+6,603		
13				
14			자동 완성 ⋮	
15			자동 완성 제안사항	
16			Ctrl+Enter 키를 눌러 자동 완성하세요. 수식 표시	
17			✓ ✕	

💡 **알아 두면 좋아요** 정규 표현식에서 사용한 *(.*?)*의 의미

각 문자에 대한 상세 내용은 03-3절에서 확인할 수 있습니다.

*	찾을 문자열이 반드시 *로 시작해야 한다는 의미입니다.
(.*?)	실제로 찾고자 하는 내용을 나타냅니다.
(	그룹을 엽니다. 그룹은 특정 부분을 추출할 때 사용됩니다. 닫을 때는)를 사용합니다.
.*?	임의의 문자(0개 이상)를 나타내는 패턴입니다. 글자수가 일정하지 않으므로 문자(.)가 여러 번 반복(*)하되 가능한 불필요한 매칭은 자제(?: 비탐욕적 매칭)합니다. 모든 경우의 수를 추출하고 싶다면 ₩*(.*)₩*와 같이 작성합니다. 예: *(.*?)* → *123*456* → 123 예: *(.*)* → *123*456* → 123*456
*	찾을 문자열이 반드시 *로 끝나야 한다는 의미입니다.

추출한 값들이 왼쪽 정렬되어 있는 것을 확인할 수 있습니다. 기본적으로 셀에 작성한 값이 문자인 경우 왼쪽, 숫자인 경우 오른쪽 정렬되죠? 문자 데이터에서 추출한 숫자는 모양만 숫자일 뿐 숫자 형식이 아니므로 차트에서 값으로 사용되지 못합니다. 그럼 빠르게 숫자 형식으로 변경해 볼까요?

4. 수식을 수정하기 위해 ❶ [B10] 셀을 더블클릭한 뒤 수식의 가장 마지막에 ❷ *1을 입력하고 Enter 를 눌러 결과를 확인해 보세요. ❸ 숫자 형식으로 변경되어 오른쪽 정렬된 것을 확인할 수 있습니다.

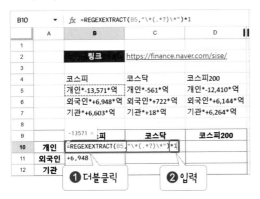

5. [B10] 셀에서 [D12] 셀까지 [채우기 핸들]을 이용해 수식을 복사한 뒤 결과를 확인해 보세요.

	A	B	C	D	E	F	G
1							
2		**링크**	https://finance.naver.com/sise/				
3							
4		코스피	코스닥	코스피200			
5		개인*-13,571*억	개인*-561*억	개인*-12,410*억			
6		외국인*+6,948*억	외국인*+722*억	외국인*+6,144*억			
7		기관*+6,603*억	기관*+18*억	기관*+6,264*억			
8							
9		**코스피**	**코스닥**	**코스피200**			
10	**개인**	-13571	-561	-12410			
11	**외국인**	6948	722	6144			
12	**기관**	6603	18	6264			
13							
14							
15							
16							

기본 차트 만들기

6. 이제 간단한 차트를 만들어 보겠습니다. ❶ [A9:D12] 셀 범위를 지정한 뒤 ❷ [삽입] → ❸ [차트]를 선택합니다.

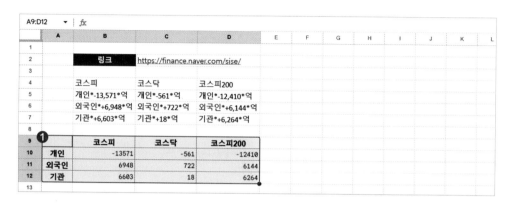

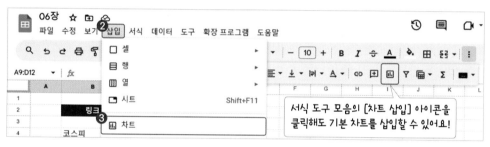

> 서식 도구 모음의 [차트 삽입] 아이콘을 클릭해도 기본 차트를 삽입할 수 있어요!

7. 차트를 적당한 위치로 이동시켜 크기를 조절한 뒤 ❶ [맞춤설정] → ❷ [차트 및 축 제목]을 클릭하여 ❸ 차트 제목을 투자자별 매매 동향으로 수정한 뒤 ❹ 가운데 정렬을 선택합니다.

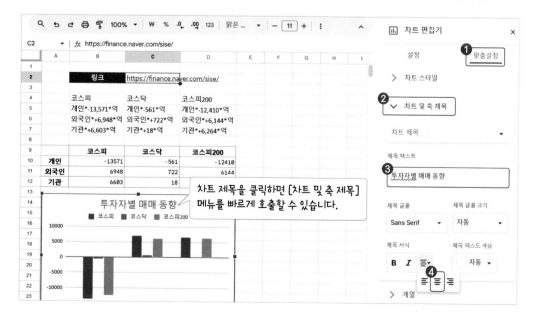

> 차트 제목을 클릭하면 [차트 및 축 제목] 메뉴를 빠르게 호출할 수 있습니다.

8. 범례의 위치를 변경해 볼까요? ❶ 차트의 범례를 클릭하면 [맞춤설정]이 자동으로 [범례] 메뉴로 변경됩니다. ❷ [위치]를 하단으로 변경합니다. 간단한 차트가 작성되었습니다.

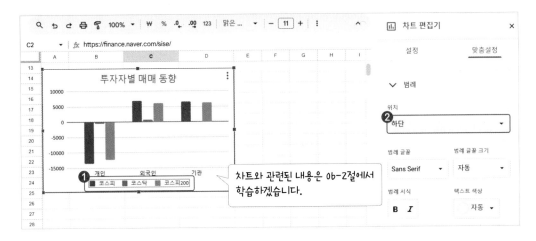

9. 자료가 깔끔하게 보이도록 참조한 데이터는 숨기겠습니다. ❶ [2:7] 행을 드래그한 뒤 마우스 오른쪽 버튼을 눌러 ❷ [2-7행 숨기기]를 누릅니다.

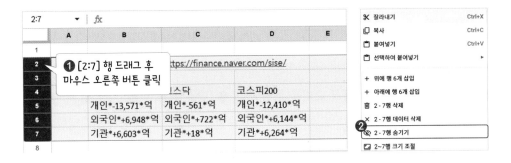

10. 웹 페이지의 값이 변경되면 실시간으로 데이터를 반영하여 수치와 차트가 업데이트됩니다.

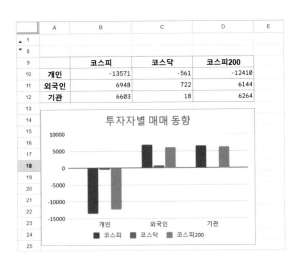

테이블, 리스트가 아닌 데이터 추출하기

이전 실습에서 증시 데이터를 가져와 실시간으로 차트에 반영되도록 만들어 두었습니다. 이때 사용된 데이터는 〈table〉과 〈list〉 태그를 사용하는 데이터였습니다. 가져온 증시 데이터에 날짜를 적용하기 위해 네이버페이 증권 페이지의 차트 아래 '실시간' 부분을 확인해 보았더니 〈span〉 태그를 사용하고 있습니다. 지금까지 배운 IMPORTHTML 함수로는 데이터를 추출할 수 없네요. 그럼 〈table〉과 〈list〉 태그가 아닌 데이터는 가져올 수 없는 걸까요?

이제 새로운 함수를 배워볼 시간입니다. 이번에 소개할 IMPORTXML 함수는 다소 과정이 복잡하지만 IMPORTHTML 함수로 추출할 수 없었던 요소까지 추출하여 사용할 수 있는 장점이 있는 함수입니다.

사용 함수	간단 설명
=IMPORTXML(URL, XPath 검색어, 언어)	• 온라인에서 XML, HTML, CSV, TSV, RSS 및 Atom XML 피드를 포함한 다양한 구조화된 데이터로부터 데이터를 가져옵니다. • 인수에 사용되는 URL, XPath 언어를 직접 입력하는 경우에는 ""(큰따옴표) 안에 작성해야 합니다. • XPath(XML Path Language)는 XML 문서의 특정 부분을 선택하기 위한 언어입니다.

하면 된다! } 웹 정보 가져오기 — IMPORTXML 함수

✓ 실습 파일 [05-1 IMPORTHTML, IMPORTXML 함수] 시트

1. 추출 데이터의 기준 날짜를 [C13] 셀에 작성하기 위해 ❶ 앞서 만든 차트를 [16] 행 근처로 옮깁니다. 이전 실습으로 숨겨진 행을 다시 나타내기 위해 ❷ 확장 버튼을 눌러 숨기기 취소 합니다.

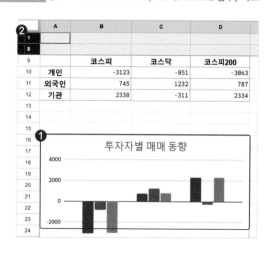

2. IMPORTXML 함수에서 필요한 요소는 URL과 XPath입니다.

❶ [C2] 셀에 마우스 포인터를 두고 ❷ 팝업된 말풍선의 국내증시를 클릭합니다. ❸ XPath 를 찾을 날짜를 블록으로 지정하고 마우스 오른쪽 버튼을 눌러 ❹ 검사를 선택합니다.

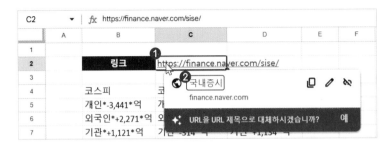

3. 오른쪽 화면에 나타난 개발자 도구 Element 패널의 ❶ 강조 표시된 html 태그에서 마우 스 오른쪽 버튼을 눌러 ❷ [Copy] → ❸ [Copy XPath]를 선택합니다.

4. [05장] 탭으로 돌아가서 [C13] 셀에 IMPORTXML 함수를 호출합니다.

❶ [C2] 셀을 클릭해 =IMPORTXML(C2,와 같이 수식을 작성한 뒤 ❷ "(큰따옴표)를 입력하고 ⌨Ctrl + ⌨V를 눌러 XPath를 호출한 뒤 "(큰따옴표)와) 괄호를 차례로 닫아줍니다. 현재 수식은 =IMPORTXML(C2,"//*[@id="time3"]")까지 작성되었습니다.

C13	▼	fx	=IMPORTXML(C2,"//*[@id="time3"]")		
	A	B	C	D	E
1					
2		**링크**	https://finance.naver.com/sise/		
3					
4		코스피	코스닥	코스피200	
5		개인*-3,441*억	개인*-848*억	개인*-3,330*억	
6		외국인*+2,271*억	외국인*+1,216*억	외국인*+2,244*억	
7		기관*+1,121*억	기관*-314*억	기관*+1,134*억	
8					
9		**코스피**	**코스닥**	**코스피200**	
10	개인	-3441	C13 -848	-3330	
11	외국인	2271	=IMPORTXML(C2,"//*[@id="time3"]")		
12	기관	1121			

5. XPath 부분이 ""(큰따옴표)로 입력되다 보니 id 부분이 인식되지 않아 검은색으로 보여집니다. id를 감싸고 있는 ""(큰따옴표)를 ''(작은따옴표)로 수정하고 ⌨Enter를 눌러 결과를 확인해 보세요.

9		**코스피**	**코스닥**	**코스피200**
10	개인	-3441	C13 -848	-3330
11	외국인	227?	=IMPORTXML(C2,"//*[@id='time3']")	
12	기관	1121		

G14	▼	fx			
	A	B	C	D	E
1					
2		**링크**	https://finance.naver.com/sise/		
3					
4		코스피	코스닥	코스피200	
5		개인*-3,441*억	개인*-848*억	개인*-3,330*억	
6		외국인*+2,271*억	외국인*+1,216*억	외국인*+2,244*억	
7		기관*+1,121*억	기관*-314*억	기관*+1,134*억	
8					
9		**코스피**	**코스닥**	**코스피200**	
10	개인	-3441	-848	-3330	
11	외국인	2271	1216	2244	
12	기관	1121	-314	1134	
13			2024.01.02 장마감		

> 날짜가 호출되어 데이터가 어느 날짜 기준의 값인지 빠르게 확인할 수 있습니다.

내 마음대로 만드는 함수

동영상 강의

이름이 지정된 함수는 사용자가 작성한 수식을 저장해 두고 필요할 때마다 호출하여 사용하는 함수입니다. 구글 스프레드시트에서 부르는 명칭은 '이름이 지정된 함수'이지만 사용자에 따라 NAMED 함수, 맞춤 함수 등 여러 이름으로 불리고 있습니다.

실습을 통해 이름이 지정된 함수를 등록하고 다른 시트 또는 다른 파일에서 불러와 활용하는 방법을 알아보겠습니다.

실습으로 만들어 볼 함수는 평점을 병아리, 알 이모지로 만드는 함수입니다. 예시 화면의 병아리들 중 [M7], [M11]에는 알병아리가 나타나고 있습니다. 평점이 0.5점 단위가 아니라서 정수는 병아리로 표시되고, 소수는 0.5 이상 1 미만일 때 알 병아리가 나타나도록 처리할 것입니다.

	I	J	K	L	M
5					
6	평점A	개봉일A	누적관객A	평점B	평점
7	평점 2.8	개봉2024.01.03.	누적455,432명	2.8	🐤🐤🥚
8	평점 3.3	개봉2023.12.20.	누적4,062,667명	3.3	🐤🐤🐤
9	평점 4.1	개봉2023.11.22.	누적12,442,145명	4.1	🐤🐤🐤🐤
10	평점 3.3	개봉2023.12.22.	누적717,727명	3.3	🐤🐤🐤
11	평점 2.9	개봉2023.12.20.	누적829,297명	2.9	🐤🐤🥚
12					

평점이 별표가 아닌 이유는 아쉽게도 이모지에서는 반쪽 별이 없어서입니다.

이번 실습에서 사용할 함수들은 다음 표와 같습니다.

사용 함수	간단 설명
=TRUNC(값, [소수점 이하 자릿수])	값에서 특정 개수의 자릿수만 남기고 나머지 자리를 잘라버립니다. 자릿수를 지정하지 않는 경우 정수만 남깁니다.
=REPT(반복할 문자열, 반복 횟수)	지정된 문자열을 여러 번 반복하여 반환합니다.
=IF(논리 표현식, TRUE 값, FALSE 값)	논리 표현식(조건)에 만족할 경우 TRUE 값(참값)을 출력하고, 그렇지 않으면 FALSE 값(거짓값)을 출력합니다.

하면 된다! ▶ 이름이 지정된 함수(맞춤 함수) 만들기

✓ 실습 파일 [05-2 맞춤 함수] 시트

1. 이름이 지정된 함수로 등록하기 위해 우선 한번은 수식을 작성해야 합니다. 그 전에 수식이 길어질 것 같아 인수로 사용할 값을 따로 추출한 뒤 활용하겠습니다. 현재 시트에서는 텍스트와 숫자가 함께 있어서 활용하기 어렵습니다. 숫자만 추출하기 위해 ❶ [L] 열에서 마우스 오른쪽 버튼을 누른 뒤 ❷ [왼쪽에 열 1개 삽입]을 선택해 열을 추가합니다.

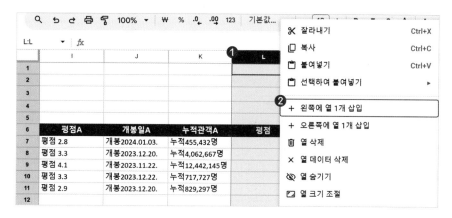

2. ❶ [L6] 셀에 평점B를 입력하여 머리글을 설정합니다. ❷ [L7] 셀에 평점 A에서 숫자만 추출하기 위해 =MID(I7,4,3)*1과 같이 수식을 입력하고 Enter를 눌러줍니다.

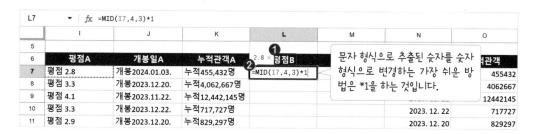

> 문자 형식으로 추출된 숫자를 숫자 형식으로 변경하는 가장 쉬운 방법은 *1을 하는 것입니다.

3. [채우기 핸들]을 이용하여 나머지 값들도 채워주세요.

	I	J	K	L	M	N	O
5							
6	평점A	개봉일A	누적관객A	평점B	평점	개봉일	누적관객
7	평점 2.8	개봉2024.01.03.	누적455,432명	2.8		2024. 1. 3	455432
8	평점 3.3	개봉2023.12.20.	누적4,062,667명	3.3		2023. 12. 20	4062667
9	평점 4.1	개봉2023.11.22.	누적12,442,145명	4.1		2023. 11. 22	12442145
10	평점 3.3	개봉2023.12.22.	누적717,727명	3.3		2023. 12. 22	717727
11	평점 2.9	개봉2023.12.20.	누적829,297명	2.9		2023. 12. 20	829297

4. [M7] 셀에 IF 함수를 호출합니다. 조건은 소수가 0.5 미만인 경우였죠? =IF(L7-TRUNC (L7)<0.5,와 같이 조건을 입력합니다.

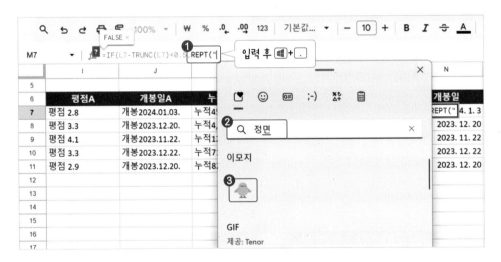

5. 참값 처리를 위해 ❶ REPT("를 입력한 뒤 윈도우(⊞)+온점(.)을 눌러 이모지를 호출합니다. ❷ 이모지 검색란에 정면을 입력한 뒤 ❸ 검색된 병아리를 클릭합니다.

6. "(큰따옴표)를 닫아주고 인수 구분자 ,(쉼표)를 입력한 뒤 반복할 횟수인 [L7] 셀을 클릭하고) 괄호를 닫아주고 다음 인수 구분자 ,(쉼표)를 입력합니다. 현재 수식은 =IF(L7-TRUNC(L7)<0.5,REPT("🐤",L7),까지 작성되었습니다.

7. 이어서 0.5를 초과할 경우(거짓값)를 작성하면 되겠죠? 반복되는 수식이므로 ,(쉼표)를 제외한 REPT("🐤",L7) 수식을 블록으로 지정하여 Ctrl+C를 눌러 복사합니다.

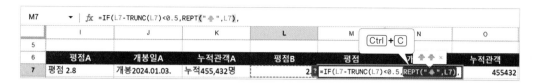

8. 수식 맨 뒤에 ❶ Ctrl+V를 눌러 붙여넣습니다. 알병아리도 함께 추가하기 위해 ❷ &"를 입력하고 윈도우 로고키(🪟) + 온점(.)을 눌러 이모지를 호출합니다. ❸ 이모지 검색란에 알을 입력한 뒤 ❹ 알병아리를 클릭하여 삽입합니다.

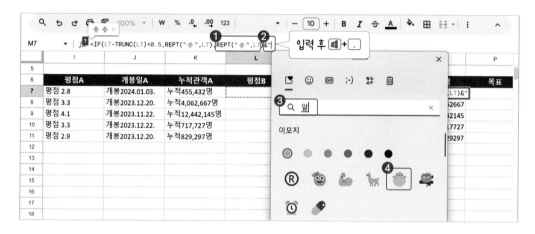

9. "(큰따옴표)를 닫고) 괄호를 닫아줍니다. =IF(L7-TRUNC(L7)<0.5,REPT("🐤",L7),REPT("🐤",L7)&"🐤") 와 같이 수식이 완성되었나요? Enter를 눌러줍니다.

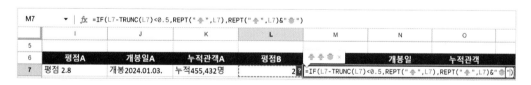

개별적으로는 간단한 함수들이지만 책을 보고 따라하느라 힘드셨을 것 같습니다. 아직 함수가 익숙하지 않은 분들은 더 까다로웠을텐데, 이렇게 힘들게 작성한 수식을 다른 시트에서도 활용하고 싶다면 이름을 부여하면 됩니다.

이름이 지정된 함수 등록하기

10. [M7] 셀을 더블클릭하여 수식을 모두 블록으로 지정한 뒤 Ctrl + X 를 눌러 잘라냅니다.

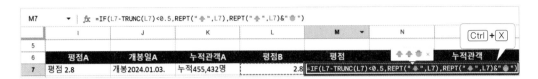

11. ❶ [데이터] → ❷ [이름이 지정된 함수]를 선택한 뒤 ❸ [새 함수를 추가합니다.]를 클릭합니다.

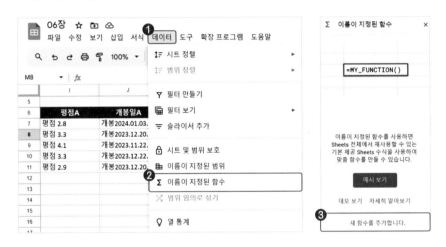

12. ❶ [함수 이름]을 CHICK으로 지정합니다. 함수명으로 사용할 단어는 SUM, AVERAGE 와 같이 기존의 함수명으로는 작성할 수 없습니다. ❷ 함수를 사용할 다른 사용자들을 위해 [함수 설명]을 간단하게 입력합니다.

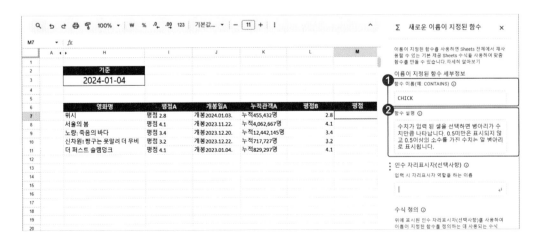

13. ❶ [인수 자리표시자]에 VALUE를 입력한 뒤 (Enter)를 눌러 인수로 등록합니다.

❷ [수식 정의]란에 (Ctrl)+(V)를 눌러 잘라뒀던 함수를 붙여넣습니다.

이제 중요한 작업이 남았습니다. ❸ 작성한 수식 중 값을 나타내는 [L7] 셀을 VALUE로 변경해 줍니다. 모든 인수를 VALUE로 수정했으면 ❹ [다음]을 누릅니다.

함수에 사용된 [L7] 셀을 블록 지정한 후 생성된 VALUE 버튼을 클릭하면 빠르게 변경할 수 있습니다.

▶ VALUE를 인수 자리표시자로 사용하는 이유는 사용할 데이터가 값의 형식이기 때문입니다. 선택 사항이므로 현재 함수처럼 셀을 참조하거나 값을 입력할 필요가 없는 경우는 무시하고 넘어가면 됩니다. 정해진 형식은 없지만 만약 범위일 경우 RANGE와 같이 입력하면 누구든 알아볼 수 있겠죠? 공동 작업을 할 경우에는 여러 사용자가 알아볼 수 있게 이름을 지정하면 됩니다.

14. ❶ [인수 설명]을 간단하게 입력한 뒤 ❷ [만들기]를 누릅니다. ❸ [이름이 지정된 함수] 창을 닫아주세요.

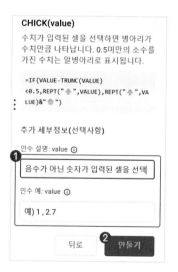

15. ❶ [M7] 셀에 =CH를 입력한 뒤 ❷ CHICK를 클릭하여 함수를 호출합니다. ❸ [L7] 셀을 클릭하여 인수로 추가하고 ❹) 괄호를 닫습니다. ⌈Enter⌉를 눌러 결과를 확인해 보세요.

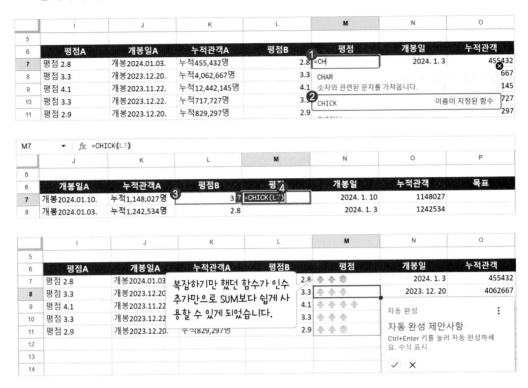

다른 파일로 함수 불러오기

16. 같은 파일 안의 시트에서는 바로 사용할 수 있지만, 파일이 다른 경우에는 한 번은 호출하는 단계를 거쳐야 합니다. 다른 파인로 함수를 불러오기 위해 새 스프레드시트를 열어 ❶ [데이터] → ❷ [이름이 지정된 함수]를 선택하고 ❸ [함수를 가져옵니다.]를 클릭합니다.

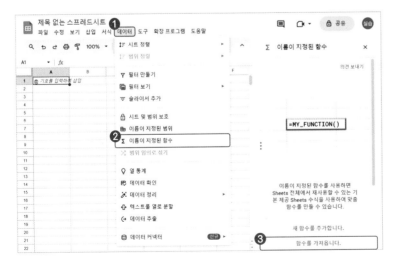

17. ❶ 함수를 가져올 05장을 선택하고 ❷ [삽입]을 누릅니다. ❸ 가져올 함수에 체크한 다음 ❹ [가져오기]를 누릅니다.

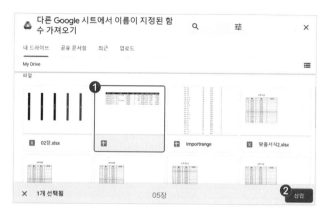

18. 이름이 지정된 함수를 가져왔다는 메시지 상자가 나타나죠? 임의의 셀에 임의로 숫자를 입력하고 불러온 함수를 호출하여 테스트를 진행해 보세요.

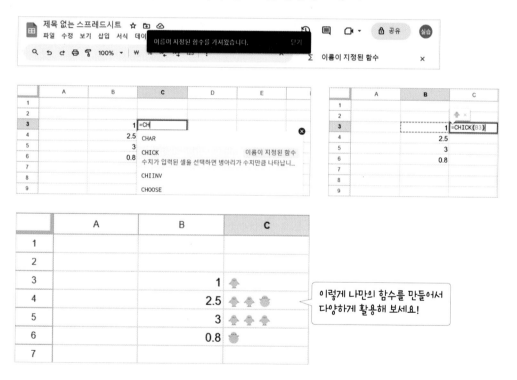

이렇게 나만의 함수를 만들어서 다양하게 활용해 보세요!

05-3 |

#검색 #쿼리 #QUERY #SQL

검색의 끝판왕, QUERY 함수

동영상 강의

QUERY 함수는 Google Visualization API 검색 언어를 활용하여 사용자가 원하는 정보를 추출하고 재구성하는 함수입니다. 데이터를 다루다 보면 필요한 정보를 한눈에 찾기 어려울 때가 많죠. 하지만 QUERY 함수는 주어진 조건에 맞는 데이터를 찾아내어 사용자의 의도에 맞게 정렬하고 필터링하며 집계합니다. 복잡한 데이터 속에서 정보를 재편성하는 데 큰 도움이 될 QUERY 함수에 대해 학습해 보겠습니다.

QUERY 함수를 이해하기 위한 기본 개념

본격적으로 QUERY 함수를 이해하기 위해선 앞서 말한 '구문'을 알아야 합니다. 여기서 쓰이는 구문은 'SQL'이라는 언어를 토대로 만들어졌는데, SQL(Structured Query Language)은 데이터베이스 자료를 처리하는 용도로 사용되는 질의(질문) 언어이며, 주로 데이터베이스를 다루는 개발자들이 사용하는 프로그래밍 언어이다보니 처음 이 언어를 익히기 위해서는 많은 시간과 노력이 필요합니다.

하지만 QUERY 함수는 SQL의 일부 명령어만 사용하므로 상대적으로 익혀야 하는 양이 적어 SQL보다는 훨씬 접근하기 쉽습니다.

▶ QUERY에 대한 자세한 설명은 bit.ly/easys_gss_qr을 참조하세요.

그렇다면 QUERY 함수는 무엇이고 어떻게 사용하는 걸까요? QUERY의 사전적 의미는 '질문하다', '문의하다' 입니다. 이 뜻만 알아도 QUERY 함수의 절반은 이해했다 생각해도 됩니다. 예제를 통해 사용자의 질문을 해결해 주는 QUERY 함수를 익혀보겠습니다.

우선 QUERY 함수에 대해 간단한 설명과 함께 함수의 기본적인 사용 방법을 알아보겠습니다.

사용 함수	간단 설명
=QUERY(범위, 검색어, [헤더])	• 범위에서 Google Visualization API 검색 언어로 검색을 실행합니다. • 범위: 검색을 수행할 셀 범위, 즉 원본 데이터를 말합니다. • 검색어: 쿼리(질의어). 원본 데이터에서 수행할 명령어. ""(큰따옴표) 안에 작성해야 합니다. • [헤더]: 데이터 상단의 머리글 수(제목행)

하면 된다! } QUERY 함수 기본 사용법(WHERE, SELECT 절)

✓ 실습 파일 [05-3 QUERY 함수1] 시트

세일하지 않는 상품 추출하기

1. [K2] 셀에 QUERY 함수를 호출해 원본 범위를 =QUERY(B2:I,와 같이 입력합니다. 세일하지 않는 상품은 빈칸으로 처리되어 있죠? 조건을 작성해 보겠습니다.

K2	▼	*fx* =QUERY(B2:I,										
	B	C	D	E	F	G	H	I	J	K	L
1											
2	일자	구분	상품명	단가	수량	세일	담당자	회원등급		=QUERY(B2:I,	
3	2024-01-01	유산균	마크 유산균Story	184,000	1	67%	김송희	GOLD			
4	2024-01-01	유산균	스티브 비타헬로	45,000	5	33%	강은지				
5	2024-01-01	유산균	캄노's	100,000	2	5%	김송희				
6	2024-01-01	유산균	마크 유산균Story	184,000	1		최일준				
7	2024-01-01	유산균	맥스 골드2g	29,000	10	55%	이연희	SILVER			

> 앞으로 추가될 데이터가 있는 경우 열린 참조를 활용하면 편리합니다.

2. ❶ ""(큰따옴표) 안에 WHERE G IS NULL을 입력합니다. 이때 알파벳 G는 대문자로 입력해야 인식합니다. ❷ 마지막으로 머리글 행(제목)의 수 1을 입력하여 =QUERY(B2:I,"WHERE G IS NULL",1)와 같은 형태로 수식을 마무리합니다. Enter를 눌러 결과를 확인해 보세요.

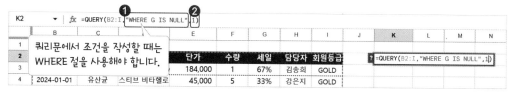

K2	▼	*fx* =QUERY(B2:I,"WHERE G IS NULL",1)										
							B	C			K	L	M	N

> 쿼리문에서 조건을 작성할 때는 WHERE 절을 사용해야 합니다.

					단가	수량	세일	담당자	회원등급		=QUERY(B2:I,"WHERE G IS NULL",1)
3					184,000	1	67%	김송희	GOLD		
4	2024-01-01	유산균	스티브 비타헬로		45,000	5	33%	강은지	GOLD		

K2	▼	*fx* =QUERY(B2:I,"WHERE G IS NULL",1)									
	F	G	H		J	K	L	M	N

> SELECT * WHERE G IS NULL과 같은 결과를 가져옵니다.

						일자	구분	상품명	단가			
3						2024-01-01	유산균	마크 유산	184,000	2	김송희	VIP
4		33%	강은지	GOLD		2024-01-02	유산균	캄노's	100,000			
5	2	5%	김송희	SILVER		2024-01-03	유산균	맥스 골드	29,000	2	최일준	SILVER
6	1		최일준	비회원		2024-01-04	유산균	마크 유산	184,000	7	최일준	VIP
7	10	55%	이연희	SILVER		2024-01-04	비타민	올VITA	22,900	4	이연희	BLACK
8	5	45%	박송해	SILVER		2024-01-04	비타민	유어비타	79,000	2	이연희	GOLD

> 결괏값은 배열로 반환됩니다. 결과가 호출될 위치에 값이 입력되어 있는 경우 제대로 된 결과를 얻을 수 없으니 주의하세요.

세일하지 않는 상품의 상품명, 담당자만 추출하기

여기에 조건을 조금 더 붙이면 어떨까요? 기존 조건에 상품명([D] 열), 담당자([H] 열)만 선택 (SELECT)해야 하는 상황입니다. 조건을 수정해 볼까요?

3. [K2] 셀을 더블클릭하여 WHERE 절 앞에 SELECT D, H를 입력하고 (Enter)를 눌러 결과 를 확인해 보세요.

K2	▼	fx	=QUERY(B2:I,"SELECT D,H WHERE G IS NULL",1)						
	F	G	H	I	J	**K**	L	M	N	O
1										
2	수량	세일	담당자	회원등급		? =QUERY(B2:I,"SELECT D,H WHERE G IS NULL",1)			
3	1	67%	김송희	GOLD		2024-01-01	유산균	마크 유신	184,000	1

	F	G	H	I	J	**K**	L
1							
2	수량	세일	담당자	회원등급		상품명	담당자
3	1	67%	김송희	GOLD		마크 유산균Story	최일준
4	5	33%	강은지	GOLD		칸노's	김송희
5	2	5%	김송희	SILVER		맥스 골드2g	최일준
6	1		최일준	비회원		마크 유산균Story	최일준
7	10	55%	이연희	SILVER		올VITA	이연희
8	5	45%	박송해	SILVER		유이비디	이연희

실습을 통해 SELECT의 위치는 WHERE 앞이며, 일부만 선택하는 것이 아닌 모든 데이터를 가져올 때는 생략이 가능하다는 점과 WHERE은 조건을 작성할 때 사용하는 절이라는 것을 알 수 있었습니다.

> 쿼리 조건 작성 순서: SELECT → WHERE

세일하지 않는 상품 중 담당자가 '최일준'인 상품명 검색하기

이번 실습은 조건1: '세일하지 않는 상품', 조건2: '최일준'과 같이 2개의 조건을 모두 만족하는 상품명을 검색해야 합니다. 이땐 AND 연산자를 이용하면 됩니다.

▶ 만약 일부만 만족하는 조건을 검색하고 싶다면 OR을 이용하면 되겠죠?

4. 이번 실습의 SELECT는 상품명(D)이죠? [N2] 셀에 QUERY 함수를 호출해 데이터 범위와 추출할 열 이름을 =QUERY(B2:I, "SELECT D와 같이 입력합니다. 조건에 만족하는 [D] 열의 값이 추출될 준비가 되었습니다.

N2	▼	fx	=QUERY(B2:I,"SELECT D							
	F	G	H	I	J	K	L	M	N	O	P
1											
2	**수량**	**세일**	**담당자**	**회원등급**		만약 원본 데이터 중 일부 값만 추출하여			?=QUERY(B2:I,"SELECT D		
3	1	67%	김송희	GOLD		사용하고 싶다면 이와 같이 조건 없이 열					
4	5	33%	강은지	GOLD		만 입력하여 호출하면 됩니다.					
5	2	5%	김송희	SILVER							
6	1		최일준	비회원		마크 유산균Story	최일준				
7	10	55%	이연희	SILVER		올VITA	이연희				
8	5	45%	박송해	SILVER		유어비타	이연희				

5. 담당자는 [H] 열에 위치하고 있고 조건은 '최일준'이라는 문자 값입니다. 조건을 작성할 때는 WHERE 절을 사용하면 되죠? =QUERY(B2:I, "SELECT D WHERE H='최일준'과 같이 입력합니다.

5장 ◆ 엑셀에서는 못 쓰는 구글 스프레드시트만의 함수 **271**

6. 이어서 두 번째 조건을 작성해 보겠습니다. 2개의 조건을 모두 만족해야 하므로 AND G IS NULL")와 같이 입력합니다. 완성된 수식은 =QUERY(B2:I, "SELECT D WHERE H = '최일준' AND G IS NULL")입니다. [Enter]를 눌러 결과를 확인해 보세요.

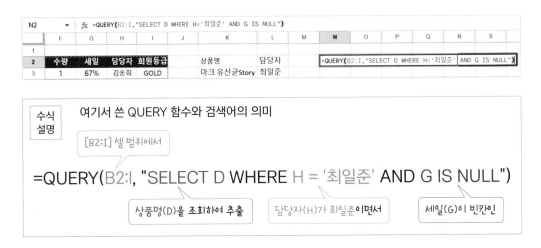

수식 설명	여기서 쓴 QUERY 함수와 검색어의 의미

[B2:I] 셀 범위에서

=QUERY(B2:I, "SELECT D WHERE H = '최일준' AND G IS NULL")

상품명(D)을 조회하여 추출   담당자(H)가 최일준이면서   세일(G)이 빈칸인

7. 실습 결과물을 살펴보니 세일하지 않는 상품 중 최일준 담당자의 상풍명이 제대로 추출된 것을 확인할 수 있습니다.

	F	G	H	I	J	K	L	M	N	O	P
1											
2	수량	세일	담당자	회원등급		상품명	담당자		상품명		
3	1	67%	김송희	GOLD		마크 유산균Story	최일준		마크 유산균Story		
4	5	33%	강은지	GOLD		캄노's	김송희		맥스 골드2g		
5	2	5%	김송희	SILVER		맥스 골드2g	최일준		마크 유산균Story		
6	1		최일준	비회원		마크 유산균Story	최일준				
7	10	55%	이연희	SILVER		올VITA	이연희				

8. 그런데 언제 판매한 상품인지 알 수 없어 답답합니다. 판매한 상품의 일자도 함께 나타나게 하려면 어떻게 하면 될까요? 아래 예시 화면과 같이 조건을 작성해 보세요. SELECT를 하는 열의 순서는 꼭 원본 데이터의 순서와 같을 필요는 없습니다.

일자	상품명		상품명	일자
2024-01-01	마그 유산균Story		미크 유산균Story	2024-01-01
2024-01-03	맥스 골드2g		맥스 골드2g	2024-01-03
2024-01-04	마크 유산균Story		마크 유산균Story	2024-01-04

"SELECT B , D WHERE H='최일준' AND G IS NULL"	"SELECT D , B WHERE H='최일준' AND G IS NULL"

쿼리 조건 작성 순서: SELECT → WHERE

세일을 하지 않는 상품 중 담당자가 '최일준' 또는 '이연희'인
일자, 상품명을 검색해 보세요!

상품명	일자
마크 유산균Story	2024-01-01
맥스 골드2g	2024-01-03
맥스 골드2g	2024-01-03
마크 유산균Story	2024-01-04
올VITA	2024-01-04
맥스 골드2g	2024-01-04
유어비타	2024-01-04

> 간단하게 조건만 생각한다면
> H='최일준' OR H='이연희'로
> 볼 수 있겠죠?

다른 함수와 QUERY 함수 함께 쓰기

[05-3 QUERY 함수] 시트의 데이터를 [05-3 QUERY 집
계] 시트로 가져오려고 합니다. 오른쪽과 같은 결과물을 만
들려면 어떤 수식을 작성해야 할까요?

일자	판매수량
2024-01-01	24
2024-01-02	8
2024-01-03	18
2024-01-04	50

아래 예시 화면의 [B5:C9] 셀 범위는 일자별(Group) 판매한 수량의 합(Sum)을 나타내고 있습
니다. QUERY 함수에서 집계를 할 때는 기준이 되는 열을 그룹화해야 합니다. 이 경우에는 일
자에 해당하는 판매수량의 합을 가져와야 하니 기준이 되는 일자를 그룹화해야 합니다.

QUERY 함수에서 사용할 범위가 다른 시트에 위치하고 있어 시트를 옮겨가며 범위를 지정
하거나 작성하기 번거로워 [B3] 셀에 미리 참조 범위를 ="05-3 QUERY!B2:I"와 같이 작성
해 두었습니다. 하지만 [B3]을 그냥 참조해서는 안 됩니다. 스프레드시트의 입장에서는 범
위가 아닌 문자(글자)로 인식하기 때문입니다. 이처럼 문자로 된 범위를 참조하고 싶을 때
INDIRECT 함수를 이용하면 됩니다.

	A	B	C
1			
2		원본	
3		05-3 Query!B2:I	
4			
5		일자	판매수량
6		2024-01-01	24
7		2024-01-02	8
8		2024-01-03	18
9		2024-01-04	50

> 미리 참조 범위를
> 작성해 두었어요!

사용 함수	간단 설명
=INDIRECT(문자열로 지정된 셀 참조, [A1 표기 여부])	• 인수 영역에 문자 형식으로 셀 주소를 입력해 해당 값을 호출합니다. 서식은 가져오지 않습니다. • 이름 정의에 입력한 이름과 동일한 값을 가진 셀을 참조하는 경우 문자 형식이 아닌 일반 셀 참조 형식으로 사용합니다. • 기본값: =INDIRECT("셀주소") • 이름 정의와 동일한 셀: =INDIRECT(셀주소)

수식 작성 순서는 다음과 같습니다.

문자로 참조하기 → 일자별로 그룹화하기 → 머리글 바꾸기

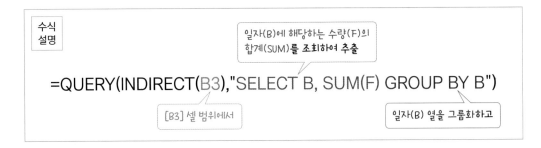

하면 된다! } QUERY 함수 기본 사용법(GROUP BY, LABEL 절)

✓ 실습 파일 [05-3 QUERY 활용] 시트

1. 일자([B] 열)별 판매수량([F] 열)의 합을 구하기 위해 ❶ 먼저 [B5] 셀에 QUERY 함수를 호출해 문자열로 지정된 셀을 참조하기 위해 =QUERY(INDIRECT(B3),와 같이 작성합니다. 이어서 조건을 작성해 볼까요? ❷ "SELECT B, SUM(F) GROUP BY B"를 연결하여 작성합니다. Enter 를 눌러 결과를 확인해 보세요.

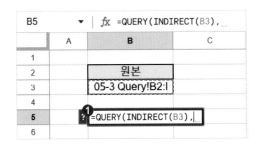

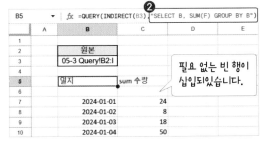

2. 05-3 QUERY!B2:I 범위는 열린 참조이므로 값이 입력되지 않은 빈 셀들이 있겠죠? 빈 행과 비어 있지 않은 행을 조건으로 처리하는 방법은 이전 실습을 통해 학습해 보았습니다. 그럼 어느 위치에 조건을 작성해야 할까요? 수식을 수정하기 위해 [B5] 셀을 더블클릭한 뒤 =QUERY(INDIRECT(B3),"SELECT B, SUM(F) WHERE B IS NOT NULL GROUP BY B")와 같이 수정합니다. Enter 를 눌러 결과를 확인해 보세요.

B5	▼	ƒx	=QUERY(INDIRECT(B3),"SELECT B, SUM(F) WHERE B IS NOT NULL GROUP BY B")				
	A	B	C	D ‖ E		F	G
1							
2		원본		WHERE 조건의 작성 위치는			
3		05-3 Query!B2:I		SELECT 다음입니다.			
4							
5		=QUERY(INDIRECT(B3),"SELECT B, SUM(F)	WHERE B IS NOT NULL	GROUP BY B")			
6		2024-01-01	24				
7		2024-01-02	8				
8		2024-01-03	18				

	A	B	C
1			
2		원본	
3		05-3 Query!B2:I	
4			
5		일자	sum 수량
6		2024-01-01	24
7		2024-01-02	8

빈 행은 삭제되었지만 합계의 머리글(헤더)이 거슬립니다.

3. LABEL 절은 이름을 수정하는 구문입니다. 머리글(열 이름)을 수정하기 위해 LABEL 절을 추가하겠습니다. [B5] 셀을 더블클릭해 LABEL SUM(F) '판매수량'을 가장 마지막에 입력한 뒤 Enter 를 눌러 결과를 확인해 보세요. 'Sum 수량'으로 입력되어 있던 머리글이 변경된 것을 확인할 수 있습니다.

B5	▼	ƒx	=QUERY(INDIRECT(B3),"SELECT B, SUM(F) WHERE B IS NOT NULL GROUP BY B LABEL SUM(F) '판매수량'")					
	A	B	C	D	E	F	G	H
1								
2		원본						
3		05-3 Query!B2:I						
4								
5		=QUERY(INDIRECT(B3),"SELECT B, SUM(F) WHERE B IS NOT NULL GROUP BY B	LABEL SUM(F) '판매수량'")					
6		2024-01-01	24					

	A	B	C
1			
2		원본	
3		05-3 Query!B2:I	
4			
5		일자	판매수량
6		2024-01-01	24
7		2024-01-02	8
8		2024-01-03	18
9		2024-01-04	50

쿼리 조건 작성 순서: SELECT → WHERE → GROUP BY → LABEL

4. 상품에 따른 단가*수량을 구한 뒤 단가*수량 내림차순 정렬을 하고, 단가*수량의 머리글은 판매금액으로 수정해 보겠습니다.

❶ [E5] 셀에 QUERY 함수를 추가한 뒤 =QUERY(INDIRECT(B3),와 같이 입력합니다. 상품명([D] 열)과 단가([E] 열)*수량([F] 열)이 필요하죠? 그리고 단가([E] 열)*수량([F] 열)은 내림차순 정렬이 되어야 합니다. ❷ "SELECT D, E*F ORDER BY E*F DESC")와 같이 입력한 뒤 Enter 를 눌러 결과를 확인해 보세요.

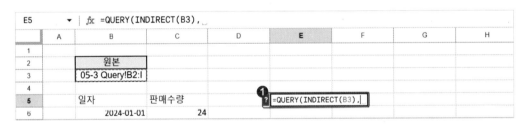

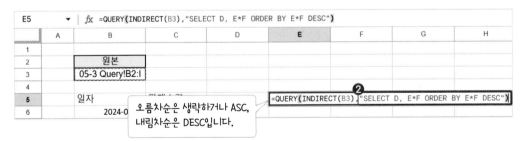

오름차순은 생략하거나 ASC, 내림차순은 DESC입니다.

	A	B	C	D	E	F	G	H
1								
2		원본						
3		05-3 Query!B2:I						
4								
5		일자	판매수량		상품명	product(단가수량)		
6		2024-01-01	24		뉴리아	5000000		
7		2024-01-02	8		뉴리아	5000000		
8		2024-01-03	18		뉴리아	3000000		
9		2024-01-04	50		마크 유산균Sto	1288000		
10					뉴리아	1000000		
11					뉴리아	1000000		
12					뉴리아	1000000		
13					캄노's	600000		
14					가도스 D	300000		

5. 단가([E] 열)*수량([F] 열)의 머리글을 수정하기 위해 [E5] 셀을 더블클릭한 뒤 가장 마지막 위치에 LABEL E*F '판매금액'을 추가하고 Enter 를 눌러 결과를 확인해 보세요.

E5 ▾ | *fx* =QUERY(INDIRECT(B3),"SELECT D, E*F ORDER BY E*F DESC LABEL E*F '판매금액'")

> 모든 조건을 한번에 입력하는 것이 정석이지만, 이해를 돕기 위해 구문별로 끊어가며 실습하고 있습니다.

=QUERY(INDIRECT(B3),"SELECT D, E*F ORDER BY E*F DESC LABEL E*F '판매금액'")

쿼리 조건 작성 순서: SELECT → ORDER BY → LABEL

QUERY 함수를 활용한 검색 시스템

실습 전 결과물을 먼저 확인해 볼까요? [B7:D7] 셀 범위에 날짜와 구분, 담당자명의 일부를 입력하면 [10] 행에 결과물이 나타나는 검색 시스템을 만들 예정입니다.

	A	B	C	D	E
4					
5		검색할 날짜, 상품 구분, 담당자명을 입력하세요			
6		일자	구분	담당자	
7		2024-01-01	산	김	
8					
9		일자	구분	상품명	담당자
10		2024-01-01	유산균	마크 유산균Story	김송희
11		2024-01-01	유산균	캄노's	김송희

> 한 글자만 입력해도 검색할 수 있는 시스템을 만들어 볼게요!

수식 작성 전 조건으로 처리해야 하는 부분을 정리하면 다음과 같습니다.

1. [B7] 셀에 입력될 날짜와 완벽하게 일치하는 값을 추출해야 하며, [C7], [D7] 셀에 입력될 글자를 포함하는 값을 추출해야 합니다.
2. 쿼리 구문에서 사용하는 문자열 형식 중 날짜는 DATE "2024-01-01"과 같이 날짜 앞에 DATE를 입력해야 날짜로 인식합니다. 문자 형식의 날짜임을 표시하기 위해 ""(큰따옴표)로 예시를 작성하였으나, SELECT 절이 큰따옴표로 작성되므로 문자 형식의 날짜는 DATE '2024-01-01'과 같이 ''(작은따옴표) 안에 작성해야 합니다.
3. QUERY 함수에서 날짜 값이 입력된 셀을 참조하면 인식하지 않습니다. DATE는 문자 값만 인식하므로 형식에 맞춰 수식에서 TEXT 함수를 이용하여 문자 형식으로 지정해 줘야 합니다.
4. 일부 글자를 일치하는 조건을 WHERE 절에서 사용할 때 CONTAINS 연산자를 사용해야 합니다.
5. 셀을 참조할 때는 ' " & A1 & " ' 와 같은 형태로 작성해야 합니다.

이 시스템을 만들기 위해 추가로 알아야 할 함수는 다음과 같습니다.

사용 함수	간단 설명
=TEXT(셀 주소(숫자), "형식")	숫자를 지정된 형식에 따라 텍스트로 변환합니다.

하면 된다! } QUERY 함수로 검색 시스템 만들기

✓ 실습 파일 [05-3 QUERY 집계] 시트

조회 열 설정하기

1. [7] 행에 조건을 작성하면 [10] 행부터 결과물이 나타나도록 조건을 작성해 볼까요?

❶ [B10] 셀에 QUERY 함수를 호출한 뒤 =QUERY(INDIRECT(B3),와 같이 작성합니다. 조회할 열은 일자(B), 구분(C), 상품명(D), 담당자(H)입니다.

❷ "SELECT B,C,D,H를 입력합니다.

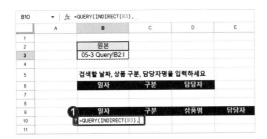
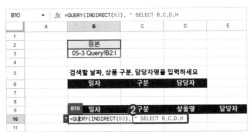

구분(C7)에 입력하는 일부 단어 일치 조건 작성하기

2. [C7], [D7] 셀에 구분과 담당자의 일부 단어만 입력해도 조회가 되도록 CONTAINS 연산자를 사용하겠습니다. 우선 [C7] 셀의 값을 포함하는 구분을 조회하기 위해 "SELECT B,C,D,H WHERE C CONTAINS ' " &C7& " ' ", 0)와 같이 입력한 뒤 [Enter]를 누릅니다.

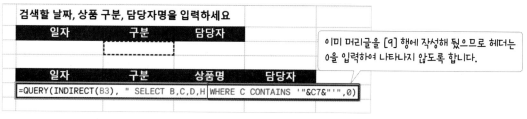

검색할 날짜, 상품 구분, 담당자명을 입력하세요			
일자	구분	담당자	
			이미 머리글을 [9] 행에 작성해 뒀으므로 헤더는 0을 입력하여 나타나지 않도록 합니다.
일자	구분	상품명	담당자
=QUERY(INDIRECT(B3), " SELECT B,C,D,H WHERE C CONTAINS '"&C7&"'",0)			

> **수식 설명**
>
> [C7] 셀의 값과 일부 일치하는 값 조회
>
> # WHERE C CONTAINS ' " &C7& " '
>
> [C] 열의 값 중

- CONTAINS 연산자는 WHERE 절과 함께 사용되어 특정 열에 특정 문자열이 포함된 값만 추출하는 연산자입니다.
- 예를 들어 goo라고 작성하면 goo가 포함된 단어인 good, google 등을 추출합니다.

---

3. 엉뚱한 결과가 나오죠? [C7] 셀에 유를 입력하고 [Enter]를 눌러 결과를 확인해 보세요.

검색할 날짜, 상품 구분, 담당자명을 입력하세요			
일자	구분	담당자	
	유		
일자	구분	상품명	담당자
2024-01-01	유산균	마크 유산균Sto	김송희
2024-01-01	유산균	스티브 비타헬	강은지
2024-01-01	유산균	캄노's	김송희
2024-01-01	유산균	마크 유산균Sto	최일준
2024-01-01	유산균	맥스 골드2g	이연희
2024-01-02	유산균	마크 유산균Sto	김송희

담당자(D7)에 입력하는 일부 단어 일치 조건 작성하기

4. CONTAINS 연산자와 셀 참조를 하는 방법이 조금 익숙해지셨나요? 구분을 작성하는 방법과 담당자를 작성하는 방법은 동일합니다. 수식을 추가하기 위해 [B10] 셀을 더블클릭한 뒤 마지막 "(큰따옴표) 앞에 커서를 둡니다.

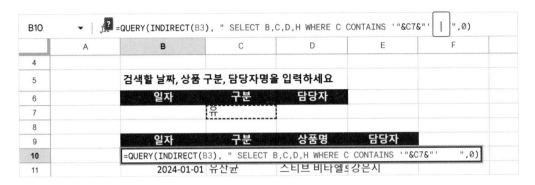

5. AND H CONTAINS ' " & D7 & " '와 같이 입력하고 [Enter]를 누릅니다.

B10	▼	fx	=QUERY(INDIRECT(B3), " SELECT B,C,D,H WHERE C CONTAINS '"&C7&"'	AND H CONTAINS '"&D7&"'	",0)		
	A	**B**	C	D	E	F	G	H
4								
5		검색할 날짜, 상품 구분, 담당자명을 입력하세요						
6		**일자**	**구분**	**담당자 ·**				
7		유						
8								
9		**일자**	**구분**	**상품명**	**담당자**			
10	?	=QUERY(INDIRECT(B3), " SELECT B,C,D,H WHERE C CONTAINS '"&C7&"'	AND H CONTAINS '"&D7&"'	",0)				
11		2024-01-01	유산균	스티브 비타엘5강은시				

6. 결과를 확인하기 위해 [D7] 셀에 김을 입력하고 [Enter]를 누릅니다.

검색할 날짜, 상품 구분, 담당자명을 입력하세요			
일자	**구분**	**담당자**	
	유	김	
일자	**구분**	**상품명**	**담당자**
2024-01-01	유산균	마크 유산균Sto	김송희
2024-01-01	유산균	캄노's	김송희
2024-01-02	유산균	마크 유산균Sto	김송희
2024-01-02	유산균	캄노's	김송희
2024-01-04	유산균	캄노's	김송희

> '유'를 포함하는 구분과 '김'을 포함하는 담당지기 조회되었습니다.

일자(B7) 셀 참조 조건 작성하기

7. 이해를 돕기 위해 [B7] 셀을 참조하기 전 수식의 가장 마지막에 AND B=DATE '2024-01-01'과 같이 입력한 뒤 [Enter]를 눌러 결과를 확인해 보세요.

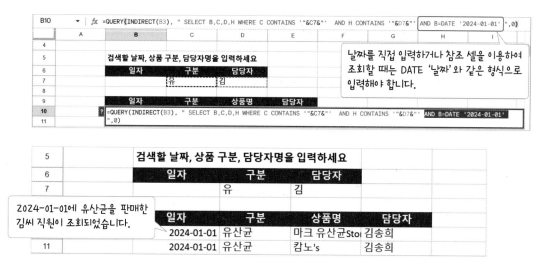

8. 직접 입력하는 조건이 아닌 [B7] 셀에 입력된 값을 참조해야겠죠? 한 가지 문제가 있습니다. [B7] 셀에 입력할 날짜 값은 숫자 형식인데 DATE는 문자 값만 인식합니다. 이럴 때 TEXT 함수를 함께 사용해야 합니다. 수식을 수정해 볼까요?

작성한 수식을 수정하기 위해 [B10] 셀을 더블클릭하고 2024-01-01의 날짜 대신 "& TEXT(B7,"YYYY-MM-DD") &"로 수정한 뒤 [Enter]를 눌러줍니다.

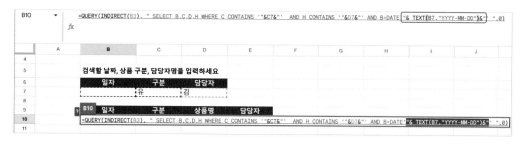

▶ DATE ' " & B7 & ' '와 같이 작성하면 [B7] 셀의 값은 날짜, 즉 숫자이므로 제대로 된 결과를 얻을 수 없습니다.

9. #N/A 오류가 나타나죠? 참조한 셀이 비어 있어서 그렇습니다. [B7] 셀에 2024-01-01을 입력한 뒤 Enter 를 눌러 결과를 확인해 보세요.

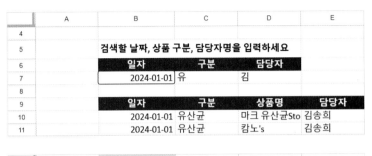

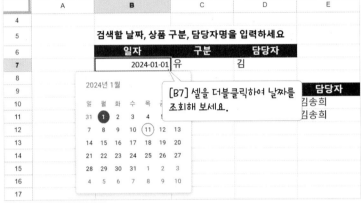

쿼리 조건 작성 순서: SELECT → WEHRE → CONTAINS

6장

데이터를
한눈에 파악하는
시각화 자료 만들기

데이터 집계 ― 피봇 테이블

동영상 강의

A 사원은 수십 년간 쌓아놓은 상품 데이터의 연도별, 분기별, 월별 매출 합계를 보고서로 제출해야 하는 상황입니다. A 사원은 클릭 몇 번으로 몇 분 만에 보고서를 완성했습니다. 수만 건의 데이터를 사용자의 의도에 따라 새로운 형태의 집계표로 만들어 내는 피봇 테이블을 활용했기 때문입니다.

실습을 통해 실무에서 가장 많이 활용되는 기능인 피봇 테이블을 학습해 보겠습니다.

하면 된다! 〉 피봇 테이블로 데이터 요약하기

√ 실습 파일 [06-1 피봇 테이블] 시트

1. ❶ 사용할 데이터의 위치에 셀 포인터를 두고 ❷ [삽입] → ❸ [피봇 테이블]을 선택합니다. 오픈 참조로 변경하기 위해 ❹ [H37]을 [H]로 변경한 뒤 ❺ [만들기]를 누릅니다.

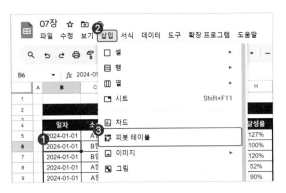

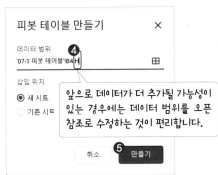

팀별 매출 평균 구하기

2. 새 시트에 피봇 테이블이 생성됩니다. 아직은 아무것도 없습니다. [피봇 테이블 편집기]의 ❶ 행 [추가] 버튼을 클릭하여 ❷ [소속] 필드를 추가합니다.

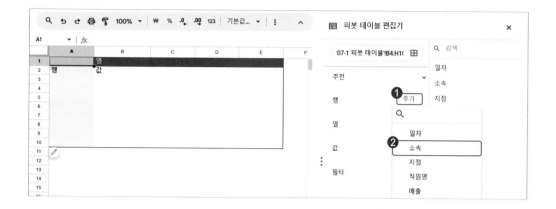

3. 팀별 매출 평균을 구하기 위해 ❶ 값 [추가] 버튼을 클릭하여 ❷ [매출] 필드를 추가합니다.

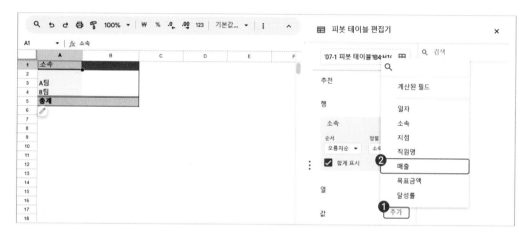

4. 값의 요약 기준을 AVERAGE로 변경한 뒤 결과를 확인해 보세요.

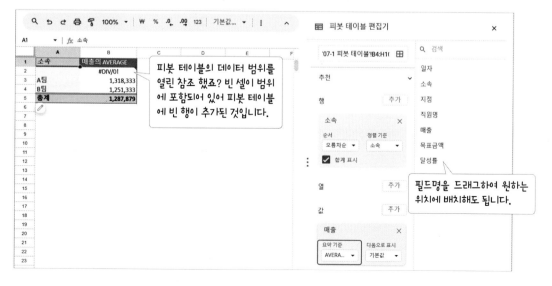

5. 빈 행이 피봇 테이블에 나타나지 않도록 필터를 추가하겠습니다.

❶ 필터의 [추가] 버튼을 클릭하여 ❷ [소속] 필드를 추가합니다. ❸ 소속의 [상태]를 클릭한 뒤 ❹ 값이 있는 데이터만 피봇에 추가되도록 [조건별 필터링]을 선택합니다.

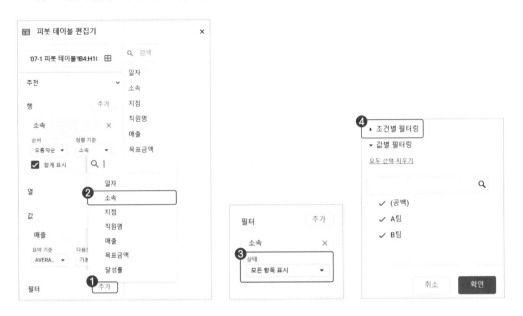

6. ❶ 조건을 [비어 있지 않음]으로 선택하고 ❷ [확인]을 누릅니다. 결과를 확인해 보세요.

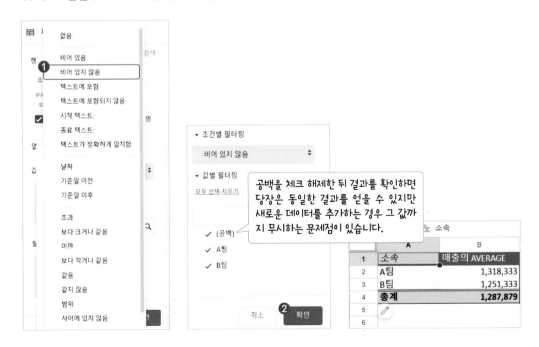

공백을 체크 해제한 뒤 결과를 확인하면 당장은 동일한 결과를 얻을 수 있지만 새로운 데이터를 추가하는 경우 그 값까지 무시하는 문제점이 있습니다.

매출 합계와 그룹화 알아보기

그룹화로 많은 데이터를 집계하고 특정 기준에 따라 데이터를 나누어 볼 수 있습니다. 행 필드에 [일자]를 추가하며 2024-01-01과 같이 날짜로 출력되는 날짜 데이터를 월별로 그룹화한 뒤 매출의 합계를 나타내는 실습을 통해 그룹화를 학습해 보겠습니다. 앞서 작성한 피봇 테이블과 형태가 유사하므로 이전 테이블을 활용하여 수정하겠습니다.

7. ❶ [A1:B4] 셀 범위를 블록 지정한 뒤 ❷ Ctrl + C 를 눌러 복사합니다.

❸ [A7] 셀에 셀 포인터를 두고 ❹ Ctrl + V 를 눌러 붙여 넣습니다.

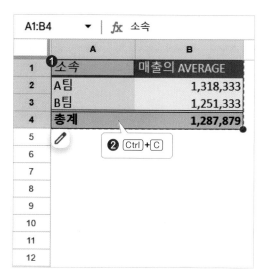

8. ❶ 행의 [소속] 필드를 제거하고 ❷ 행 [추가] 버튼을 클릭하여 ❸ [일자]를 추가합니다.

❹ 값의 [요약 기준]을 SUM으로 변경합니다.

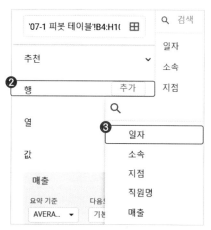

9. 일자 부분이 날짜로 출력되고 있죠? 월별로 그룹화하여 표시해 볼까요?

❶ 일자 값 중 한 곳에서 마우스 오른쪽 버튼을 눌러 ❷ [피봇 날짜 그룹 만들기]를 선택하고
❸ 기준을 [월]로 변경합니다. 월별 매출의 합계가 집계되었습니다.

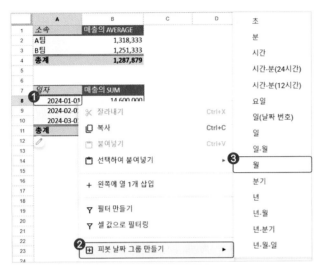
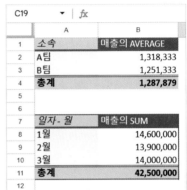

팀별 월 매출 평균 구하기

10. ❶ [A1:B4] 셀 범위를 블록 지정한 뒤 `Ctrl`+`C`를 눌러 복사합니다.

❷ [D1] 셀에 셀 포인터를 두고 `Ctrl`+`V`를 눌러 붙여넣기 합니다.

❸ [수정]을 클릭하여 피봇 테이블 편집기를 호출합니다.

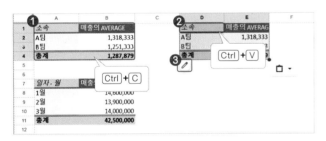

11. ❶ 행 [추가] 버튼을 클릭하여 ❷ [일자] 필드를 추가합니다.

❸ 피봇 테이블 편집기의 일자 부분에서 마우스 오른쪽 버튼을 눌러 ❹ [피봇 날짜 그룹 만들기]를 선택하고 ❺ [월]별로 그룹화합니다.

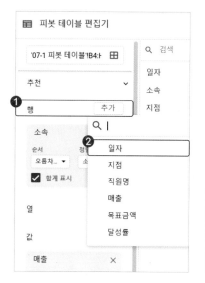

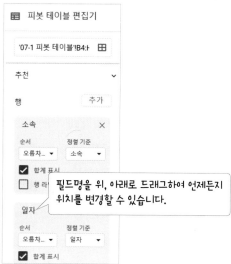

> 필드명을 위, 아래로 드래그하여 언제든지 위치를 변경할 수 있습니다.

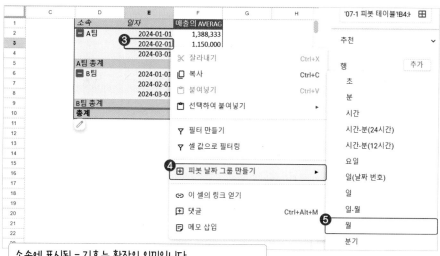

> 소속에 표시된 – 기호는 확장의 의미입니다.
> 만약 축소하고 싶다면 각각 클릭하여 +로 변경하거나 마우스 오른쪽 버튼을 눌러 [항목접기]를 선택하면 됩니다.

	소속	일자 - 월	매출의 AVERAG
1			
2	➖ A팀	1월	1,388,333
3		2월	1,150,000
4		3월	1,416,667
5	A팀 총계		1,318,333
6	➖ B팀	1월	1,254,000
7		2월	1,400,000
8		3월	1,100,000
9	B팀 총계		1,251,333
10	총계		1,287,879
11			

▶ 구글 스프레드시트의 피봇 테이블은 데이터를 수정하면 즉시 적용되고 데이터를 열린 참조하면 추가된 데이터도 즉시 반영됩니다. 엑셀처럼 '새로 고침'을 할 필요가 없습니다.

슬라이서 추가하기

슬라이서는 피봇 테이블이나 차트, 데이터베이스에 필터를 적용해 주는 도구입니다. 기존 필터는 필드명에 위치하지만 슬라이서는 원하는 위치에 배치할 수 있다는 장점이 있습니다.

12. ❶ 슬라이서를 추가할 피봇 테이블에 셀 포인터를 두고 **❷** [데이터] → **❸** [슬라이서 추가]를 선택합니다. 사이드 메뉴에서 필터를 적용할 열에서 **❹** 직원명을 선택한 뒤 **❺** 적당한 위치로 옮겨줍니다.

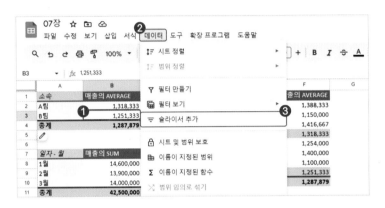

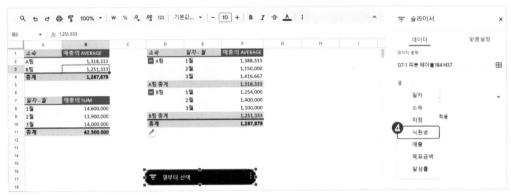

13. [맞춤설정]에서 슬라이서의 제목, 글꼴, 글꼴 크기, 서식, 텍스트 색상, 배경 색상을 선택합니다.

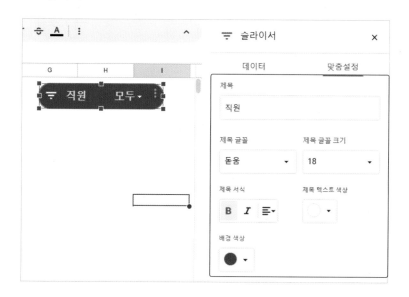

14. ❶ 슬라이서의 목록 버튼을 눌러 ❷ 지우기를 클릭하고 ❸ 강은지를 선택한 뒤 ❹ [확인]을 눌러 필터를 적용해 보세요.

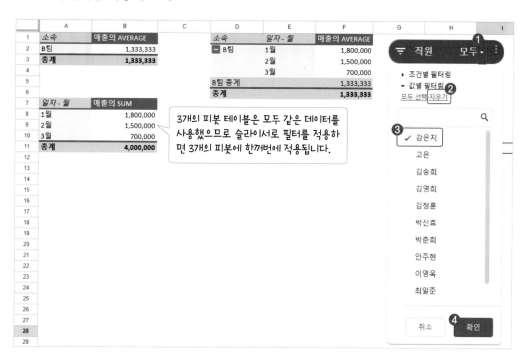

3개의 피봇 테이블은 모두 같은 데이터를 사용했으므로 슬라이서로 필터를 적용하면 3개의 피봇에 한꺼번에 적용됩니다.

데이터 시각화 ─ 차트

동영상 강의

다음 표는 일자별 온도를 기입한 것입니다. 가장 높은 온도는 언제일까요? 금방 찾으셨죠? 하지만 한 달의 기온을 기록하였다면 지금처럼 빠르게 찾지는 못했을 것입니다.

일자	2024.05. 03	2024.05. 04	2024.05. 05	2024.05. 06
온도	20℃	21℃	20℃	18℃

그럼 한 달의 온도를 기록한 다음 차트에서 가장 높은 온도의 날짜를 찾아볼까요? 굳이 찾을 필요 없이 바로 눈에 띕니다. 이 차트는 낮은 온도에 따로 서식 처리를 하지 않았습니다. 바로 가장 높은 온도를 강조하고 싶은 의도가 있었기 때문입니다.

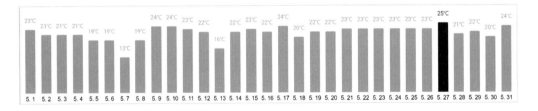

이처럼 차트는 데이터를 보는 사람으로 하여금 정보를 빠르게 판단하고 이해할 수 있도록 도와주는 시각화 도구입니다. 이번 절에서는 스프레드시트에서 제공하는 차트를 이용하여 데이터에 어울리는 차트를 생성하는 방법을 배워보겠습니다.

실습과 관련해 미리 알아 두어야 할 함수는 다음과 같습니다.

사용 함수	간단 설명
=SPARKLINE(데이터, [옵션])	• 단일 셀 내에 포함된 소형 차트를 만듭니다. • [옵션]: 차트를 맞춤설정 하기 위해 사용된 선택 사항 설정 및 관련 값의 범위 또는 배열입니다.

SPARKLINE 함수는 선, 누적, 막대 등의 소형 차트를 단일 셀에 표현해 주는 함수입니다. 데이터를 한눈에 파악하기 쉽게 시각화하는 방법 중 하나로, 데이터의 패턴을 빠르게 파악할 수 있는 장점이 있습니다.

하면 된다! } SPARKLINE 함수로 스파크라인 차트 만들기

✅ 실습 파일 [06-2 차트] 시트

1. [P5] 셀에 SPARKLINE 함수를 호출한 뒤 차트 데이터로 사용할 범위인 [L5:O5] 셀 범위를 드래그하여 추가합니다. Enter 를 눌러 결과를 확인해 보세요.

	J	K	L	M	N	O	P
1							
2			제품별 매출액 (단위: 천만)				
3							
4			2020년	2021년	2022년	2023년	SPARKLINE
5		원두 커피	60,000	68,000	80,000	72,000	=SPARKLINE(L5:O5)
6		믹스 커피	120,000	100,000	170,000	210,000	
7		커피 유제품	40,000	35,000	47,000	60,000	

	J	K	L	M	N	O	P
1							
2			제품별 매출액 (단위: 천만)				
3							
4			2020년	2021년	2022년	2023년	SPARKLINE
5		원두 커피	60,000	68,000	80,000	72,000	
6		믹스 커피	120,000	100,000	170,000	210,000	
7		커피 유제품	40,000	35,000	47,000	60,000	

기본값인 선형 차트가 호출되었습니다.

2. 선형 차트의 종류를 막대 차트로 변경하기 위해 옵션을 지정해 보겠습니다.

[P5] 셀을 더블클릭한 뒤 ,{"CHARTTYPE","COLUMN"}를 입력합니다. Enter 를 눌러 결과를 확인해 보세요.

P5	▼	fx	=SPARKLINE(L5:O5,{"CHARTTYPE","COLUMN"})							
	J	K	L	M	N	O	P	Q	R	S
1										
2			제품별 매출액 (단위: 천만)							
3										
4			2020년	2021년	2022년	2023년	SPARKLINE			
5		원두 커피	60,000	68,000	80,000	72,000	=SPARKLINE(L5:O5,{"CHARTTYPE","COLUMN"})			

옵션은 배열 형식으로 작성해야 하므로 {}(중괄호) 안에 입력해야 합니다.

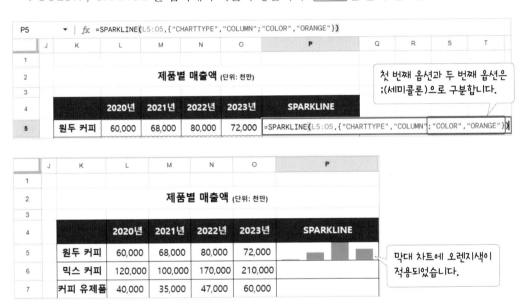

3. 이번에는 막대 차트의 색상을 변경해 볼까요? [P5] 셀을 더블클릭한 뒤 { }(중괄호) 안에 ;"COLOR","ORANGE"를 입력해 수식을 수정합니다. Enter를 눌러 결과를 확인해 보세요.

4. 최고값의 색상을 변경하기 위해 ❶ [P5] 셀을 더블클릭한 뒤 { }(중괄호) 안에 ;"high color","TOMATO"를 입력해 수식을 수정합니다. ❷ Enter를 눌러 결과를 확인해 보세요. ❸ [채우기 핸들]을 이용해 나머지 셀에 수식을 적용합니다.

	J	K	L	M	N	O	P
1							
2			제품별 매출액 (단위:				
3							
4			2020년	2021년	2022년	2023년	SPARKLINE
5		원두 커피	60,000	68,000	80,000	72,000	
6		믹스 커피	120,000	100,000	170,000	210,000	
7		커피 유제품	40,000	35,000	47,000	60,000	

> 수식에 ;"ymax",MAX(L5:O5)+10000을 추가하여 축을 조절해 보세요.

💡 **알아 두면 좋아요** 색상은 16진수 컬러 코드로도 넣을 수 있습니다!

색상은 색상 이름으로 지정할 수 있지만 =SPARKLINE(L5:O5,{"CHARTTYPE","BAR";"COLOR1", "#1A120B";"color2","#E5E5CB";"color3","#B85C38";"color4","#E0C097"})와 같이 16진수 코드로도 입력 가능합니다. 16진수 코드는 컬러 추출 사이트(colorhunt.co) 등에서 확인할 수 있습니다.

구글 스프레드시트에서 제공하는 다양한 차트 활용하기

함수를 활용해 차트를 만드는 것 말고도 기본 기능인 [차트]를 활용해 다양한 차트를 만들어 보겠습니다. 대표적으로 [지역 차트], [원형 차트], [선 차트]가 있습니다.

[지역 차트]를 활용한 국가별 1인 원두 소비량

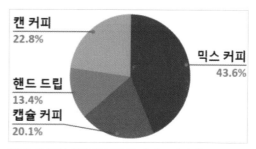

[원형 차트]를 활용한 가구별 커피 소비 유형

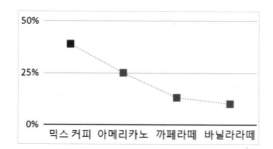

[선 차트]를 활용한 커피 종류별 선호도

하면 된다!〉지역 차트 만들기

✓ 실습 파일 [06-2 차트] 시트

지역 차트는 국가, 대륙 또는 지역의 지도를 표시하는 차트입니다. 색상으로 표현하는 경우 '지역 차트'를, 원형 마커로 표현하고 싶은 경우 '마커가 있는 지역 차트'를 이용하면 됩니다.

1. ❶ 차트에 사용될 원본 데이터에 셀 포인터를 두고 ❷ 서식 도구 모음의 [차트 삽입] 아이콘을 클릭하여 차트를 생성합니다.

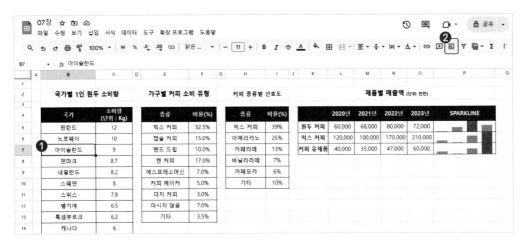

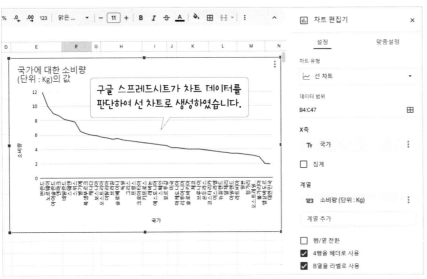

> 구글 스프레드시트가 차트 데이터를
> 판단하여 선 차트로 생성하였습니다.

2. [차트 편집기]에서 ❶ [설정] → ❷ [차트 유형]을 클릭한 후 ❸ [지도]에서 [지역 차트]를 선택해 차트 종류를 변경합니다.

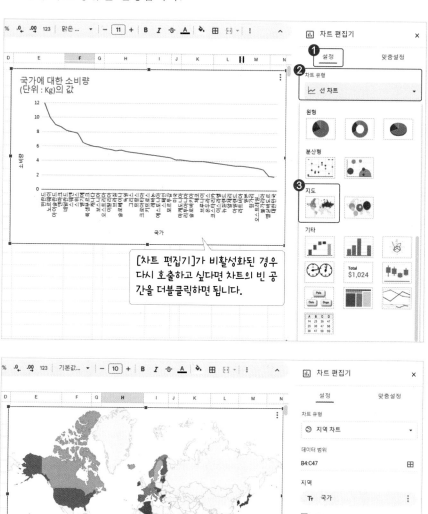

[차트 편집기]가 비활성화된 경우 다시 호출하고 싶다면 차트의 빈 공간을 더블클릭하면 됩니다.

지역 차트의 최솟값은 붉은 계열, 최댓값은 초록 계열로 생성되었습니다.

3. 최솟값, 최댓값의 색상을 변경하기 위해 ❶ [맞춤설정] → ❷ [지역] → ❸ 최솟값: 초록 계열, 중간값: 노랑 계열, 최댓값: 붉은 계열로 수정합니다.

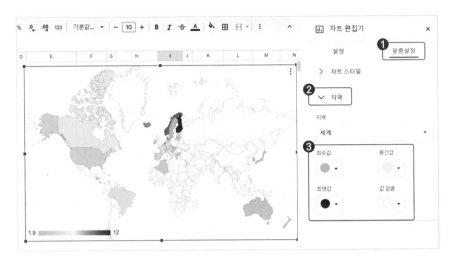

4. 특정 지역을 확대하고 싶다면 지역: 세계를 클릭하여 원하는 지역을 선택하면 됩니다. 예시 화면에서는 가장 분포도가 많은 유럽을 선택하였습니다.

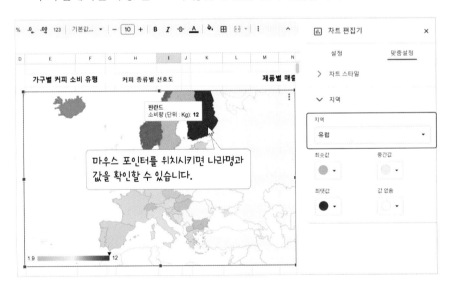

5. 차트를 배치할 공간을 만들기 위해 ❶ [1] 행에서 마우스 오른쪽 버튼을 눌러 ❷ [행 크기 조절]을 선택하고 ❸ [행 높이]를 182픽셀로 지정한 뒤 ❹ [확인]을 누릅니다.

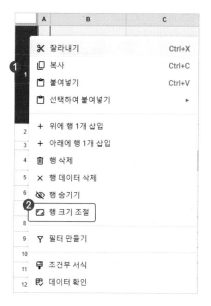

6. ❶ [B:C] 열을 먼저 선택한 뒤 ❷ Ctrl을 누른 상태에서 [E], [F], [H], [I] 열을 각각 선택하고 ❸ 마지막에 선택한 [I] 열에서 마우스 오른쪽 버튼을 눌러 ❹ [선택한 열 크기 조절]을 선택합니다.

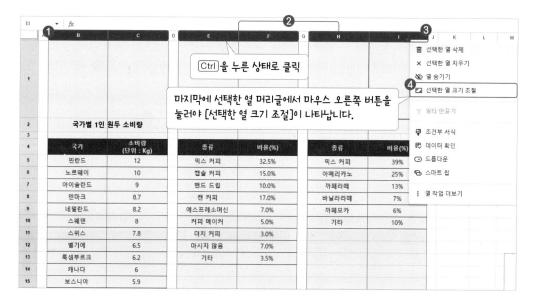

7. ❶ [열 너비]를 144픽셀로 수정한 뒤 ❷ [확인]을 누릅니다. ❸ 차트의 크기를 적당히 조절하여 [B1:C1] 셀 범위에 배치합니다.

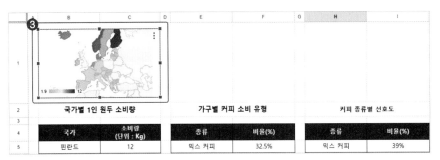

하면 된다! } 원형 차트 만들기

✓ 실습 파일 [06-2 차트] 시트

원형 차트는 비율을 표시할 때 효과적인 차트입니다. 단일 데이터 계열(차트에 표시되는 수치)만을 표시할 수 있으며, 여러 계열을 표시하고 싶은 경우에는 도넛 차트를 사용합니다. 원형 차트는 음수와 0을 표현할 수 없으므로 양수로 구성된 데이터를 사용해야 합니다.

1. 10% 이상의 값들만 표시하는 원형 차트를 생성해 보겠습니다. 이전 실습과는 다르게 모든 데이터를 사용하는 것이 아니므로 ❶ [E4:F8] 셀 범위를 블록 지정하고 ❷ 서식 도구 모음의 [차트 삽입] 아이콘을 클릭합니다.

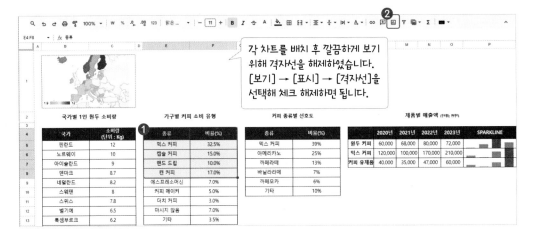

각 차트를 배치 후 깔끔하게 보기 위해 격자선을 해제하였습니다. [보기] → [표시] → [격자선]을 선택해 체크 해제하면 됩니다.

2. 차트의 크기를 적당히 조절하여 [E1:F1] 셀 범위에 배치합니다.

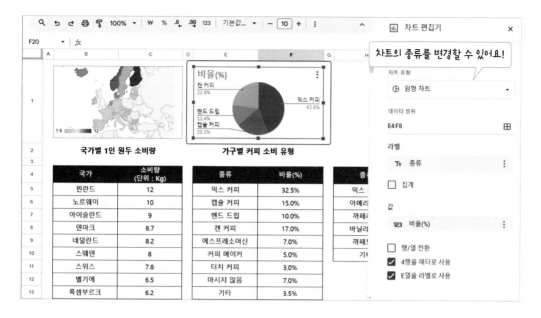

3. 차트의 요소를 클릭하면 해당 요소에 대한 [맞춤설정]이 활성화됩니다.

차트 제목을 삭제하기 위해 ❶ 차트 제목을 클릭한 뒤 ❷ 차트 및 축 제목 항목에서 ❸ 제목 텍스트의 내용을 삭제합니다.

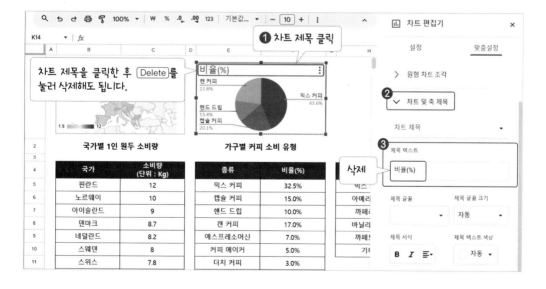

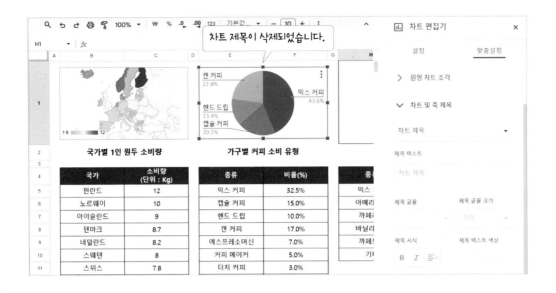

4. 범례 수정을 위해 ❶ 범례를 클릭한 뒤 ❷ [맞춤설정]의 [범례] 항목에서 [범례 글꼴 크기]: 14, [범례 서식]: 진하게를 적용합니다.

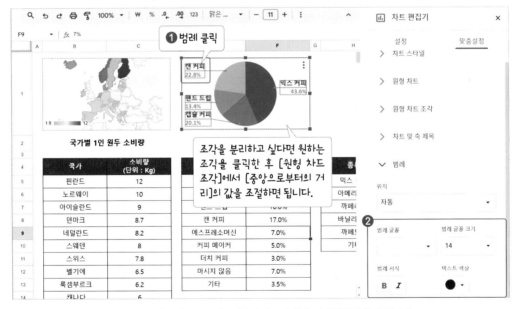

▶ 라벨만 표시하고 싶다면 [맞춤설정] · [원형 차트] · [슬라이스 라벨]을 선택해 활용하면 됩니다.

하면 된다! 〉 표식이 있는 선 차트 만들기

선 차트는 시간의 경과에 따른 데이터 추세와 값의 변화를 직관적으로 확인할 수 있습니다.

1. 데이터로 활용할 ❶ [H4:I8] 셀 범위를 블록 지정한 뒤 ❷ [차트 삽입] 아이콘을 클릭하여 차트를 생성합니다. 비율을 값으로 사용하고 있으므로 원형 차트가 생성됩니다.

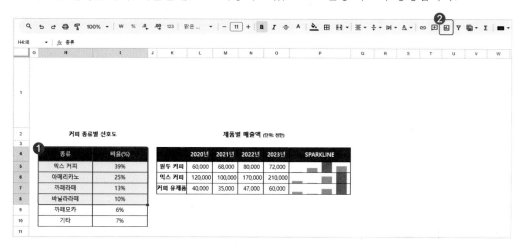

2. 차트 크기를 조절하여 [H1:I1] 셀 범위에 배치합니다.

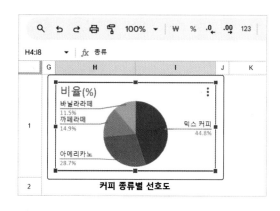

3. ❶ 차트 유형을 [선 차트]로 변경하고 ❷ [맞춤설정]의 [차트 및 축 제목] 항목에서 [제목 텍스트]를 삭제합니다. ❸ 세부 항목을 클릭하여 [가로축 제목]과 [세로축 제목]에 입력된 텍스트를 각각 삭제합니다. 차트 크기가 작아 보이지 않던 가로 항목이 제대로 나타났습니다.

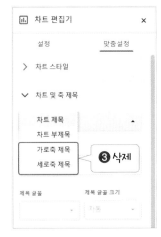

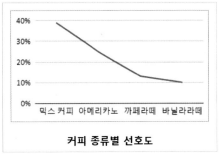

커피 종류별 선호도

4. 세로축과 눈금선을 조절하여 깔끔하게 정리하겠습니다. ❶ [맞춤설정]의 [세로축] 항목에서 ❷ 최솟값: 0, 최댓값: 0.5를 입력합니다. ❸ [격자선 및 눈금] 항목으로 이동하여 ❹ [기본 공백 유형]: 개수, [기본 격자선 및 눈금 개수]: 3으로 수정합니다.

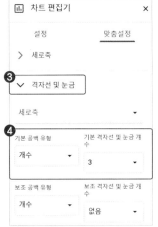

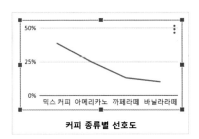

커피 종류별 선호도

5. 선 차트에 표식과 선 모양을 변경해 보겠습니다.

❶ [맞춤설정]의 [계열] 항목에서 ❷ [파선 유형]: 점선, [선 두께]: 1px, [점 크기]: 10px,
[점 모양]: 정사각형으로 값을 수정합니다.

가장 높은 값에 포인트를 지정하여 강조해 볼까요?

❸ 데이터 포인트 서식 지정]의 [추가]를 클릭해 ❹ [데이터 포인트 선택]에서 [비율(%): 믹
스 커피]를 선택하고 ❺ [확인]을 누른 뒤 ❻ 강조할 색상을 선택합니다.

두 가지 값을 한번에 볼 수 있는 콤보 차트 만들기

값의 차이가 큰 경우 하나의 축에서 표현하기 어려우므로 보조축을 이용하여 차이가 큰 값들
을 표시합니다. 이때 같은 종류의 차트를 사용하면 비교하기 어려워 서로 다른 종류의 차트를
사용하게 되는데, 스프레드시트에서는 이를 '콤보 차트'라고 부릅니다. 보통은 선과 막대를
이용하여 콤보 차트를 생성하는 경우가 많지만, 이번 실습에서는 영역 차트와 막대 차트를 이
용하여 2020년의 값과 나머지 연도의 값을 비교하는 차트를 생성해 보겠습니다.

하면 된다! ᐅ 콤보 차트 만들기

✔ 실습 파일 [06-2 차트] 시트

1. ❶ [K4:O7] 셀 범위를 블록 지정하고 ❷ [차트 삽입] 아이콘을 클릭합니다.

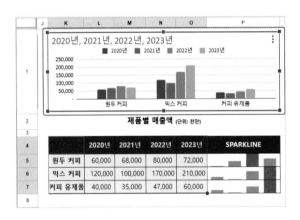

2. 차트의 크기를 적당히 조절하여 [K1:P1] 셀 범위에 배치합니다.

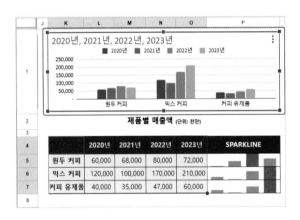

3. ❶ [차트 편집기]에서 [설정]을 클릭해 ❷ [차트 유형]을 [콤보 차트]로 변경합니다.
    선과 막대로 이루어진 차트가 생성되었습니다.

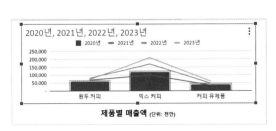

4. 차트의 종류를 변경하기 위해 ❶ 차트에서 2020년 계열을 클릭합니다. [맞춤설정]의 [계열] 항목이 호출되죠? ❷ [계열] 항목을 클릭하여 [모든 계열에 적용]을 선택하고 ❸ [유형]을 막대로 변경합니다.

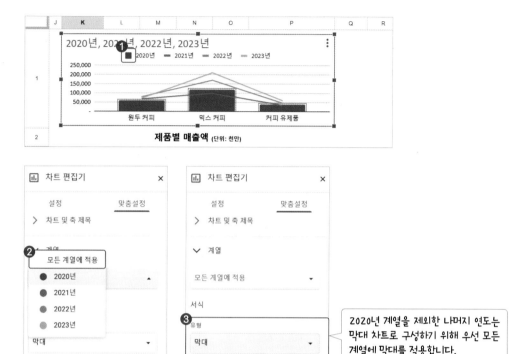

❸ 2020년 계열을 제외한 나머지 연도는 막대 차트로 구성하기 위해 우선 모든 계열에 막대를 적용합니다.

5. ❶ [계열]은 2020년, ❷ [유형]은 계단식 영역으로 수정합니다. ❸ 선 색상: 초록 계열, 선 불투명도: 100%, 파선 유형: 점선, 선 두께: 2px, 영역 불투명도: 50%로 설정하여 계단식 영역을 강조합니다.

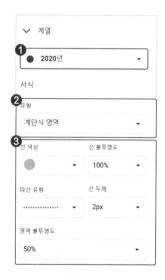

6. ❶ 차트 제목을 클릭한 뒤 ⌐Delete⌐를 눌러 삭제합니다. ❷ [차트 편집기]의 [격자선 및 눈금]
항목에서 ❸ [기본 공백 유형]: 개수, [기본 격자선 및 눈금 개수]: 3으로 변경합니다.

7. 2020년 기준으로 나머지 연도의 매출액을 비교하는 콤보 차트가 생성되었습니다.

💡 **알아 두면 좋아요** **차트를 이미지로 내려받을 수 있어요!**

차트를 클릭하면 생성되는 [더보기]를 눌러보세요. 차트를 PNG, PDF, SVG 형식으로 내려받을 수 있습
니다. [차트 게시]를 누르면 차트를 웹에 게시할 수 있으며, 차트 시트를 따로 만들고 싶은 경우 [해당 가
젯 시트로 이동]을 선택하면 됩니다.

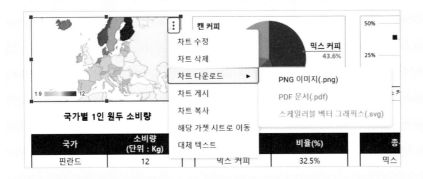

설문 결과를 자동으로 정리해 주는 대시보드 만들기

동영상 강의

다양한 서식을 제공하는 구글 폼(Forms)은 누구나 쉽게 만들 수 있는 온라인 설문 플랫폼입니다. 설문에 대한 응답을 실시간으로 스프레드시트에 기록해 주어 요약, 분석 등 2차 가공이 가능합니다. 이번 절에서는 구글 폼을 이용하여 커피 선호도에 대한 설문조사를 진행하고 결과를 대시보드로 시각화하는 실습을 진행해 보겠습니다.

하면 된다! } 구글 폼으로 설문지 만들기

✓ 실습 파일 ┃ 새 시트

설문지 만들기

우선 설문조사 결과를 얻기 위해서 설문을 진행해야 합니다. 간단하게 설문지를 만들어 보겠습니다.

1. ❶ [구글 앱 런처] → ❷ [Forms]를 클릭해 구글 설문지로 접속합니다.

❸ [빈 양식]을 클릭해 새로운 양식을 생성합니다.

[구글 앱 런처]가 아닌 구글 드라이브와 스프레드시트에서도 설문지로 접속할 수 있습니다.
① [구글 드라이브] → [새로 만들기] → [구글 설문지]
② [구글 스프레드시트] → [도구] → [새 양식 만들기]

템플릿을 이용하여 미리 만들어진 서식을 활용할 수도 있습니다.

2. 설문지 테마 변경을 위해 ❶ [테마 맞춤설정]을 클릭하고 ❷ 머리글 영역의 [이미지 선택]을 클릭합니다. ❸ [테마]의 [기타] 항목에서 ❹ 원하는 이미지를 선택한 뒤 ❺ [삽입]을 누릅니다. 배경과 설문지의 테두리가 선택한 이미지와 어울리는 색상 테마로 자동 변경된 것을 확인할 수 있습니다.

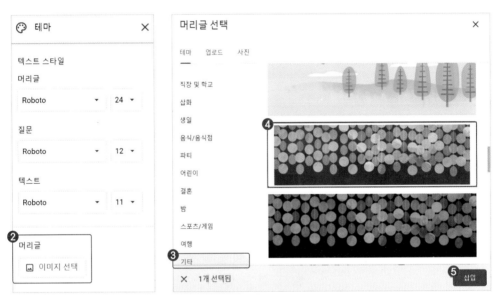

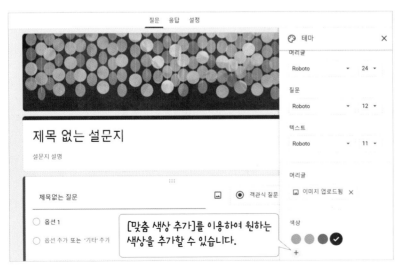

[맞춤 색상 추가]를 이용하여 원하는 색상을 추가할 수 있습니다.

3. 설문조사 항목의 글꼴을 변경하기 위해 ❶ [테마]의 [텍스트 스타일] 머리글 영역에서 글꼴 목록을 클릭합니다. 한글 글꼴을 추가해 볼까요? ❷ [글꼴 더보기]를 클릭해 ❸ 문자를 한국어로 선택합니다.

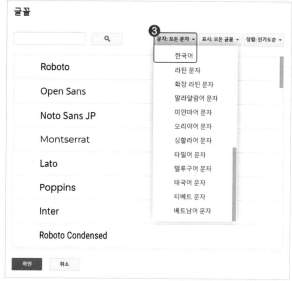

4. ❶ Jua를 선택한 뒤 ❷ [확인]을 눌러 추가합니다.
❸ [질문] → ❹ [Roboto] → ❺ [굵게]를 선택합니다.

여러 개의 글꼴을 선택해 한번에 추가하여 사용할 수 있습니다.

5. ❶ 설문지 파일명을 Coffee 선호도 조사로 변경합니다. ❷ 질문과 항목을 입력하고 ❸ [필수]를 활성화합니다. 새로운 질문을 추가하기 위해 ❹ [질문 추가] 버튼을 클릭합니다.

6. ❶ 질문을 입력하고 ❷ 형식을 드롭다운으로 변경합니다. ❸ 이어서 항목을 입력한 뒤 ❹ [필수]를 활성화합니다. ❺ [항목 추가] 버튼을 클릭하여 객관식 형식의 질문을 완성해 보세요. 5번과 6번 항목에는 항목 이외의 답변을 작성할 수 있도록 ❻ '기타' 추가를 합니다.

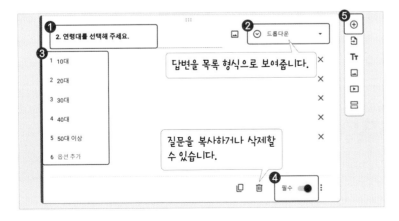

설문지 링크 공유하기

7. 작성한 설문지를 공유하기 위해 ❶ [보내기]를 누릅니다. ❷ 전송용 앱 중 [링크]를 클릭하고 ❸ URL 단축에 체크하여 URL의 길이를 줄여준 뒤 ❹ [복사]를 눌러 생성된 링크를 복사합니다. 복사한 링크를 메시지나 이메일에 첨부하여 설문조사를 진행하면 됩니다.

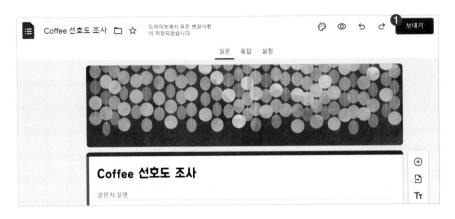

설문지 응답 확인 및 스프레드시트 연결하기

8. 설문지 응답을 확인하기 위해 미리 생성된 링크를 이용하여 임의로 설문조사를 진행해 주세요. ❶ [응답]을 클릭한 뒤 ❷ [Sheets에 연결]을 클릭합니다. ❸ 응답 저장 위치는 [새 스프레드시트 만들기]로 선택하고 ❹ [만들기]를 누릅니다.

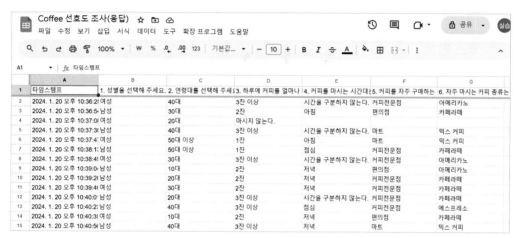

알아 두면 좋아요   설문에 관한 설정도 할 수 있어요!

설문지 [설정] 탭의 [응답] 항목에서 설문조사 후 수정 여부와 응답 횟수를 제한하는 기능을 사용할 수 있습니다.

설문과 스프레드시트의 콜라보, 대시보드 만들기

대시보드란 목적과 대상을 고려하여 정리된 데이터를 한 페이지에서 빠르게 비교·분석할 수 있도록 도와주는 차트, 표 등의 모음을 말합니다. 앞서 배운 함수, 피봇, 차트, 슬라이서 등을 이용하여 구글 스프레드시트로 실시간 데이터를 반영하는 대시보드를 생성해 보겠습니다.

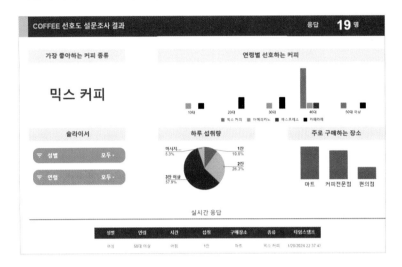

이번 실습에서 사용할 함수는 다음과 같습니다.

사용 함수	간단 설명
=COUNTA(범위)	범위 영역에서 공백을 제외한 나머지 값들의 개수를 추출합니다.
=XLOOKUP(기준값, 기준값 조회 범위, 결과 범위, [누락 값], [일치 모드], [검색 모드])	교차 조회. 기준값을 기준값 조회 범위에서 찾아 해당하는 결과 범위의 값을 반환합니다.
=QUERY(범위, 검색어, [헤더])	• 범위에서 Google Visualization API 검색 언어로 검색을 실행합니다. • 범위: 검색을 수행할 셀 범위, 즉 원본 데이터를 말합니다. • 검색어: 쿼리(질의어). 원본 데이터에서 수행할 명령어. " "(큰따옴표) 안에 작성해야 합니다. • [헤더]: 데이터 상단의 머리글 수(제목행)

하면 된다! } 설문지 결과로 대시보드 만들기 1

✓ 실습 파일 [06-3 설문지 응답], [대시보드] 시트

원본 데이터 정리 및 피봇 테이블 만들기

이전 실습에서 커피 선호도에 대한 설문조사를 진행하였습니다. 이번에는 취합된 응답 결과의 일부를 이용하여 실습을 진행해 보겠습니다. 실무에서는 응답 결과 시트를 원본으로 두고 IMPORTRANGE 함수 또는 복사 등을 이용하여 사본에서 작업하는 것을 추천합니다.

1. 대시보드를 만들기 전 데이터를 정리해 보겠습니다. 설문의 질문이 너무 길어 피봇 테이블을 작업하기 번거로우므로 머리글을 다음과 같이 수정해 주세요.

	A	B	C	D	E	F	G
1	타임스탬프	성별	연령대	섭취	시간	구매장소	종류
2	1/20/2024 22:36:25	여성	40대	3잔 이상	시간을 구분하지 않	커피전문점	아메리카노
3	1/20/2024 22:36:54	남성	30대	2잔	아침	편의점	카페라떼
4	1/20/2024 22:37:08	여성	20대	마시지 않는다.			
5	1/20/2024 22:37:30	남성	40대	3잔 이상	시간을 구분하지 않	마트	믹스 커피

▶ IMPORTRANGE나 ARRAYFORMULA 등의 함수로 다른 시트의 내용을 참조할 경우 머리글은 변경되지 않습니다. 머리글을 변경하고자 한다면 범위를 머리글을 제외한 나머지 값 부분만 선택하여 참조하면 됩니다.

2. 차트 데이터로 사용할 피봇 테이블을 작성해 보겠습니다. 앞으로 데이터가 추가될 경우 피봇 테이블에 반영되어야 하므로 ❶ [A:G] 열을 범위로 지정한 뒤 ❷ [삽입] → ❸ [피봇 테이블]을 선택합니다.

3. ❶ 피봇 테이블 삽입 위치를 [기존 시트]로 선택한 뒤 **❷** 삽입될 위치인 [J2] 셀을 클릭하고
   ❸ [만들기]를 누릅니다.

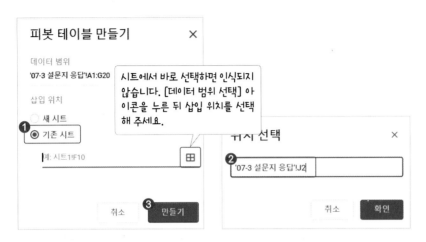

4. 연령별 선호하는 커피 종류를 차트로 나타낼 것이므로 **❶** 행: 연령대, 열: 종류, 값: 종류를
   순서대로 추가합니다. 집계가 나타날 필요가 없으므로 **❷** 행과 열의 합계 표시를 체크 해제
   합니다.

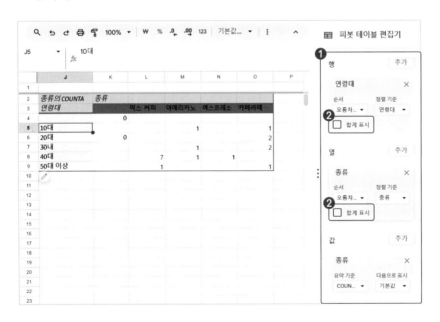

5. 참조 범위에 빈 셀은 피봇에 반영되지 않도록 하기 위해 필터를 추가하겠습니다.

❶ 필터: 종류를 추가하고 목록 버튼을 클릭하여 ❷ [조건별 필터링]을 [비어 있지 않음]으로 선택한 뒤 ❸ [확인]을 누릅니다.

6. ❶ [J2:N8] 셀 범위의 피봇 테이블을 복사하여 ❷ [P2] 셀에 붙여넣습니다. ❸ [수정]을 클릭하여 피봇 테이블 편집기를 호출합니다.

7. 필터를 제외한 나머지 필드를 모두 제거한 뒤 행과 값에 종류 필드를 추가합니다.

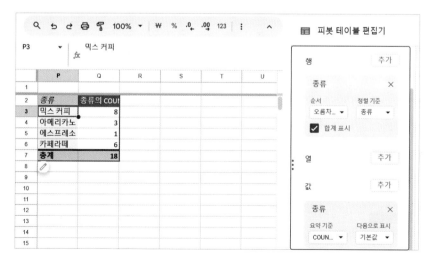

빈도수가 높은 텍스트 추출

가장 좋아하는 커피 종류에는 가장 많이 응답한 커피 종류가 나타나도록 피봇 테이블과 XLOOKUP 함수를 함께 사용하여 문자가 강조되도록 만들어 보겠습니다.

8. ❶ [대시보드] 시트에서 [C5:E9] 셀 범위를 블록으로 지정한 뒤 병합하고 ❷ XLOOKUP 함수를 호출합니다. 가장 큰 값에 해당하는 종류를 추출해야 하므로 ❸ MAX 함수를 호출한 뒤 ❹ 06-3 설문지 응답 시트를 클릭합니다. ❺ 최댓값을 찾을 범위인 [Q3:Q6] 셀 범위를 드래그하여 ❻ =XLOOKUP(MAX('06-3 설문지 응답'!Q3:Q6),와 같이 수식을 완성합니다.

9. ❶ 이어서 최댓값을 찾을 범위인 [Q3:Q6] 셀 범위를 드래그하고 ,(쉼표)를 입력합니다. ❷ 값을 추출할 [P3:P6] 셀 범위를 드래그하여 =XLOOKUP(MAX('06-3 설문지 응답'!Q3:Q6),'06-3 설문지 응답'!Q3:Q6,'06-3 설문지 응답'!P3:P6)와 같이 수식을 완성합니다. Enter 를 눌러 결과를 확인해 보세요.

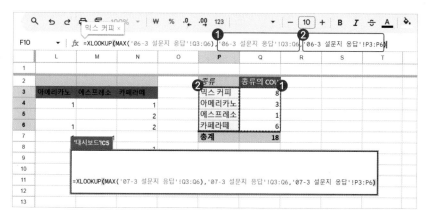

10. 셀의 텍스트를 강조하기 위해 글자 크기는 50, 굵게를 적용합니다.

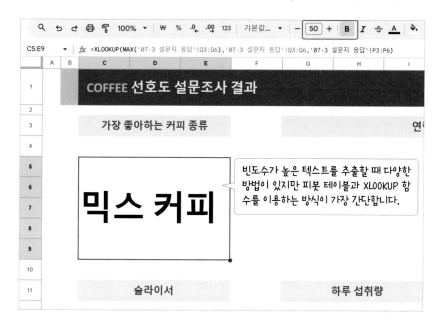

다른 시트 데이터로 차트 만들기

구글 스프레드시트에서는 같은 차트를 다른 시트로 옮길 때 잘라내기(Ctrl+X)를 사용하면
사라지지 않고 복사(Ctrl+C)처럼 동작합니다. 실습과 같이 차트 데이터와 차트가 나타날
시트가 다르다면 차트를 배치하고 싶은 시트에서 먼저 차트를 생성하고 차트 데이터를 연결
하면 됩니다.

11. 임의의 위치에 셀 포인터를 두고 ❶ [차트 삽입] 아이콘을 클릭한 뒤 ❷ 크기를 조절하여
적당한 위치에 배치합니다.

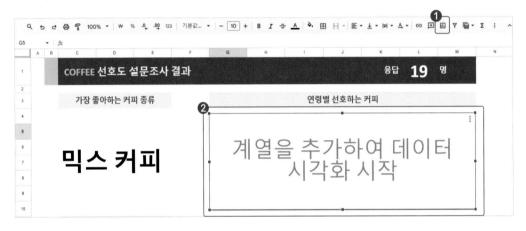

12. [차트 편집기]에서 ❶ [데이터 범위 선택] 아이콘을 클릭하고 ❷ 06-3 설문지 응답 시트의
❸ [J3:N8] 셀 범위를 드래그하여 추가한 뒤 ❹ [확인]을 누릅니다.

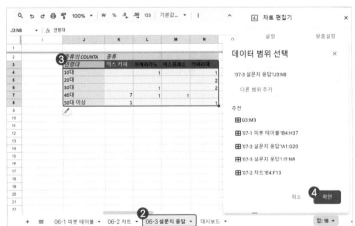

13. 차트 서식을 수정해 보겠습니다.

❶ 범례 부분을 클릭하여 ❷ [맞춤설정]에서 [범례]의 위치를 하단으로 변경합니다. ❸ 눈금을 클릭한 뒤 ❹ [기본 공백 유형]은 개수, ❺ [기본 격자선 및 눈금 개수]는 없음으로 선택합니다.

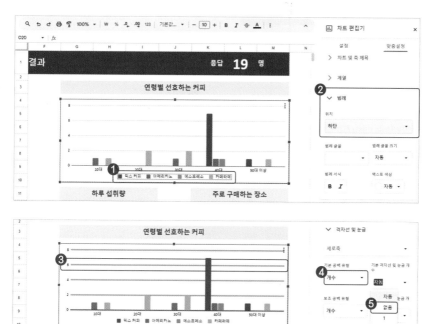

14. ❶ 막대 계열을 클릭하여 계열 항목이 나타나면 ❷ 계열의 색상들을 원하는 색상으로 변경합니다.

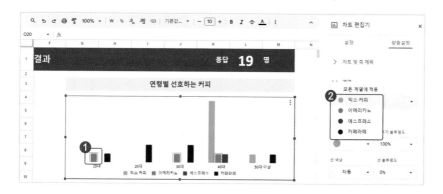

15. 차트의 테두리를 없애기 위해 [차트 스타일] 항목의 [차트 테두리 색상]을 [없음]으로 선택합니다.

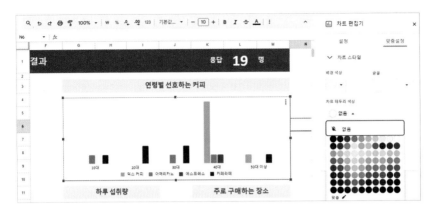

16. 대시보드 상단이 완성되었습니다.

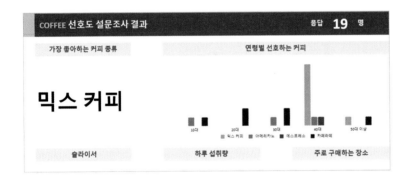

하면 된다! 》 **설문지 결과로 대시보드 만들기 2**

✓ 실습 파일 [06-3 설문지 응답] 시트

대시보드 하단을 보면 원본 데이터와 대시보드의 실시간 응답 결과물 항목 순서가 다릅니다. 빈 행은 제외하고 섭취별로 정렬을 하고 호출할 열을 원하는 순서대로 배치하고자 한다면 5장에서 학습한 QUERY 함수를 이용하면 되겠죠? 일단 이번 실습을 기준으로 열의 순서는 B, C, E, D, F, G, A가 되겠네요.

			실시간 응답			
성별	연령	시간	섭취	구매장소	종류	타임스탬프
여성	50대 이상	아침	1잔	마트	믹스 커피	1/20/2024 22:37:47
남성	50대 이상	점심	1잔	커피전문점	카페라떼	1/20/2024 22:38:13

	A	B	C	D	E	F	G
1	타임스탬프	성별	연령대	섭취	시간	구매장소	종류
2	1/20/2024 22:36:25	여성	40대	3잔 이상	시간을 구분하지 않	커피전문점	아메리카노
3	1/20/2024 22:36:54	남성	30대	2잔	아침	편의점	카페라떼
4	1/20/2024 22:37:08	여성	20대	마시지 않는다.			
5	1/20/2024 22:37:30	남성	40대	3잔 이상	시간을 구분하지 않	마트	믹스 커피
6	1/20/2024 22:37:47	여성	50대 이상	1잔	아침	마트	믹스 커피
7	1/20/2024 22:38:13	남성	50대 이상	1잔	점심	커피전문점	카페라떼
8	1/20/2024 22:38:49	여성	30대	3잔 이상	시간을 구분하지 않	커피전문점	아메리카노
9	1/20/2024 22:39:04	남성	10대	2잔	저녁	편의점	아메리카노

1. 먼저 대시보드 하단에 사용할 차트의 원본 데이터가 될 값을 호출해 보겠습니다.

❶ [E22] 셀에 QUERY 함수를 호출합니다. ❷ 값을 추출할 06-3 설문지 응답 시트를 선택한 뒤 ❸ 첫 값인 [A1] 셀을 클릭하고 ❹ :G,를 입력하여 범위 설정을 완료합니다.

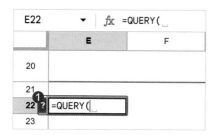

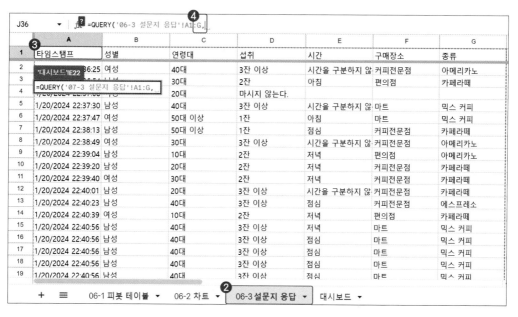

2. 검색어를 입력해 볼까요? ❶ 우선 가져올 값을 순서대로 "SELECT B,C,E,D,F,G,A와 같이 작성합니다. ❷ 오픈 참조로 인해 빈 셀들도 함께 호출되니 제외 조건을 WHERE A IS NOT NULL과 같이 작성합니다. ❸ 가져온 데이터를 이용하여 섭취와 관련된 차트를 생성할 것이므로 섭취([D] 열)를 기준으로 ORDER BY D",와 같이 정렬합니다. 머리글 행이 존재하죠? ❹ 마지막 인수인 헤더에 1을 추가한 뒤 Enter 를 눌러 결과를 확인해 보세요.

3. ❶ [E22] 셀에서 Ctrl + →, ↓, ↓를 눌러 모든 행([E22:K1000])을 범위로 지정합니다. ❷ [글자색]: 진한 회색 2, ❸ 가운데 정렬을 선택합니다. Ctrl + Home 을 눌러 [A1] 셀로 이동합니다.

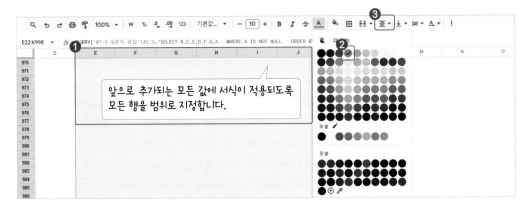

앞으로 추가되는 모든 값에 서식이 적용되도록 모든 행을 범위로 지정합니다.

4. ❶ [E22:K22] 셀 범위를 지정하고 ❷ [글자 크기]: 11, 굵게, [글자색]: 흰색, [채우기 색상]: 진한 회색 3을 적용합니다.

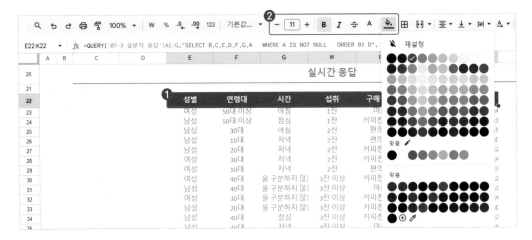

도넛 차트 만들기

5. [H22:H41] 셀 범위를 도넛 차트로 생성하고 [데이터 범위]를 [H22:H998]로 수정합니다.
[계열]을 선택해 노란색 계열로 변경한 뒤 [범례]를 선택해 글자 크기를 14로 변경해 주세
요. [차트 스타일]을 선택해 테두리 없음으로 설정합니다.

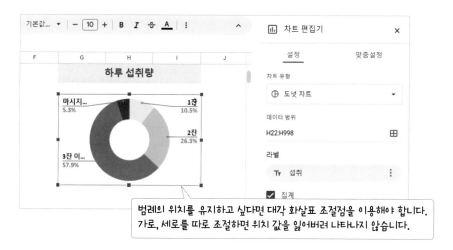

범례의 위치를 유지하고 싶다면 대각 화살표 조절점을 이용해야 합니다.
가로, 세로를 따로 조절하면 위치 값을 잃어버려 나타나지 않습니다.

막대 열 차트 만들기

6. [I22:I40] 셀 범위를 열 차트로 생성하고 [데이터 범위]를 [I22:I998]로 수정하세요. [차트
제목]과 [가로축 제목]을 삭제하고 [계열]을 노란색 계열로 변경합니다. [가로축]을 클릭해
글자 크기를 16으로 변경하고, [눈금선]을 클릭해 [기본 격자선 및 눈금의 개수]를 없음으
로 변경한 뒤, [차트 스타일]을 클릭해 테두리 없음으로 설정하세요.

슬라이서 추가하기

7. ❶ 실시간 응답 데이터가 위치한 셀에 셀 포인터를 두고 ❷ [데이터] → ❸ [슬라이서 추가]
를 선택합니다.

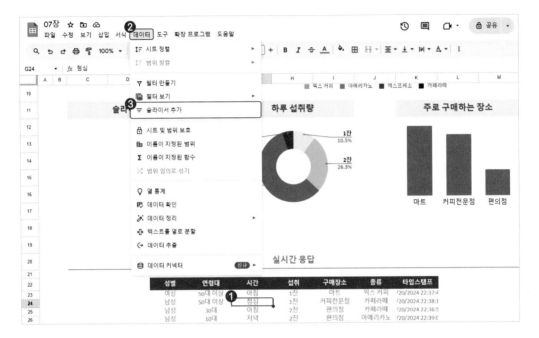

8. ❶ [열]을 성별로 선택하고 ❷ [맞춤설정]에서 제목, 글꼴, 글꼴 크기, 서식, 색상, 배경 색상
을 설정합니다.

9. ❶ 슬라이서의 가로 길이를 적당히 늘려 배치한 뒤 ❷ Ctrl+C를 눌러 복사하고 Ctrl+V를 눌러 붙여넣습니다. ❸ 붙여넣은 슬라이서를 적당한 위치로 이동한 뒤 더블클릭해 슬라이서 메뉴를 호출하고 ❹ [열]을 연령대로 수정합니다. ❺ [맞춤설정]에서 제목, 글꼴, 글꼴 크기, 서식, 색상, 배경 색상을 변경한 뒤 ❻ [닫기]를 클릭해 마무리합니다.

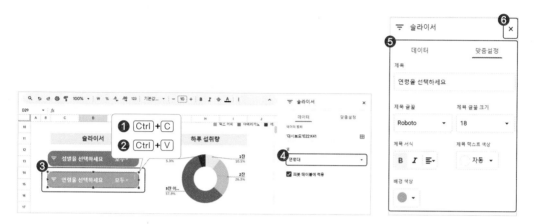

10. 설문지를 활용한 대시보드를 완성했습니다.

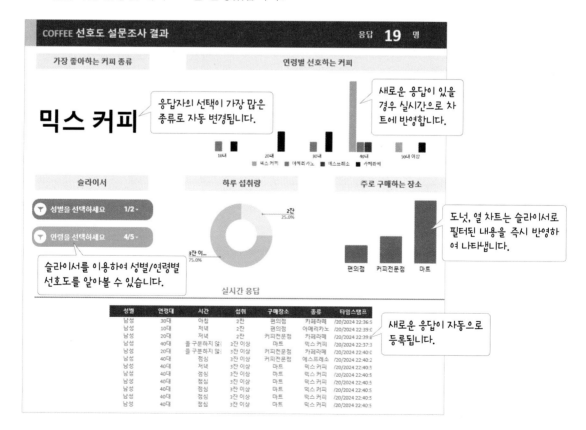

지금은 생성형 AI 시대! 잦은 변화 속에서 살아남고 싶다면!
챗GPT에게 일 시키는 법부터 뤼튼으로 시작하는 이미지 생성까지!

된다!
하루 만에 끝내는 챗GPT 활용법
— 전면 개정 2판

글쓰기, 영어 공부, 유튜브, 수익 창출도 된다!
인공지능에게 일 시키고 시간 버는 법

된다!
생성형 AI 사진&이미지 만들기

정확도를 높이는 프롬프트 글쓰기부터 검증 방법까지!
어떤 인공지능에서도 통하는 프롬프트 작성법

김원석, 장한결 지음 | 260쪽 | 18,000원